U0814104

“C理论”系列丛书

CODE

# 激活组织

## 华为奋进的密码

吴晓波 徐光国 张武杰 / 著

中信出版集团 | 北京

图书在版编目（CIP）数据

激活组织：华为奋进的密码 / 吴晓波，徐光国，张武杰著．-- 北京：中信出版社，2021.10（2024.2 重印）
ISBN 978-7-5217-3274-0

Ⅰ．①激… Ⅱ．①吴… ②徐… ③张… Ⅲ．①通信企业－企业管理－经验－深圳 Ⅳ．① F632.765.3

中国版本图书馆 CIP 数据核字 (2021) 第 128720 号

激活组织：华为奋进的密码
著者：　　吴晓波　徐光国　张武杰
出版发行：中信出版集团股份有限公司
（北京市朝阳区东三环北路 27 号嘉铭中心　邮编　100020）
承印者：　嘉业印刷（天津）有限公司

开本：787mm×1092mm 1/16　　印张：23.5　　字数：266 千字
版次：2021 年 10 月第 1 版　　印次：2024 年 2 月第 4 次印刷
书号：ISBN 978-7-5217-3274-0
定价：68.00 元

版权所有 · 侵权必究
如有印刷、装订问题，本公司负责调换。
服务热线：400-600-8099
投稿邮箱：author@citicpub.com

# 总　序

## C 理论：后真相时代的真相

在这英雄辈出的市场经济时代，人们，尤其是“学者们”，情不自禁地问：是时代造就了英雄，还是英雄造就了时代？160 余年来国人的工业化之梦终成正果：重回“世界第一制造大国”。是第一次、第二次，还是第三次工业革命的巨大风口鼓动了这些企业家英雄？还是第四次工业革命，或称“新一轮科技革命”？或是企业家们成就了这一轮又一轮的工业革命？

最近有一个很流行的时代描述：“后真相时代”。其定义是这样的：“后真相时代，立场越极端，敌人越鲜明，越容易迎合和操控民意。这个时代流行的，是断言、猜测、感觉，是通过对事实进行观点性包装，强化、极化某种特定看法。”原来如此！

每一次工业革命的兴起，每一个大国的崛起，都伴随着影响世界的伟大经济理论和管理理论的流行。从英国亚当·斯密的《国富论》、法国法约尔的《工业管理与一般管理》、德国韦伯的《新教伦理与资本主义》、美国人泰勒的《科学管理原理》、熊彼特的《经济发展理论》、福列特女士的《福列特论管理》、大内的《Z 理论》，到日本藤本隆宏的《丰田生产模式》、韩国金麟洙的《从模仿到创新》，没有一个经济大国的崛起是没有理由的，也没有一个经济大国的崛起是没有其独特而又有普遍意义的管理创新的！时不我待，伴随着中华民族的伟大复兴，基于中国企业管理实践的"C 理论"亦将应运而生！

而今，中国经济的快速发展意味着什么？当"中国式现代化"登上世界大舞台之时，基于中国实践而又能影响世界的经济理论和管理理论是什么？身处"后真相时代"的"喧嚣"中，如何形成这样的理论？管理学的本源在于揭示价值创造的规律。在忙于将西方理论引入中国，并用中国企业的进步去验证西方管理学的意义和价值的同时，中国的管理学者们还真得好好思考一下自己在中国情景下从事管理研究的意义和价值，沉下心来对中国企业的伟大实践进行深入的研究，以回归管理学者的本质。

面对彻底放下历史包袱，成功运用西方现代管理理论与方法，又浸润、融入中国千年文化底蕴，与当代科技革命紧密结合而取得巨大成功的中国企业，恐怕我们得先从"赛先生"这里开始补课。

眼下还有两个比较流行的名词："民科"与"官科"，即所谓"民间科学"与"官方科学"。二者有什么关系？有人说"官科"主要由政府支持，"民科"则是民间自发的自由探索，犹如金庸小说中的"名门正派"与"江湖豪侠"。在眼下的管理学研究中，似乎"官科"就是各高校主导的西学，"民科"则是由笃信传统文化或称"国学"的研究者主导的，大家各执己见。

其实，在我们看来，就科学而言，本无"官民"或"等级"之分，科学是客观规律，所谓“官科”或“民科”，都不能完全代表科学。作为社会科学的管理学，是因组织的存在而存在的学问。它根植于在有限资源的限制下追求效用最大化的企业竞技场，它研究竞技场中勇士们的竞争规则、制胜行为和战略、战术及精神，这一切又都受到组织外部和内部情景的影响。

很多时候，人们习惯于从现象中总结规律，是为“经验科学”；但人们也能感觉到现象背后还有某种更抽象的东西，当人们能够通过“实验科学”的手段来探知这些规律，进而运用于实践，它所建立起的架构、规则和范式则能普适地造福人类。在这所谓的“管理学丛林”中，我们还是欣喜地发现：中国的管理学正在进入一个“百花齐放”的新阶段，其中一个很典型的现象，就是新名词、新概念的涌现。兴奋之余，我们也不得不反躬自省：这些新名词、新概念，是不是忘掉了一些假设或前提？是不是忘掉了一些最基本的科学原理？是不是谁的嗓门大、听众多，谁就是对的？谁引证的企业厉害，谁就能证明他有一套理论或范式？这好像又回到了“后真相时代”……

人们时常会把某些成功企业家视为“神人”，可是这些人有时也会一个趔趄“跌下神坛”；人们总是过度关注“某某企业家说过……”“某某企业家做过……”，似乎可以“照猫画虎”，让自己也成为一代枭雄。成功的企业家自有其伟大和神奇之处，一些明明白白的常识，经他们之口就成了“醍醐灌顶”的金句，可一转眼，他们自己却又往往倒在一些更为“浅显”的常识上。管理与管理学的区别就在这里。管理讲实效，管理学讲客观规律。人类文明的进步就在于，对客观规律的认识才是推动社会前进的“发动机”。

结果的成功能证明过程的正确吗？我们应该向失败者学习，还是向成功者学习？托尔斯泰在其名著《安娜·卡列尼娜》中说：“幸福的家庭都是相似的，不幸的家庭各有各的不幸。”而在企业实践中，“失败的原因往往是相似的，成功之路则各不相同”。管理学者的科学精神，首先在于摆正管理科学研究与管理实践之间的关系。它们之间有着必然的紧密联系，但一定是有所区别的，同时也不仅仅是“经验”与“实证”或“规范”的关系。现实中更多的情况是：基于个别企业的经验直接得出的“有效”结论，与运用西方理论范式的“科学”统计和演绎方法得出的脱离中国实际的结论，二者并存。

作为研究者，我们常以“理性精神”自许，有批判理性的前提是要有批判的能力。这就需要我们在认真学习和借鉴前人理论和经验的同时，深入中国的企业，以全球视野和科学方法来“大胆假设，小心求证”，研究企业管理的真正科学规律，揭示蕴藏于千变万化的企业行为背后的管理真谛。

古希腊先贤亚里士多德曾作下面这张图（见下页），其中的四个维度分别是理论、知识与技能、智慧、实践。

这里的“phronesis”这个词是很有意思的，它是指基于实践的智慧，有人将它译为“实践科学”或“实践智慧”，是管理研究中最为人们所乐道的内容。通过这个框架，反思实践与理论的关系，能够端正我们的研究理性。

回到管理研究工作的本源。管理研究的本源是什么？管理研究的科学意义在哪里？我们认为，管理研究的本源就在于揭示组织的价值创造原理和规律，并将之与价值分享机制联系起来，形成某种可持续发展的良性循环。

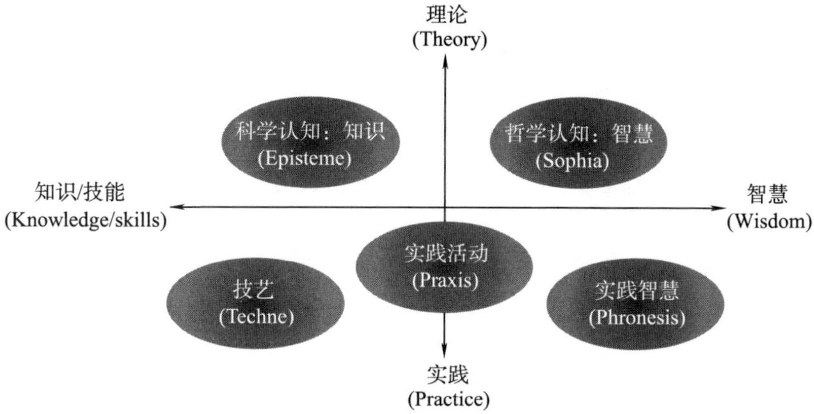


与学习相关的亚里士多德语义学精要概述

翻译自：Amann, W. (2017). Phronesis 2.0 and its impact on an executive's learning. Presentationgiven during the research workshop on April 6, 2017, University of Twente.

作为长期关心和研究中国领先企业管理实践的学人，我们致力于用科学的批判和建设性思维，将曾经或正在华为等企业一线奋斗的管理者们的实践经验提炼出来，通过“睿华创新管理研究院”这个新型智库平台，推出凝结了三十多年管理科学研究成果的“C理论”系列丛书。该丛书分“理论系列”和“实践系列”两部分。“理论系列”以学者的理论探讨为主，是从中国实践出发，对变革（change)、超越追赶（catch-up and beyond)、混沌与范式转变（chaos and paradigm shift)、妥协与灰度（compromising and grey management）、共创共建共赢共享（co-create, co-construction, co-win, co-share）等理论的探索；“实践系列”则通过学者和曾经的资深管理者的合作，对一个个鲜活的企业案例进行系统性的科学剖析，从各个方面总结出实用而又不失智慧和理性的管理案例和管理实务，能为当下经理人的管理工作提供切实的帮助和启发。

我们一直在路上。我们殷切地期望更多的学者和企业管理者携手并进，通过系统研究，开发出基于中国实践的管理理论、方法和工具，成为自立于世界先进管理理论、方法和工具之林的优秀知识成果，为全球企业乃至人类社会的健康发展做出应有的贡献！

吴晓波、田涛

2021 年 9 月，杭州、北京

# 目 录

# I 华为个体激活篇

## III 华为组织激活篇

# IV 激活讨论篇

# 推荐序

严酷的生存环境和极端低下的个体生产力，迫使早期人类学会了用集体的力量适应并战胜险恶的环境，延续生命。随着社会的不断进步，人们对社会及自身生存和发展规律的认识不断深化，集体力量大于个体力量，组织规模可以成为一种竞争优势，逐渐成为共识。基于这一认知，不同的组织出于各自的目的，都希望自身的规模不断扩大。其中最值得研究的是企业组织，特别是那些创造了人类经济史上最伟大奇迹的现代跨国公司。

对企业来说，持续增长不仅是规模化过程中最重要的变量，也是组织健康发展的关键因素。一旦停止增长，企业就会逐渐走向衰败甚至死亡。因此，追求持续增长是每一个企业家的梦想。但严酷的现实告诉我们，大多数的企业都倒在了成长的道路上。新创企业的平均寿命不到 5 年，能够保持 10 年以上持续增长的企业大约只占企业总数的 10%，而能够活过 30 年的企业更是少之又少。即使那些经历了多个经济周期，早已“功成名就”甚至摘得行业桂冠的世界级企业，同样可能因为一着不慎而难逃衰退甚至失败的厄运。不断缩短的《财富》世界500强企业的生命周期及上榜企业排行的变化，给这种盛极而衰的历史规律提供了一个最好的注脚。

企业的持续成长需要持续的动力。创业期和早期企业的成长动力主要来自创始人和少数核心成员。由于组织结构相对简单，人员数量相对少，而且时刻面临着巨大的竞争压力，这时的组织总是充满激情和活力。但随着业务的发展，组织规模不断扩大，组织结构日益复杂，组织成员的心态也在不断发生变化，创业早期的朴素动力将不可避免地受到侵蚀，导致组织逐渐失去最初的活力。这是组织成长的一般规律。

失去活力，往往是组织走向衰败的第一步。因此，组织领导者面临的一个重大挑战是：如何使组织保持强大的活力并持续健康成长？

影响组织活力的因素很多，华为和其他一些企业的管理实践证明：组织活力首先来自愿景、信念和使命精神，而且组织的愿景、信念和使命精神要成为组织成员的共享基本假设。具有清晰的愿景、坚定的信念和强大的使命精神，是伟大企业与平庸企业的分水岭。

组织活力还来自企业利益的分享机制。组织必须建立有效的评价与激励制度，激发组织成员的内在动机和创新精神，并与组织成员分享组织成长带来的利益。

组织活力也来自彼此信任和相互承诺的组织氛围。组织成员不仅有机会参与涉及其自身利益的业务和管理的决策过程，同时能够积极、自愿地分享自己的知识和智慧，尽可能为组织做出贡献。

组织活力还取决于组织中的“关键少数”——干部。组织需要锻造一支有理想，有干劲，有强大内在动力、意志力和牺牲精神的中坚力量，才能保证无论面对怎样的艰难险阻，这支坚强的干部队伍都能战胜困难，带领组织不断打胜仗。

组织活力建立在组织学习能力的基础上。组织的成长过程，本质上也是组织的学习过程和自我批判过程。组织只有具备强大的学习能力，才能具有忧患意识，时刻保持惊醒，避免成功之后的骄傲自满和好大喜功。

随着 VUCA①时代的来临，如何使组织始终处于充满激情和活力的状态，成为许多企业家和研究企业管理的学者越来越关注的话题。从几年前华为创始人任正非那句“方向大致正确，组织必须充满活力”，到华为关于热力学第二定律对企业管理的意义的讨论，网上类似的话题始终不断，可见其热度。

徐光国博士是我在华为工作时的同事，他从浙江大学管理心理学专业博士毕业后，于 1998 年 9 月 13 日加入华为，2018 年 9 月 14 日从华为公司退休，整个职业生涯都在华为度过，先后担任过多媒体产品线人力资源部部长、南美南地区部人力资源部部长、华为大学内训管理部部长、中亚地区部审计部负责人、全球劳资关系主管、华为人力资源运营变革项目—员工活力子项目经理。退休后，徐光国以在华为工作时的热情和探索精神，借助严格学术训练形成的研

① 指 volatility（易变性）、uncertainty（不确定性）、complexity（复杂性）、ambiguity（模糊性）。

究方法，通过亲身经历和观察所得，多维度、多视角地分析了华为的成长历程和管理实践，总结出华为组织活力的形成机制和内在逻辑。相信这本书对广大读者，尤其是企业家、管理者和相关专业的学者一定大有裨益。

是为序。

胡彦平

华为公司前高级副总裁

# 1

# 企业的非线性成长

## 非线性时代

回首过往，着眼当下，可以发现我们一直生活在一个“非线性时代”，前人根本难以想象今天的生活，正如我们也无法预料未来会怎样。以全球工业革命为例，短短几百年，人类走过了机械化、电气化、信息化的时代，步入智能化的新时代。我们生产、生活的方式也随之发生了翻天覆地的变化。过去很多人可以一生都从事同样的工作，一家企业能够以百年老店的方式做同样的产品，而现在，每个人、每个企业都可能面临工作或经营方向的快速转变。当前对“非线性时代”并没有明确的定义，但是它已经成为学术界和产业界广泛使用的一个术语。

“线性”在物理学和数学中通常用来形容一个系统：如果一个系统的输出与输入成正比，则它是线性的；反之则为非线性。实际上，客观世界本来就是非线性的，线性只是一种近似。对于一个非线性系统，哪怕一个小扰动，比如初始条件的一个微小改变，都可能造成系统此后表现的巨大差异。我们所处的不断变化的时代与非线性系统十分相似，乃至可以视为一个非线性系统。“非线性”首先反映了我们所处的社会系统的变化频繁复杂、难以预测的客观特征。

同时可以看到，“非线性”一词也较多地使用在社会科学领域。更多的术语如“非线性战略”“非线性组织”“非线性岗位”“非线性商业模式”“非线性技术创新”“非线性业务颠覆”等也成为如今的时髦词汇。“非线性”也代表了人们在所处社会系统中的一种思维方式。英特尔创始人安迪·格鲁夫在其“10倍速增长”理论中这样描述：“我想援引物理学上的一个概念来描述两种战略行动之间的区别。如果一家公司的战略行动的效应只改变了它自身的竞争地位而非整个环境，该行动就是线性的；相反，非线性的战略行动则会使环境发生变化，该公司及其竞争对手都必须应对这一变化。”海尔集团董事局主席、首席执行官张瑞敏就将海尔的“人单合一模式”视为一种非线性管理，他认为：“线性管理，就是把一切都变成静态的，要干一件什么事，就按照这个程序去走；而海尔是以用户的个性化需求为中心的，到最后要看是否创造了用户价值，那就是一个非线性的管理模式。”实现从线性思维向非线性思维的转变，可以大大减少企业管理中的失误，这也得到学界的高度重视。浙江大学管理学院在其发布的《2017中国企业健康指数报告》中，就设计了“否定自我”“敢于尝鲜”“挑战传统”“先人一步”四个非线性指标来评价企业的非线性思维水平和能力。

显然，时代变化是常态，时代也仅是一个载体，更重要的是非线性时代的思维方式。尽管很难给出一个明确、统一的定义，但我们可以发现非线性时代有如下典型特征：

1　周期变短，变革成为常态。技术、产品、商业模式的生命周期和争夺客户的时间窗口，都在以前所未有的速度缩短，这使得企业不得不应对这种时间维度的缩短所带来的挑战和机遇。企业既要拥抱变革，也要习惯跨周期的持续变革。

2　高度开放，包容成为必然。随着新一代信息技术的深度应用，行业、企业的边界逐渐模糊，技术创新、产品研发也趋于融合化、全球化，这使得企业不得不适应在开放系统中进行协作和竞争。

3　不可预测，没有规律便是规律。技术、产品、市场都在发生巨变和骤变，发展过程充满不确定性、断点乃至突变，越来越多的企业处于动荡且难以用惯常思维来准确预测的环境之中，过去看似准确的规律如今却可能成为前进的“绊脚石”，不经意或看似不相关的一个行为可能对未来产生极大的影响。

人类塑造了非线性时代，也正接受着非线性时代产生的各种竞争和挑战。适者生存，企业是社会经济发展的重要支柱，更是非线性时代的弄潮儿。在人类历史的长河中，我们见证了众多企业的伟大崛起，也目睹了不少企业的黯然落幕，而消失在非线性时代中的“无名”企业更是数不胜数。

当前，全球正经历着一场更大范围、更深层次的科技和产业革命，这对企业来讲，是挑战，更是机遇。如何在这次伟大变革中活下来，赢得竞争优势，乃至取得显著成长，是所有企业面临的一道

“必考题”。企业家们不禁要问：伟大的企业因何倒下？企业又如何能够基业长青？是否存在普适的企业成长和成功的经验与方法？基于此，本书欲对非线性时代企业的成长之道（特别是企业成长的内动力）进行全面、深入探索，尝试为读者朋友特别是企业管理者找到非线性时代的成长“引擎”。

## 阿喀琉斯之踵

阿喀琉斯之踵，原指阿喀琉斯（古希腊神话中的英雄）的脚后跟，因是其身体唯一一处没有浸泡到冥河水的地方，成为他唯一的弱点，导致他在后来的特洛伊战争中被毒箭射中脚踝而丧命。后人常以“阿喀琉斯之踵”譬喻这样一个道理：即使再强大的英雄，也有致命的死穴或软肋。这虽是一个神话故事，但其中的道理在现实中也经常得到验证。那么我们要问：打败巨人的是什么？巨人的弱点在哪里？

俗话说，“失败是成功之母”，要在失败中找方法。本节首先对在非线性时代中失败的典型企业进行案例回顾，希望在它们的发展历程中找到些许线索。如表 1.1 所示，我们选择北电网络有限公司（下文简称“北电网络”）、朗讯科技有限公司（下文简称“朗讯科技”）、UT 斯达康有限公司（下文简称“UT 斯达康”）、摩托罗拉公司（下文简称“摩托罗拉”）和诺基亚移动设备公司（下文简称“诺基亚”）五家曾经极度辉煌、如今已然落幕的伟大企业进行跨案例的简单剖析。

表1.1 五家伟大企业的发展历程

| 企业名称 | 伟大崛起 | 黯然落幕 |
| --- | --- | --- |
| 北电网络 | • 1895年其前身北方电子制造公司正式成立，1995年更名为北电网络，其间一直深耕数字交换和传输设备的研发和生产<br>• 北电网络有太多的“第一”（例如，第一家将网络与通信相互结合的生产厂商，第一家使用软件交换系统的厂商，第一家发明10G光网络系统的企业等）<br>• 2000年北电网络的收入和股价达到了顶峰，在全球光纤设备市场上排名第一，成为世界排名前三的通信设备生产商 | • 北电网络喜欢进攻，巨资投入光通信研发和生产，进行了大量的收购，盲目扩大生产并囤积相关的产品和原材料<br>• 2001年遭到互联网泡沫冲击，存货严重积压，加上财务丑闻，开始逐渐衰落<br>• 2009年在美国和加拿大同时申请破产保护 |
| 朗讯科技 | • 1995年从美国电话电报公司（AT&T）独立出来<br>• 1996年成功上市，筹集资金30亿美元，市值达到180亿美元，瞬间成为通信设备市场的新宠<br>• 为加快市场扩张速度疯狂并购，成为可以为运营商提供全网络所有层面解决方案和设备的制造商<br>• 1999年12月股价超过84美元，达到历史最高点 | • 大量兼并导致竞争力分散，传统市场和新兴市场被抢占，加上互联网泡沫冲击，2000年首度发布盈利下滑预警<br>• 之后开始从不断收购转为不断出售资产、拆分部门、裁减人员，也被爆出财务违规、洗钱受贿问题<br>• 2006年与阿尔卡特完成合并，阿尔卡特以换股方式收购朗讯科技股份 |

（续表）

| 企业名称 | 伟大崛起 | 黯然落幕 |
|---|---|---|
| UT斯达康 | • 1995年Starcom与Unitech公司合并，成立UT斯达康公司<br>• 1996年发现小灵通的可用性，斥资数千万发展小灵通业务，一炮打响<br>• 2000年UT斯达康在美国纳斯达克成功上市，依靠小灵通业务，5年时间达到了国内电信设备企业收入排名第三的规模 | • 小灵通毕竟属于夕阳产业，2004年第四季度开始亏损，2005年的亏损额已高达4亿多美元<br>• 之后转入3G、WCDMA、CDMA2000、IPTV等领域，都未成功，创始人、公司CEO吴鹰也由于内部分歧离职<br>• 如今聚焦通信服务业，今非昔比 |
| 摩托罗拉 | • 1928年其前身加尔文制造公司在美国芝加哥成立，1947年更名为摩托罗拉<br>• 先后推出全球第一款商用手机、第一款GSM数字手机、第一款双向式寻呼机、第一款智能手机等<br>• 2003年其手机品牌竞争力排在全球第一位，2006年在全球手机市场占据的份额超过20%，达到自1998年以来的最高点 | • 1991年制订“铱星计划”，耗资50亿美元，结果导致手机价格昂贵，没有足够的客户市场，最终计划破产<br>• 在手机研发上投入不足，导致手机业务被其他公司追赶和超越，2005年被诺基亚和三星超过，排到手机品牌竞争力的第三位<br>• 2011年公司一分为二，成立摩托罗拉移动技术公司和摩托罗拉系统公司，之后摩托罗拉移动技术公司被谷歌、联想先后收购 |
| 诺基亚 | • 1865年成立，1967年与芬兰橡胶厂及芬兰电缆厂合并，形成今天人们熟知的诺基亚公司<br>• 1982 年左右推出第一款名为“Mobira Senator”的移动通信设备，走上研发和制造手机之路<br>• 由于专注于传统功能手机的研发，诺基亚功能手机在当时具有极佳的客户品牌效应<br>• 从1996年开始，连续14年占据手机市场份额第一的位置 | • 智能机时代，因其他巨头品牌的崛起，加上自身的诸多策略失误，最终逐渐走下“神坛”<br>• 2012年第一季度末，三星成功拿下全球智能手机出货量冠军头衔，诺基亚在手机领域的地位急转直下<br>• 随后放弃手机业务，其移动部门在2013年被微软收购 |

从表 1.1 可以看到，这些曾经的行业巨擘、市场霸主，最终没能躲过某一天轰然倒下的命运。作为典型的失败案例，它们被广泛地剖析和讨论。仔细梳理，可以发现：它们有的败于对落后技术（主要是它所带来的眼前的丰厚利润）的严重留恋，有的败于与新兴技术的失之交臂，有的败于与市场需求、商业模式的脱节，有的败于不能承受全球大环境的巨变和打击，有的败于管理层的重大决策失误和强势的企业文化，有的败于财务监管不力……

导致这些伟大企业失败的原因很多，对这些企业的管理者来说，部分原因或许回头去看能够恍然大悟，但可能更多的是不解。正如时任诺基亚公司 CEO（首席执行官）的约玛·奥利拉在 2013 年 9 月的记者招待会上宣布同意微软收购时说的最后一句话："我们并没有做错什么，但不知为什么，我们输了。"无独有偶，2017 年 10 月，日本相机制造巨头尼康在其中国官网上宣布，停止子公司尼康光学仪器（中国）有限公司（NIC）的经营。在其停止经营的通知中这样写道："由于智能手机的崛起，小型数码相机市场正在急速缩小，NIC 的开工率也显著下降，持续运营变得非常困难。"或许，我们需要在上面罗列的失败原因中加上一条："被外行跨界打败"，甚至"不知道发生了什么就失败了"。

历史会记住英雄，而那些被英雄打败的人物同样被人们津津乐道，企业亦如此。在漫长的时代变革中，我们曾经追捧过很多伟大的企业，不知何时，它们却消失在人们的视线中，而新的伟大企业又制造了新的话题。事实上，它们不是个例，而是发生在非线性时代的常事。例如，在手机市场，黑莓、酷派等很多手机品牌曾经也风靡一时，但最终遭遇了类似的命运。作为冷静的旁观者，我们可以发现这些“莫名其妙”倒下的企业，结果如出一辙，经历却不尽相同。众多的失败案例中，到底有没有能一言以蔽之的原因呢？这需要从理论中寻找答案。

## 决定企业兴衰的范式转变

我们看待一个问题，要着眼其本质，而探索非线性时代的企业兴衰规律，就不可避免地需要了解范式转变的基本规律。本节尝试扼要地在“范式转变”与“企业兴衰”间搭建一座认知的桥梁——非线性时代的确定性规律。

### 范式

“范式”（paradigm）这个概念最早是由美国著名社会学家罗伯特·默顿于20世纪40年代提出来的。1962年，美国著名科学哲学家托马斯·库恩用它分析科学理论研究的演进方式，并在《科学革命的结构》一书中将范式定义为“一种公认的模型或模式”。由此，范式这个概念广为传播。

在此基础上，意大利管理学家乔万尼·多西于1982年提出了“技术范式”的概念。技术范式基于自然科学的高度选择性原理，是解决特定技术经济问题的途径的“图景”，也是以获取新知识为目标、并尽可能防止这些新知识过快扩散到竞争者的特定规则。技术范式并非某种具体的技术，而是社会系统在一定时期内由各种具体技术组成的一个技术体系。技术范式包括了技术所依赖的知识的性质、技术需要的资源类型及其性质、技术应用的主要生产领域、能体现技术特性的产品等。

每一个范式都有其固有的发展阶段，即范式的生命周期。在一个范式内，它会沿着既定路径发展。技术进步主要表现为渐进的、积累的、连续性的过程，没有发生明显的跃迁，这被称为“范式内的演进”。如图 1.1 所示，由于演进过程的非线性，其发展轨迹往往表现为“S 形曲线”。按照其从生到灭的规律来看，主要包括新兴期、成长期、成熟期、衰退期，不同阶段有不同的典型特征。

以技术范式为例，我们对图 1.1 所示的范式的生命周期进行简单描述。横轴“时间/投入”是指改进一种技术范式的产品或工艺所需的时间或努力，纵轴“绩效/水平”是指企业得到的回报或达到的水平。最初，新范式的技术轨道常常是不确定的，因而其发展也是相对缓慢的。随着投入的增加，关键技术被逐渐探索出来，新范式就可以走出困境并迅速发展。之后，当这种范式的技术发展到一定水平，技术进步会变得越来越困难并且代价高昂，“S 形曲线”便达到了顶端，这是一种正常现象（这与“努力越大则进步越大”的传统观念有所不同）。事实上，当某种技术范式接近或达到极限的时候，一个新的范式往往会出现并取代现有的范式（例如，数码相机取代胶卷相机、彩色电视机取代黑白电视机）。随着被新范式的逐渐取代，旧的范式会逐渐衰落，对它的投入和所得的回报也会逐渐减小甚至忽略不计。

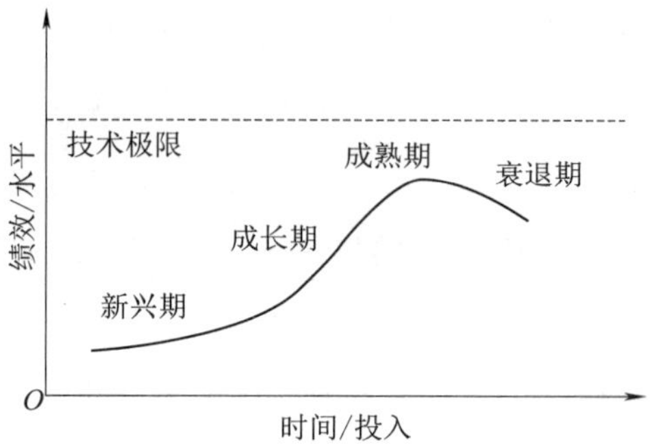


图1.1 范式的生命周期

如上所述，当某一范式发展到成熟期，就会接近发展的极限，很难有显著的进步，此时就会发生从一个范式到另一个范式的跃迁，这通常被称为范式转变。此时，技术进步主要表现为突变的、跃迁的、非连续性的，如图 1.2 所示。在范式转变期，“S 形曲线”会出现断层，新范式的技术水平和绩效一开始一般都是处在原有范式之下的。不仅如此，单一的技术往往很难准确满足客户的所有需求。因此，在现实情况下可能有多种技术参与同一项竞争，也就是说，新范式的技术轨迹在这一时期是不确定的。在这些新的技术轨迹中，个别的可能会成功，绝大部分最终会失败。

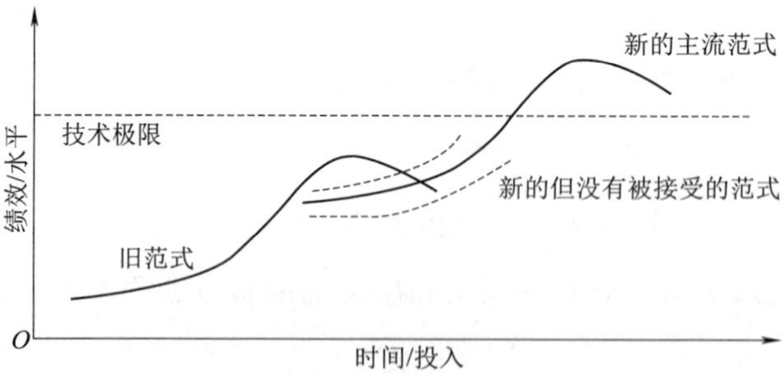


图1.2 范式转变

## 不确定性

如图 1.2 所示，每条“S 形曲线”的开始阶段（也是上一“S 形曲线”的结束阶段）都有多条待选路径。在这些待选路径最终占领市场之前，我们很难预测究竟哪条会成功。由于断层和新范式轨迹的不确定，很多学者都认为范式转变时期是非常混乱的，且难以分析和预测。我们将这种现象定义为范式转变期的不确定性。通常，这种不确定性包括技术不确定性和商业不确定性。技术不确定性是指新技术方案的多样性，即很难确定哪一种技术方案能够取得成功；商业不确定性是指满足客户需求方案的多样性，这意味着同样很难确定哪种商业模式能让客户更加满意。这种高度不确定性便是范式转变中的混沌，可以认为所有企业正处于行业的无人区，处在无人领航、无既定规则、无人跟随的困境中。由于范式转变期技术和商业模式的不确定性，我们也很难断定处于这个时期的企业的表现是好还是坏。

除了范式转变期的不确定性，内外部环境的变化也会给企业带来一些其他维度的不确定性。这包括但不限于法规不确定性、制度不确定性、需求不确定性、国际非线性打击（例如，贸易战、战争）、突发事件（例如，2020 年的新型冠状病毒肺炎疫情）。从时间轴来看，这些其他维度的不确定性可能发生在一个范式的生命周期内，也可能发生在范式转变期。那么，面对这些日益增多的不确定性，企业又该何去何从？

## 机会窗口

显然，范式转变期的不确定性和其他维度的不确定性很难避免，如果仅将其视为危机或阻碍，那么必然带来无尽的恐惧、失败。事实上，在范式转变、社会变化越来越频繁的今天，一个成功的企业常常需要将不确定当作一种常态，企业只能积极拥抱不确定性，因为这更是一个蕴含生机和希望的机会窗口。同样，机会窗口也有诸多类型。技术机会窗口主要指原技术趋于成熟，掌握新技术或实现突破式创新可能会取得竞争优势；市场机会窗口主要指市场需求条件与商业周期变化带来的新机会；制度机会窗口主要指公共政策或者制度条件变化等带来的新机会。显然，这些机会窗口通常指企业所面临的外部机会窗口，是它们渗透主流市场和掌握主流标准的重要机遇，如果错失则会陷入落后的状态。当然，企业也有可能遇到企业内部的机会窗口，例如，企业自身掌握的部分异质性资源或能力也会促使其获得更多的成功机会。

顾名思义，机会窗口会给企业带来机遇，一旦成功就有可能重塑行业地位，也意味着其他企业可能被削弱，这就是机会窗口中孕育的机会和危机。如图 1.3 所示，企业所面临的不确定性和机会窗口有着紧密的关联。对于领先者，如能持续把握同样的机会窗口，则有机会实现持续的市场领先，让追赶者或者后发者一直无法赶上，永远存在一定差距；另一方面，这也是追赶者或后发者超越领先者的契机，因为所有的企业都没有相关的知识积累，几乎可以说是在同一起跑线上，对那些在上一个技术范式中落后的企业以及新兴企业来说，这是一个超越其他竞争对手的好机会。显然，在大多数企业聚焦当前范式内的生产经营活动的时候，卓越的企业需要能够预见机会窗口的打开并及早进入下一个范式以赢得未来的竞争优势。而当机会窗口关闭之时，处于落后地位的企业很难实现超越，领先者也很难摆脱追赶者或后发者高效模仿和学习的“纠缠”。

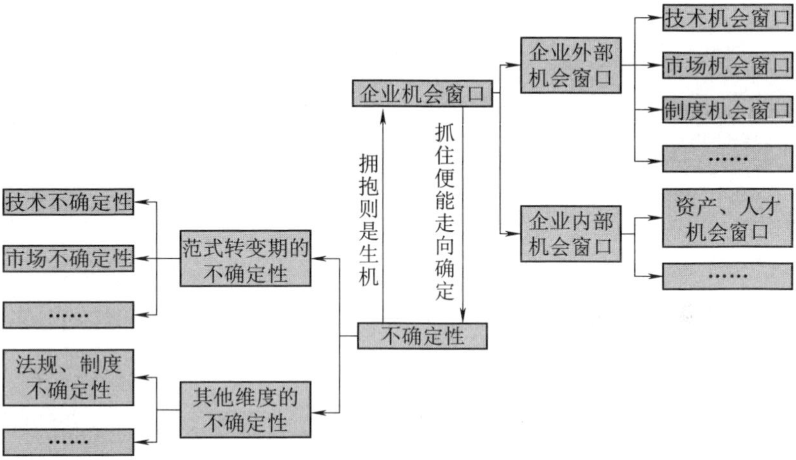


图1.3 企业面临的不确定性与机会窗口

## 企业竞争的本质

与范式的生命周期类似，一家企业也有其“S形”的生命周期。美国管理学家拉芮·格雷纳教授在其《组织成长中的演变与变革》一文中建立了组织发展模型，他把企业生命周期划分为五个阶段，包括创业、指导、授权、协调和合作。美国管理学家伊查克·爱迪思在其《企业生命周期》一书中，系统地研究了企业如何发展、老化和衰亡，他把企业生命周期划分为三个阶段、十个时期，其中包括由孕育期、婴儿期和学步期构成的孕育阶段，由青春期、盛年期和稳定期构成的成长阶段，由贵族期、官僚化早期、官僚期和死亡期构成的老化阶段。显然，很难有永远兴盛的企业，但与生物机体的发展变化过程不同，企业还有机会通过研发创新等措施跳到前一阶段，以保持持续成长，表现出一定的可逆性。

到此，我们对与企业兴衰密切相关的范式转变、企业生命周期规律做了基本阐释。可以看到，企业如果不能对自身所处范式及所处时期有明确的了解，则很容易在非线性时代走向衰落甚至死亡。假定企业对这些有了明确的认知，又该如何行动、找到合适的成长方法呢？这需要进一步剖析企业竞争的本质。

企业经营管理的根本目标不是单纯追求规模大、产值高或市场占有率高，更不是单纯追求经济效益。商业的本质是创造和传递价值，那些卓越和令人尊敬的企业，往往是将技术目标、经济目标、社会目标和可持续发展目标有机结合的企业。简单来讲，企业竞争的本质主要源于以下三方面，且从下到上呈金字塔结构：

1 底端的技术创新。企业为获得竞争优势，需要能够达到最基本的技术要求，即具备一定的技术水平来满足客户基本的功能需求，这也是企业进入市场的准入门槛。

2 中间的管理模式。随着互联网的不断发展，技术越来越透明，很难有一家或少量企业一直掌握着核心技术。另一方面，单靠技术壁垒取胜的时代已经过去，企业突破了技术创新的瓶颈，也不一定能成功。很多企业靠技术起家，最终亡于管理。因此，在底端技术创新的基础上，管理模式变革更为重要，企业更需要研究如何以各个维度的管理优势打破相同技术竞争中的竞争态势。

3 顶端的价值实现。企业竞争的最终落脚点是客户，而客户的满意度逐渐从产品功能转向价值实现。所以，迎合甚至引领客户的价值实现才是企业竞争的高级形态，也是最本质的形态。以维珍集团为例，它涉及的业务看似庞杂，但其品牌的核心、定位、个性、价值及理念无不刺激乃至吸引着一批客户，这也使之塑造了“成功来自看似最不可能的地方”的价值观。对此我们不必做过多解释，可以认可的是，对企业来说，技术创新是必需要素，管理模式是重要手段，而价值实现则是关键核心。

## 再论阿喀琉斯之踵

我们在上文中简单回顾了五家典型企业的失败历程，但我们并未也无法给出它们失败的标准答案。经过上述关于范式转变与企业兴衰基本规律的理论探讨，我们尝试对这些伟大企业倒下的原因做一剖析和总结。如图 1.4 所示，我们至少可以得到以下三方面的根本性结论：

1 那些曾经的伟大企业确实在技术水平或市场地位上取得了领先，但它们忽视了企业竞争的本质，寄希望于盲目扩张、并购，虽能取得短期的利益，但长期来看，这并非持续领先的有效手段。一旦遭遇内外部环境的不确定性和非线性的冲击，就可能轰然倒下。

2 那些曾经的伟大企业确实在既定市场和技术范式下赚得盆满钵满，甚至孤注一掷地“专注”于范式期内的产品和既得利益，殊不知正是这种技术范式的极限导致它们不思进取甚至最终被拖垮。

3 那些曾经的伟大企业忽略了范式转变的必然规律，没有为下一个技术范式做准备，即使做了准备，也没能拨开范式转变期的“混沌”，只能在下一个范式的竞争中落后甚至掉队。

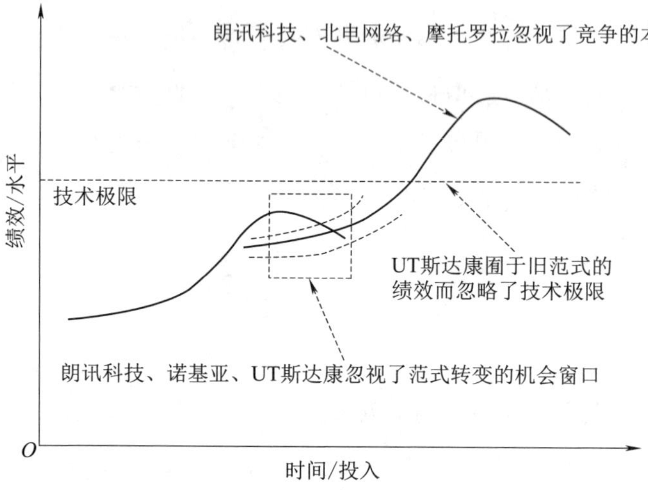


图1.4 基于范式及范式转变规律的伟大企业失败原因分析

## 基业长青的核心动力

我们在上文中将那些曾经的伟大企业的失败归结于对范式转变规律的“无知”和“无奈”。当然此处并非贬义，而是说明很多企业对非线性时代的基本规律缺乏了解，即使了解了，也没能“化知识为行动乃至竞争力”。与之相反，我们可以看到，还是有不少企业虽然历经艰难，但依然能持续生存乃至不断成长，华为便是一家极具代表性的企业。本节主要通过华为度过的三次危机来探索企业基业长青的核心动力。

## 艰难时刻的英雄本色

华为技术有限公司（下文简称华为）创立于1987年，是全球领先的ICT（信息与通信技术）基础设施和智能终端提供商。目前华为有19.4万员工，业务遍及170多个国家和地区，服务30多亿人口。经过30多年的发展，如今的华为已成为全球最大的通信设备公司之一，而其历经的风风雨雨也是当代企业家和学术界津津乐道的话题。华为在这30多年里经历了三次大的危机，它是靠什么度过这些艰难时刻的呢？

### “无知者”无畏

华为主要创始人兼总裁任正非，是华为历史上最重要的人物。他在1984年前后从部队转业，在深圳南油一家小型国有企业当副总。有一次任正非负责一个项目，给了对方200万元货款，对方却迟迟不发货。该企业认为任正非个人有经济问题，但拿不出明确的证据。最后任正非没有承担刑事责任，但被迫离开。

任正非不服输，他并没有侵吞这笔钱，于是走上了艰难的追债之路。一次在火车上碰到一个香港人，闲聊中，任正非把他追债的故事讲了出来。这个香港人认为任正非是一个非常值得信赖的人，于是就对任正非说："我是香港鸿年公司的，我们公司做客户电话交换机产品，你愿不愿意代理我们的设备在大陆销售？"任正非说："我没钱哪，我心头还压着200万的良心债要还，怎么有款来购买你的设备？"香港人说："没关系，你这么诚实可信，是一个可靠的人，你就把我的设备赊过去，等你把设备卖给了客户，收到货款再来还我的设备款。"于是，任正非联合6个人凑了2.1万元创办了华为，就这样"无知无畏"地进入了通信行业，成了"二道贩子"。

20世纪90年代以前，电话在中国还是个稀罕玩意儿，装电话通常需要送礼托关系。某数据显示，香港当时人口500万左右，拥有360万部电话机，而整个内地当时10.5亿左右的人口才拥有320万部电话机，可以想见当时的客户电话交换机有多么抢手，完全是卖方市场，利润不错。据说当时至少有200家国有企业"下海"做客户电话交换机的代理。

当时任正非代理的交换机仅有几十门，即可以带几十部电话机客户的交换机，根本进入不了当时的电信局（局用交换机至少要1000门以上），产品主要卖给小企业，俗称"企业小总机"。所以华为最早就是做企业业务市场的，没法进入运营商市场。

任正非及华为的员工们开始骑着自行车走街串巷地联系小企业，因为是卖方市场，任正非的诚信与销售手段便发挥了极大作用，很快就赚到了第一桶金。据老华为人讲，如果客户企业的交换机系统出了故障，任正非就会要求在维修期间为客户提供一套备用交换机。这在当时交换机脱销的年代，是非常可贵的品质，也是一种很好的营销手段。

由于华为的销售不错，很快出现提前半年将设备款打给香港鸿年公司还拿不到设备的情况。1989 年华为遭遇了第一次“断供”，只不过不像 2019 年美国对华为的断供那样是芯片、组件、部件级别的断供，当时华为遭遇的是整套产品的断供。这时任正非决定用自己的血汗钱研发自己的技术和产品，从源头上解决缺货的问题。1990 年，华为在北京邮电学院教授们的指导下，成功研制出 BH03 交换机（24 门客户交换机），1991 年由毕业于华中理工大学的郑宝用等人研制出 HJD48（48 门客户交换机，大概可以带 500 部电话分机）。1992 年，凭借这两款产品，华为销售收入突破 1 亿元。

## 胸怀天下的“婴儿”

1 亿元对当时的华为来说是天文数字，但毕竟是为小企业服务，针对企业市场的单一产品总体来说规模小，利润更薄。于是任正非把目光转向了局用交换机，也就是电信局市场。

1992 年，华为推出了一个 JK1000 局用机项目（1000 门容量的交换机）。由于研发人员对技术路线判断失误，产品刚问世就面临淘汰。另外，由于华为研发人员是一批刚从学校毕业的学生，缺乏质控经验，JK1000 防雷效果差，设备经常起火，因此一共只卖出 200 多套就再也卖不动了。这个失败的项目很快就耗干了华为辛苦攒下的家底。

此时，任正非必胜的信念开始显露，他四处借钱甚至借高利贷，孤注一掷地将宝押在了容量更大、技术更先进的“C&C08”数字交换机项目上。在动员大会上，他跟全体干部说：“这次研发如果失败了，我就从楼上跳下去。”1993年10月，华为的C&C08 2000门交换机在浙江义乌佛堂镇开局，但首批产品极不稳定，断线、死机、阻塞，问题层出不穷。为此，任正非派了几十位工程师现场驻扎，他们废寝忘食地调试设备，晚上甚至直接睡地板，花了2个月，终于将故障全部消除。

没有人能想到1994年前华为有多么艰难！公司发不出工资，几个月都打白条，很多人都垂头丧气，绝望至极。任正非为了鼓舞士气，喊出了后来广为流传的两个著名口号。第一个口号是：“兄弟们，好好干，未来的电信市场，华为三分天下有其一。”第二个口号是：“兄弟们，好好地干！我们的市场前景广阔得很，到那时大家的钱多得不得了，多到什么程度呢？就是钱在衣柜里面装不下，太多了发霉了要在阳台上晒。”谁也想不到，连一只脚都还未跨入电信局市场的名不见经传的华为，竟敢吹这个牛，当时大家都把它当笑话看。

1994年8月，C&C08万门机在江苏邳州开局，经过两个月的上线调试，最终大获成功，随后跟C&C08 2000门交换机一起横扫中国电信市场，1994年销售收入达到8亿，1995年达到15亿，此后每年翻倍增长，成为全球历史上销量最大的交换机。外人很难想象的是，这两个产品是由平均年龄只有25岁的团队做出来的。1995年是华为走向规模化的元年，尝到了甜头的任正非1996年开始大规模地从高校招收应届毕业生。为了纪念C&C08交换机，华为将全国各地的总机号码尾号统一为0808。

## “少年”过冬

2001年IT行业的冬天引发的危机，是华为遇到的第二次重大危机，属于少年时期的危机，也被称为“华为的冬天”。当时，华为差点将网络公司卖掉，任正非母亲车祸身亡，海外无线业务还没有发展起来，国内业务因任正非决定不上无线固话（小灵通技术）而错过了中国区大量的“过冬粮食”。此时，上文所述的UT斯达康和深圳同城友商中兴通讯在小灵通上赚得盆满钵满，日子过得红红火火。

当时华为的现金流非常困难，任正非也经常反省自己的信念和决策是不是真的错了，内忧外患导致他得了抑郁症，几次想自杀。那时候华为全体员工胆战心惊，总监及以上的管理者主动申请降薪，大部分员工4年内没有涨过一分钱的工资，表现优异的新员工转正时，主管也只能为他们多争取300元左右。部分骨干员工感到公司前途无望，纷纷跳槽，少量员工觉得公司内部虚拟受限股票会一文不值，就将所持股票全部卖给公司变现，个别员工甚至拒绝购买公司为了激励目的配给自己的虚拟股票。

2001年开始的这场危机，最终解除于华为2004年成功开发出无线3G分布式基站，解决了欧洲机房狭小、站点获取困难的问题，从而成功打开当时的通信巨头爱立信、西门子、诺基亚、阿尔卡特的大本营欧洲市场。2005年，华为的海外销售收入第一次超过国内，从此一路高歌，度过了这个冬天。

## “成人”的坚韧不拔

众所周知，2019年5月16日，美国商务部正式将华为列入“实体清单”，禁止美国企业向华为出售相关技术和产品，这是华为的第三次重大危机，属于“成人”时期的危机。2020年5月15日，美国商务部下属的工业和安全局（BIS）宣布了计划，声称将限制华为使用美国技术和软件在国外设计和制造半导体的能力。在可以预见的未来，华为必须持续地应对这场危机。然而，这时的华为已经是业界首屈一指的公司，肌体壮了，免疫力强了。尽管公司内部一致清醒地认识到，美国对华为的打压是你死我活、不死不休的斗争，但85%以上的员工都认为公司一定能够度过此次危机。

2019年5月21日，任正非接受中央电视台董倩采访[1]。董倩问：“任总，很多人知道我来采访您，都希望我问的第一个问题是，华为是不是已经到了最危险、最危难的时候？”任正非说：“在孟晚舟事件没有发生时，我们公司是到了危险的状态——平庸、怠惰，大家口袋里都有钱，不服从分配，不愿意去艰苦地区工作，机关积压那么多高级干部。现在我们公司群情振奋，铲除平庸，每个部门都在去除落后，整体战斗力蒸蒸日上，这时怎么能说我们到了最危险的时候呢？应该是在最佳状态，而不是最危险的时候。”诚然，不管美国使用什么招数，华为最终一定能够活下来，大多数中国人可能也持这样的观点。

有人总结，华为经历了三次伟大变革，实现了从产品到解决方案、从国内市场到全球市场、从运营商到终端和行业这三次华丽的转型。这与华为经历的三次危机息息相关。无论是危机还是伟大转型，华为的的确确实现了持续成长，如今已成为全球通信行业的领军企业。随着它逐渐进入相关技术范式的无人区，我们相信，华为会百尺竿头，更进一步。

## “组织必须充满活力”

除了对华为的欣赏与赞许，我们更希望问一句：“华为有没有能一言以蔽之的度过危机、基业长青的法宝？”与“孩子越小，希望越大”相反，华为的三次危机体现出“企业越小，希望越小”，正是一代代华为人靠着“相信相信的力量”才造就了华为的今天。在此信念的基础上，任正非以及华为也在非线性时代中收获了宝贵的成长经验——方向只能大致正确，组织必须充满活力！

2016 年 6 月 2 日至 4 日，华为高层与技术骨干在上海开战略研讨会，开到一半，被任正非打断，要求讨论“方向只能大致正确，组织必须充满活力”的话题。高层领导和技术专家们都傻眼了：现在是讨论战略，为何要讨论组织活力？很多人都想不明白。有两个例子可以帮助我们理解为什么“方向只能大致正确，组织必须充满活力”。

第一个例子，2002 年至 2003 年，华为差一点将网络这部分打包卖掉。简单地说，华为可以分为网络与终端两部分，网络与运营商打交道，终端与普通消费者打交道。当时任正非已经与摩托罗拉 CEO 小高尔文在三亚谈好了备忘录，价格是 75 亿美元，坊间还流传着任正非穿着游泳短裤与老外在三亚沙滩上散步的照片。但令人意想不到的是，小高尔文是摩托罗拉作为家族企业的最后一任掌门人，他回到美国之后被对冲基金和董事会联合起来开除了。新任 CEO 是职业经理人，他认为与华为的这笔交易不划算，会影响其股价表现和短期盈利，于是就将这份合同取消了。可以想象，如果摩托罗拉购买成功，就不会有现在美国以举国之力打压华为的事件了。

第二个例子，2008 年，华为与银湖、贝恩私募基金等美国资本谈判，准备将终端卖掉。华为大概是 2004 年开始做手机的，目的是配合自己的无线 3G 开发和测试，几乎完全是运营商贴牌，一直不赚钱，利润非常薄，于是就想把它卖掉。买卖双方已经基本上把价格都谈好了，约 50 亿美元。但当时的蓝军司令郑宝用利用他在华为历史上曾做出非常突出贡献的影响力，和任正非讲不能卖终端。他认为华为当时的网络部分已经做起来了，做到了世界第二，仅次于爱立信了，而未来网络流量最重要的入口就是智能终端，卖掉终端会对华为的网络部分也有影响。鉴于此，华为最终并没有卖掉终端，终端公司（尤其是中国区域终端）也的确给华为提供了大量的“过冬粮食”。

所以任正非讲：“一个公司要做到方向大致正确是一件非常不易的事。我们这两次差点把华为卖掉，卖掉就卖掉了，员工也很开心，公司上下的人都很开心，我们实际上很容易将它卖掉。在华为 30 年的发展历程中，我们非常感慨的是，一个公司很多时候并没有设计好自己的方向，甚至我们的方向是大致不正确的。在方向大致正确或大致不正确的情况下，一个公司充满活力是非常重要的。如果这个公司充满活力，它就能确保战略执行走向成功。我们讲活力很重要，并不是否定战略，战略方向很正确或很不正确，都需要靠组织活力。”

无独有偶，阿里巴巴现任董事局主席张勇在当总裁时就说过：“战略是打出来的，已经总结出来的战略基本跟你没关系。”这句话的意思是，所谓漂亮的战略不过是人们事后的总结罢了。他的第二句话是：“大部分今天看来成功的所谓战略决策，常常伴随着偶然的被动选择，只不过是决策者、执行者的奋勇向前罢了。”这句话的意思是，所谓的战略不过是当事者的奋勇向前和努力拼搏，划出什么样的轨迹就是什么样的轨迹。甚至有学者认为，伟大企业失败的原因就是逐渐失去活力。

## 组织活力

如上节所述，组织活力如此重要，那么何为组织活力？如何激发和保持组织活力？本节主要从理论上对“组织活力”这一概念下一定义，对全书涉及的核心术语进行规范。

### 组织

本书主要聚焦企业在非线性时代的生存和成长之道，因此我们首先要对非线性时代的组织特别是企业组织进行全面认识。作为一个非常成熟的概念，很多学者都对“组织”给出过定义和描述：美国管理学家路易斯·艾伦将组织定义为“为了使人们能够最有效地工作并实现目标而进行的明确责任、授予权力和建立关系的过程”；现代管理理论之父切斯特·巴纳德将组织定义为“有意识地协调两个或多个人的活动或力量的系统”，他认为共同的目的、服务的意愿和沟通是组织的三个核心要素；管理学家詹姆斯·曼尼给组织下的定义是“为了达到共同目的的所有人员协力合作的形态”。

尽管有着多种不同的理解和定义，但我们可以认为，组织就是采用一定方式来完成一定内外部任务并取得成效的社会体。组织是由多人组成的，其目的是发挥人们的优势并避开不足，这是组织唯一能做的事，也是组织存在和我们需要组织的唯一理由。它具有明确的目标导向和精心设计的结构，既在内部进行有意识协调的活动，同时又能与外部环境保持密切的联系。关于组织及组织行为学的专著已经很多，我们不再赘述。显然，企业也是一种组织类型，在本书中，组织无特别说明时指企业组织。

组成组织的基本单元是个体，在企业中便是每个员工。个体较容易理解，我们不再展开。

团队是隶属于一个具体组织、由多个见识和技能互补的个体共同组成、互相配合解决特定任务的工作群体。团队也是一种典型的组织，或可视为企业的子组织。大家平日里经常谈到的“团队”的含义通常不够全面，为此，我们对本书提到的“团队”进行一个简要的说明和阐释。

首先，团队不同于组织中的“部门”概念，不是简单地把多人放在一起形成的工作群体，而是为了解决具体问题而必须存在的集体（当然，部分问题可能以个体或其他形式解决更好）。其次，团队中的个体可能来自不同部门，但特别需要协作，只能通过有效的群体合作来解决或完成具体任务（团队不是个体数量的叠加，不是简单的“人多力量大”）。再次，团队工作意味着委托与授权，它具有一定自主权、责任和规范，以任务为焦点，重视高绩效工作。最后，团队虽然不能“包治百病”，但它对组织成长的意义十分重大。无论是私立组织还是公立组织的报告均显示，团队工作提高了员工的道德水平，降低了内耗，员工工作更加高效，压力和成本更小，成就更大，更具竞争力。甚至有学者认为，高成就组织是以强大的创造力和有自治性的团队工作为基础的，而非团队的管理不具有生产性，甚至具有损害性，从根本上说，会使组织发展变慢，最终走向停滞。

## 活力

我们在前文讲到，有的组织成长性很好，而有的组织逐渐走向衰落，那么成功的组织到底应该具备怎样的特质或者能力呢？与任正非、张勇的看法类似，被誉为“现代人力资源之父”的戴维·尤里奇认为，组织中人才虽然很重要，但比人才更重要的是他们之间的凝聚力和活力。活力是指旺盛的生命力，即行动上、思想上或表达上的生动性。它是一种状态，既具有促进个体成长与发展的动力特性，又在身心特质上呈现精力充沛、积极向上、生机勃勃、健行不息的发展态势。组织的凝聚力正是基于组织活力的。

组织活力是指组织所具有的健康状态和增长力，它可以由组织的财务、智力和创造性增长状况所决定或表现。切斯特·巴纳德认为组织活力取决于组织成员贡献力量的意愿，而这种意愿要求这样一种信念：共同目标能够实现。也有学者将组织活力定义为组织的创造和创新能力，且认为其与组织的多个因素有关（例如，组织内部及与外部相关方的连接度和连接质量，组织文化和认知的多样性）。还有学者认为，组织活力包括两方面含义，一方面是让组织知道何时需要进行变化，另一方面是让组织提供力量来应对变化，而创新和保持柔性则是激发组织活力的重要方法。

与组织的定义类似，学术界和产业界也对组织活力有着各式各样的理解和阐释，由于所在立场和视角的不同，同样也无法在已有的研究和描述中找到统一的定义。但我们可以看到，组织活力是促进组织不断成长的内动力，反过来，高的组织活力也是成功组织的必然表现。作为一个抽象的概念，组织活力具体包含企业、团队、个体等多个层级的生命力，本书的第一个目标便是回答何为组织活力。

## 激活的困境

事实上，组织活力的重要性已经得到了学术界和产业界的极大认可，当前人们关注更多的是如何激发组织活力。按照肯尼斯·布兰查德的相关研究，激发组织活力的关键是为员工创建能够获胜、对自己所做的事情充满激情的环境。当然，激发组织活力不仅是激活每个个体，还要激活组织的方方面面。组织活力激发是全面考虑被激活对象的综合属性，因地制宜地促进其健康、高效、持续地达成既定目标。

作为一项极具挑战性的工作，任何组织都希望能够充满活力，但现实中往往困难重重，组织中的管理者经常无从下手，左右为难。我们可以举几个例子：

1 企业中各个部门的员工都认为自己已经尽力而为，他们无法为企业发生的问题负责，也无法去解决这些问题。例如，研发人员按照上级要求设计某种产品，制造和检验人员按照既定流程生产和检验该产品，结果销售人员发现该产品并不能得到市场的青睐。其间每个员工都认真履行了职责，那么谁该对此结果负责？

2 部分企业物质激励资源有限，尽管加强了对员工的人文关怀、信念教育等，但还是收效甚微，因为员工还是以当下的收入作为工作的主要动力，此种情况下如何激发员工的活力？

3 很多企业的党建工作主要停留在政治建设、思想建设、组织建设、作风建设等方面，没有很好地与具体业务工作相结合。该如何发挥党建在组织活力激发中的作用？

4 很多大型的集团公司都存在机关过于强势，对业务单元管得过死、过严，没有授权与灵活性，各业务单元没有活力的问题。该如何平衡集权与分权？

5 很多优秀的企业越做越大，员工越来越多，以往的小规模管理经验不再适用，面对庞大的组织机构和员工数量，企业管理者往往被“为什么我的人不卖力”“为什么不发钱有意见，发钱还有意见”等问题困扰，这种情况下又该如何激发组织的活力？

6 尽管在公司拿着丰厚的报酬，但为什么有那么多员工私下里不认同自己的公司？为什么有那么多员工频繁地跳槽？

7 很多企业高管寄希望于给员工搞成功培训、灌心灵鸡汤，但结果往往是不培训还好，培训后更出问题，他们到底错在何处？

8 怎么才能让员工从被动接受转变为主动付出？

9 何时才能让员工在工作和生活间取得平衡？

当然，类似的实际问题数不胜数。作为促进非线性时代组织成长的重要抓手，本书的第二个目标（也是本书的核心目标）便是探索激发组织活力的基本方法。

## 本书章节结构

本章首先定性描述了非线性时代的现象和特征；接着客观回顾了国内外伟大企业走向衰落的故事，在此基础上扼要总结了范式转变与企业兴衰的基本规律，指出尽管伟大企业倒下的原因不尽相同，但共有问题是没能知晓和把握这些基本规律；然后以华为度过三次危机为例，提出“组织活力是企业基业长青的核心动力”这一命题，并对组织活力概念、组织活力激发的困境等做了基本阐释，进而引出了本书的两个研究内容——什么是组织活力、如何激发组织活力。

如图 1.5 所示，为帮助企业克服成长的危机，避免严重的伤害，走向不确定但丰富多彩的未来，本书将在第 2 章和接下来的三篇（第 3~15 章）以华为激发组织活力的实践为主线，描述华为基业长青的核心动力。最后一篇（第 16~17 章）以其他相关理论和企业实践的“百家之言”为参考，对激发组织活力的理论和方法进行系统梳理、总结，为相关产业实践和理论学习提供参考。

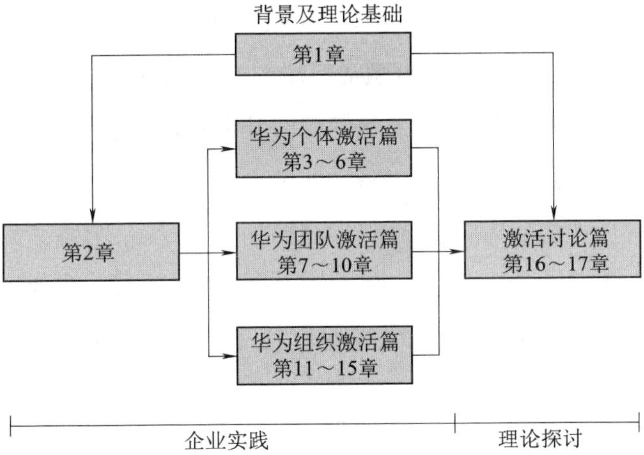


图1.5 本书章节结构

为便于读者理解全书的思想和写作脉络，我们特做如下说明：

1 本书作者之一徐光国曾在华为工作20年，书中很多故事源于他的亲身经历，在具体章节中我们会以他在华为的故事为例。

2 我们在本书中会引用一些任正非的讲话内容。由于华为组织活力激发的方法较多且较复杂，部分内容很难让读者在短时间内理解，而任正非恰恰擅长用形象类比的方法将一种思想讲明白，把整个华为团结起来。因此，为了帮助读者更好地理解本书内容、尊重华为的激活思想，我们会在本书中以恰当的方式直接引用任正非的讲话内容。

3 在本书中，"组织"特指整个企业组织，"团队"特指面向一定任务而形成的群体，"个体"特指单个的企业员工。在理论部分，我们严格按照企业层、团队层、个体层组织活力激发的逻辑展开论述。但在华为实践中，团队激活包括的范围较大，是介于企业层和个体层的所有激活实践的统称。因此我们会在华为实践部分（第 2~15 章）看到部门间合作形成的更大群体也被称为“团队”的表述。

4 本书所述的华为实践仅是华为的“一家之言”，其探索的激活之法也不尽完美。为此，我们在华为实践篇的每一章的最后一节进行理论探讨，通过“第三只眼”，换个角度审视华为实践。

# 2

# 华为活力引擎模型

我们在前面已经提到，华为将“组织必须充满活力”视为其度过危机、不断成长的核心手段，同样，它也有一套完整的组织活力激发方法和模型。我们在本章便首先给出华为组织活力激发的基本假设和核心方法，作为后续三个篇章的指导思想。

如图 2.1 所示，华为激发组织活力的基本假设就是华为活力引擎模型。这个模型，看起来很复杂，华为前后出版了三本书来解释。但老实讲，很多读者包括华为员工，看了之后还是很难理解该模型中提到的“熵”“熵增”“熵减”等概念的确切意义，更不知在实际中如何应用。比如，该模型中提到“熵就是无序的混乱程度，熵增就是世界上一切事物发展的自然倾向，即从井然有序走向混乱无序”。由于这些科学的说法都是底层的逻辑，就像手机的芯片与内部构造，较为复杂，普通人没有必要搞透底层的逻辑与结构，只需要了解上层的关联关系和应用功能，有直观认识就够了。为此，我们尝试在本书中用浅显易懂的语言将复杂的华为活力引擎模型讲明白。

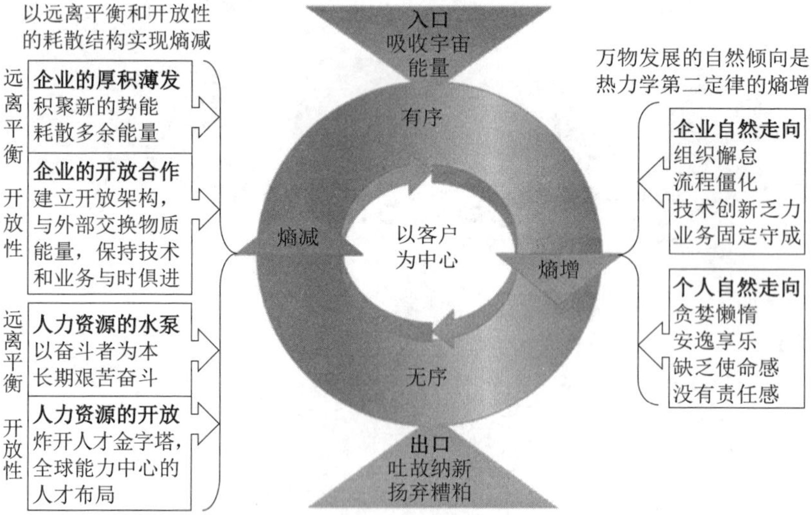


图2.1 华为活力引擎模型[2]

## 熵是“不可使用”的能量

华为活力引擎模型主要源于热力学第二定律，了解热力学第二定律之前要先了解热力学第一定律。热力学第一定律讲的是这个宇宙从大爆炸开始到灭亡，是不会新增能量的，能量也不会消失。此处的对象是宇宙，所谓的能量无外乎从电能到势能，从机械能到化学能等，能量之间是相互转化的，但总体是守恒的。所以，热力学第一定律讲的是守恒，即能量守恒定律。

热力学第二定律讲的是一个独立的个体或封闭的系统，比如激光笔、手机、人，能量不是守恒的。此时的对象不是宇宙，而是一个封闭的系统、一个独立的物体或个人，这里的能量是不守恒的，简单地说，有两种形式的变化。

第一种变化：能量消失。比如手机，我们打电话、打游戏、看视频，CPU 和 GPU 的运转产生了热量，手机就会发热甚至发烫。对手机来说，这个能量是可回收、可利用的吗？显然不能，除非将手机放在胸口作为一个暖宝宝，但它对手机来说是不可回收的。所以，对一个独立的封闭系统来讲，第一种变化形式就是能量消失。

第二种变化：变成不可使用的能量。可以举三个例子来说明。

第一个例子，将桌子上的手机举起来，它与桌子有了高度差，为什么掉不下来？因为有手撑着。但我们把手松开，手机立刻就会掉在桌面上，为什么？因为有高度差，有高度差就有势能，手机就会往下掉。为什么手机掉在桌子上就停止往下掉了？因为没有高度差了。能量去哪儿了？爱因斯坦有一个著名的公式：$E=mc^2$。$E$ 是能量，$m$ 是质量，$c$ 是光速，能量等于质量乘以光速的平方。如果手机的质量没有发生变化，能量是不会发生变化的，那么能量去哪儿了？能量变成了不可使用的能量。就像一个人腰部赘肉越来越多，身体堆积的能量已超出其生理需要，这个能量就蓄积在腰部，变成不可使用的能量。

第二个例子，不踩刹车不踩油门，一辆行驶中的汽车在摩擦力的作用下自然就会慢下来，最终静止不动。这时，动能消失了，汽车的能量也就变成了不可使用的能量。

第三个例子，往一个盆里加水，左边倒冷水，右边倒热水，热量会自然地从热水流向冷水，直到没有温差才会停止。

不可使用的能量就是“熵”，它是用来衡量不可使用能量的状态的。这个概念是美国华盛顿特区经济趋势基金会总裁、前欧盟委员会主席顾问杰里米·里夫金提出的通俗说法。

当一个独立的个体或封闭的系统处于静止或平衡状态时，它的能量会逐渐变成不可使用的状态，这就是“熵增”。熵增的标志是走向平衡态，减少高度差、温差、速度差等，总之是“差距减少”，可对外做功的能量减少，该系统的功能逐渐减弱。

当一个独立的个体或系统的“可使用”能量越来越多，这就是“熵减”。熵减的标志是远离平衡态，增加高度差、温差、速度差等，总之就是“差距增加”，可对外做功的能量增加，系统功能逐渐增强。

激活就是将一个独立的个体或封闭系统中“不可使用”的能量转化为“可使用”的能量，也可以说消耗掉“多余的能量”或“不可使用的能量”，对个体或系统逆向做功，以使个体或系统拥有可以对外做功的能量（如势能、动能等）的过程。

## 熵增就是走向平衡

热力学定律告诉我们，万物发展的自然倾向是走向熵增，走向静止态、平衡态，对人类来说就是舒适态。这里举一个巴西桥假的例子来说明人也具有这个自然的倾向。本书笔者之一徐光国 2008 年到 2011 年期间担任华为巴西人力资源部门负责人，自认为在巴西最成功的一件事是将几代人力资源主管没有做到的事实现了——取消巴西的桥假。

什么是桥假？举个例子，5 月 1 日是国际劳动节，如果某年的 5 月 1 日是星期四，当天是法定假日，当然要放假，星期五不是法定假日，那么放不放假呢？中国的做法往往是星期五放假，星期日上班，这样连续放假或连续上班的效率是最高的。巴西部分企业的做法是星期五放假，星期六、星期天也继续放假。星期五放假是将星期四的法定假日与星期六、星期天的周末连起来，星期五就叫桥假（bridge holiday）。桥假不是法定假日，是部分企业的惯例，比如星期二是法定假日，星期一就成了桥假。

徐光国 2011 年做了华为公司审计人员，成为全球人力资源审计责任人，也亲自审计了华为几十个国家人力资源运营的合规性。要审人力资源合规性，就必须研究当地的劳动法，徐光国深入阅读过四五十个国家的劳动法原文（包括本地语言版本、英语版本、中文版本）。后来徐光国也做了华为的全球劳资关系主管，曾努力督促华为在所有国家和地区都要遵守当地的劳动法，减少系统性崩溃的风险。因为这样丰富的经历，徐光国成为华为最了解世界各国劳动法、用工陷阱及合规应对方法的人。因此徐光国发现，大部分国家的劳动法都不允许像中国这样调休（有的是因为周日有相应的宗教仪式），也不像巴西部分企业那样有桥假。

徐光国到巴西赴任时，前任负责人就对他说："徐博士，你一定要把巴西的桥假取消。"他问："为什么要取消桥假？"她说："因为一名员工休息的时间多了，为企业工作的时间就少了，对企业来说是不好的。"徐光国问："那你为什么不取消桥假呢？"她说："巴西工会势力太大了，几任人力资源部负责人（总监）都没能将这个工作完成。"这一棒交到徐光国手上时，遇到了认死理的他。通过与巴西工会的艰难谈判，他们真的把桥假取消了。2010 年 4 月 1 日开始的新一年度华为巴西工作日历正式取消所有的桥假。

取消桥假对员工的影响很大，损害了很多人的利益和休息时间，华为当时在巴西有 4000 名本地员工、500 名中方员工，他们对徐光国都很有怨言。但不巧的是，2010 年 12 月 14 日的一纸公文让徐光国不再担任南美南地区部的人力资源部部长。徐光国是 2011 年 2 月才回到国内的，离开巴西之前还有一段时间的工作交接，这期间徐光国的手上没有实权，接替他的人力资源部主管在大家的满心期盼中，做的第一件事就是恢复桥假，而且没有等到新的一年华为工作日历发布就立即执行了。

但徐光国的真实想法是：很开心。为什么？虽然他是南美南人力资源部部长，职责上要顾及下辖的七个国家，但巴西的问题太大、太严重了，巴西的业务量占南美南地区部的 90%，他根本就没有时间和精力去管巴西以外的国家，可以说他就是因为连巴西都没搞好才被迫离任的。他都没有因公去过巴西之外的南美国家，更不用说带家人去阿根廷、智利、秘鲁、玻利维亚、巴拉圭和乌拉圭的那些美丽如画的著名风景点了。利用工作交接的间隙，在巴西 12 月 24 日到 25 日圣诞节与 1 月 1 日元旦节间的最长桥假期间，他带着家人去了美丽的阿根廷南部，这时候，作为一个普通人，他很感谢桥假。每一个普通人都希望多陪孩子和家人，这就是人的自然倾向。

## 熵减就是远离平衡

人的天性趋向平衡、静止等舒服的状态，只有组织施加外部压力并被个体感受到时，才能产生内部的动力，才可能使个体对抗熵增。

任正非提出组织要用人力资源的“水泵”来打破每个人喜欢的舒适态与平衡态。他在《熵减：华为活力之源》一书的序言中举了水车的形象例子。以前人们是用水车抽水灌溉秧田的，不像现在用电动水泵来抽水。水车的木头叶片在人脚踩动或者手摇下转动，把水从底端打到上面，也就是让水离开平衡态和静止位，到达一定的高度，有了高度差就有了势能，它就具备了对外做功的能力。所以人力资源的“水泵”就是起到打破平衡的作用，把水从低处抽到高处去，这就是任正非的比喻。

但是，用外力将水打到高位，水是要承受压力的。人也一样，在外部压力或者转化了的内驱力下离开平衡态，人的感受是不舒服的，需要靠自己的意志力来支撑。

“打破平衡”，“逆向做功”就是其中的关键点。

逆向做功，用到人身上就是“逆人性做功”，甚至可以说是“反人性做功”。提到逆人性、反人性，可能很多人会质疑。所以华为在正式的文章、文件中都用“逆向做功”。

打破平衡，用到人身上就是“折腾不止”，通俗地说，就是对人的不断折腾。当然，华为官方多用“远离平衡”“艰苦奋斗”等词汇来描绘。华为对员工有很多“折腾”的方法：

比如，一个员工在海外某国销售岗位上工作三年，闭着眼睛都可以打单产粮食了。一般公司都会将此人在这个岗位继续留用，但华为会将此人调到一个新的国家，让他面对新的客户环境、建立新的客户关系、熟悉新的产品、加班加点学习与工作，务必争取在尽量短的时间内把业绩提上来，否则就要面临末位淘汰。

又如，一般公司的组织结构在 2~3 年内是保持相对稳定的，但是华为每年都进行一次战略规划（不是指公司整体规划，而是公司重要战略规划单元，如各一级部门、各地区部、各大代表处等），时间跨度从每年的 4 月到 10 月，每次战略规划汇报会都要动一次组织结构，有的是从上往下变，有的是从下往上变；有的控制在本业务单元，有的跨业务单元。这也难怪华为内部人员都不知道相邻部门究竟变成什么样的组织结构了。本书笔者之一徐光国在地区部当人力资源部部长时，对于全公司从上到下的工程交付体系的复杂结构从来没有完全搞懂过，经常是好不容易搞懂了又要变。每一次组织结构的变化，可能是管理者有变化，也可能是下辖业务单元的组织归属有变化，大家又重新熟悉，百舸争流，各显本领，乐此不疲。关键的是，业务量一般都能连年上升。

再如，华为进行了大量的变革，公司级的变革就数不胜数，如 IPD（集成产品开发流程变革）、ISC（集成供应链变革）、ILD（集成领导力变革）、IFS（集成财经服务变革）、LTC（从线索到回款流程变革）、ISD（集成服务交付流程变革）。各一级部门都有流程变革办公室，整个公司每年有几十个变革项目组，上千名变革支撑者和咨询顾问长期例行协助公司上下进行变革。流程变革在华为是一个常态。这些变革极大地统一了华为员工的工作语言，提高了华为以客户为中心的能力。

任正非懂管理吗？对这些流程变革、组织变革非常清楚细节吗？时任华为董事长孙亚芳曾经有一次在会上当着任正非的面说："老板，您可能连IPD的几个英文单词都说不全吧？"任正非虽然不懂具体细节，但他要求华为员工一定要配合顾问去完成变革，先僵化，后优化，再固化，这就是任正非对流程变革的宏观指导和要求。

那么，任正非懂技术吗？2018年12月1日华为CFO（首席财务官）孟晚舟被加拿大警方拘留后，任正非在短短不到一年的时间里，接受了上百次的中外媒体采访，大谈5G技术发展和微波技术发展，以及厘米波、毫米波、中美5G制式选择优势劣势等，好像很懂，许多企业家朋友对任正非佩服得五体投地，认为他太了不起了，既懂技术发展趋势，又懂经济发展形势。其实任正非的讲话稿每次都要花一个月甚至更多时间的加工才能发布，包括对内和对外。为什么？因为任正非要将稿子发给各一级管理团队审核与校正，改正错误，有争论就会得到统一的意见，这本身就是一个"折腾"的过程。

任正非对ICT（信息通信技术）技术的细节并不是那么理解，但对宏观趋势有深入的洞察。他擅长用类比的方式讲故事，比研发人员讲得更生动活泼，非常有感染力。2015年5月20日他在公司质量工作汇报会上说："我在达沃斯讲话，说我自己'不懂技术，不懂管理，也不懂财务'，有人就说我装萌。但是后面我说'提了桶糨糊，把15万人黏在一起，力出一孔，利出一孔，才有今天华为这么强大'，他不看后面这句话，看不懂……"[3]徐光国认为任正非半懂管理，不懂技术，真懂"打破平衡"和"折腾"，让每个员工都成为华为"可使用”的力量。

“生命不息，折腾不止。”这能激发员工的身心活力，做更多有意义的事情，尽管有可能会失败。因此，这样的“折腾”显然不是对“有用的时间（能量）”的浪费，而是让员工的“不可使用时间（能量）”变成“可以使用时间（能量）”。这就是激活。

## 激活需耗散“多余”能量

对一个系统逆向做功，就是要耗散“多余”或者“不可使用”的能量，形成可以使用的能量（比如势能、动能）。华为的理念就是企业要厚积薄发，耗散多余的能量，积聚新的势能，形成强大的“护城河”。

孟晚舟被加拿大警方拘留后，为了配合公共关系部门的工作，任正非提高了接受中外记者采访的频率，多次谈到华为在研发和技术人才方面的投入。任正非多次对记者讲：“2018 年华为有 1000 亿美元的销售收入，其中 200 亿给全球各级政府交税，300 亿给员工发工资，200 亿用在研发上。”[4]

华为是把金钱变成知识和产品。2019 年 1 月 17 日，任正非接受中国媒体圆桌采访，回答《第一财经日报》记者提问时说：“华为公司的研发投入很大，现在有 700 名数学家，800 多名物理学家，120 多名化学家，六千名基础研究的专家，6 万多名各种高级工程师、工程师。”[5]

华为 2017 年的研发投入为 122 亿美元，在全球排名第五。苹果公司2017年12月31日的现金储备为2851亿美元，但它2017年研发投入112亿美元，全球排名第七。华为正是将“多余”的钱消耗掉，形成了强大的势能，这才是无论美国怎么打压，华为都打不垮的根本原因。

2019年5月16日美国时间的白天，美国商务部工业和安全局正式将华为列入“实体名单”，华为进入“至暗时刻”，美国的芯片和技术将不可获得。5月17日北京时间凌晨2时14分，华为公司负责芯片研发的全资子公司海思的总裁何庭波发布《致员工的一封信》，信中说：多年前华为做出的极限生存假设，让我们曾经打造的“备胎”芯片一直压在华为的保密柜里，现在一夜之间全部“转正”！

但是变化真的发生在一夜之间吗？事实证明，如果没有长期的积累，“备胎”是不可能一夜之间转正的！

本书笔者之一徐光国1998年进入华为传输研发部，何庭波和同事当时就已经在为传输产品设计芯片了。因为华为当时是后进者，只能靠“价低质优”抢得更多的生存空间，替代价格高昂的美国芯片。徐光国当时参加新员工入职培训，听到华为芯片是“中国设计，美国制造”，非常自豪。其实当时主要针对的就是传输芯片，因为传输芯片设计相对更简单，也最早批量用于华为产品以降低成本，帮助华为的光传输最早获得该领域第一的地位，成为最早的“粮仓”。

2019年5月18日，任正非接受日本媒体圆桌采访，《朝日新闻》记者提问：“美国禁止向华为出口，华为之前是做好了准备，还是比较吃惊？如果之前就有准备，大概从什么时候开始的？”任正非回答：

“回顾一下历史，2002 年到 2003 年，是我们公司发展的转折点。我们知道会慢慢爬上一座很高的山峰，当然我们从北坡爬，北坡陡一点，困难一点，我们也没有多少钱，带不了多少干粮；另外一个队从南坡爬，他们不仅有牛肉罐头、咖啡，还带有睡袋。两队在爬到山顶相遇时，是会有矛盾的，也许会有激烈冲突，我们判断华为会输，所以，我们在 2003 年时就准备用 100 亿美元把华为卖给一个美国公司。我们已经完成了所有的交易，签完了所有合同，双方团队都穿上花衣服，在沙滩上比赛跑步、打乒乓球，庆祝这个伟大的交易成功。但是在那个星期，这家美国公司的董事会发生变化，换了一个董事长，新董事长否决了这个交易。很多年以后，爱立信 CEO 告诉我，那家美国公司的二号人物在见他时，说起这件事都哭了，他认为失去了一个这么好的机会。因为我们知道要与美国在高峰上相遇，所以准备戴一顶美国的‘牛仔帽’，‘牛仔帽’下面是中国人干活，避开和美国的尖锐矛盾，可惜这件事没成功。我们高层领导再次讨论这件事情的时候，大概是 2003 年左右，我们讨论还要不要出售公司。少壮派一致反对出售，我跟他们讲：‘那十年以后，我们要面临与美国激烈冲突，要有思想准备。’从那时开始，我们就有了‘备胎’计划，数千人隐姓埋名。他们每次都跟我抱怨，说公司不重视他们，看到别人都风光，唯有他们不风光，说明他们对备胎计划也是不理解的。我问他们：‘工资奖金受影响了吗？’‘没有。’那就行了。”[6]

于是华为 2004 年以传输芯片设计团队为主要班底，成立了海思子公司，加大芯片投入。所以哪来什么“备胎一夜转正”？正如何庭波在《致员工的一封信》中所述：“数千海思儿女，走上了科技史上最为悲壮的长征，为公司的生存打造‘备胎’。数千个日夜中，我们星夜兼程，艰苦前行。华为的产品领域是如此广阔，所用技术与器件是如此多元，面对数以千计的科技难题，我们无数次失败过，困惑过，但是从来没有放弃过。”

由于任正非防“卡脖子”、不受制于人的性格，其实华为应对美国极限施压的“备胎”是很多的（如鲲鹏芯片、泰山服务器、手机服务系统 HMS、鸿蒙手机操作系统、搜索引擎 Huawei Search 等），它们越来越多地“转正”。但它们都不是凭空而降的，都坐了几年、十几年甚至二十年的“冷板凳”。

比如，华为至迟在 2012 年就已经开始手机操作系统的研发。2012 年 7 月 2 日下午，任正非在与 2012 实验室[7]干部和专家座谈时被问道：“当前在终端 OS 领域，Android、iOS、Windows Phone 8 三足鼎立，形成了各自的生态圈，留给其他终端 OS 的机会窗已经很少，公司对终端操作系统有何期望和要求？”他说：“如果说这三个操作系统都给华为一个平等权利，那我们的操作系统是不需要的。为什么不可以用别人的优势呢？微软的总裁、思科的 CEO 和我聊天的时候，他们都说害怕华为站起来，举起世界反垄断的旗帜。我跟他们说，我才不反垄断，我左手打着微软的伞，右手打着思科的伞，你们卖高价，我只要卖低一点，也能赚大把的钱。我为什么一定要把伞拿掉，让太阳晒在我脑袋上？脑袋上流着汗，把地上的小草都滋润起来，小草用低价格和我竞争，打得我头破血流。我们现在做终端操作系统是出于战略的考虑，如果他们突然断了我们的粮食，Android 系统不给我用了，Windows Phone 8 系统也不给我用了，我们是不是就傻了？同样，我们在做高端芯片的时候，我并没有反对你们买美国的高端芯片。我认为你们要尽可能地用他们的高端芯片，好好地理解它。只有他们不卖给我们的时候，我们的东西稍微差一点，也要凑合能用上去。我们不能有狭隘的自豪感，这种自豪感会害死我们。我们的目的就是要赚钱，是要拿下上甘岭。拿不下上甘岭，拿下华尔街也行。我们不要狭隘，我们做操作系统，和做高端芯片是一样的道理。主要是让别人允许我们用，而不是断了我们的粮食。断了我们粮食的时候，备份系统要能用得上。”[8]

就这样，靠着持续研发投入，消耗“多余”的物质财富，坐着十年二十年的冷板凳，厚积薄发，华为终于形成了强大的“护城河”，构建了世界级的竞争力。

## 华为组织活力激发概览

“远离平衡”“以客户为中心”和“开放性”，是华为活力引擎模型的三个核心要素。“远离平衡”就是逆向做功，不断折腾组织和组织中的人，使组织和组织中的人有高度差、温差、速度差等，使“不可能使用”的能量变成“可使用”（可对外做功）的势能、动能、效能。“以客户为中心”是激活的目的，是否能为客户创造价值是判断有序或无序、熵增或熵减的标准和方向。“开放性”是组织和组织中的人能够吸收其他人、其他系统的能量，能够促进人员流动和组织成长。

华为的活力激发实践也可以分成三个层面：个体层面、团队层面、组织层面，如表 2.1 所示。充满活力的个体组成充满活力的团队，充满活力的团队组成充满活力的组织。

表2.1 华为活力激发实践概览

| 维度 | 形象比喻 | 目标 | 理念 | 政策、制度、工具、案例 | |
|---|---|---|---|---|---|
| 组织势能 | 有高度差才有势能 | 多打粮食，增加土地肥力 | 通过客户导向牵引组织做强，激发组织势能，避免组织板结 | 打破平衡 | ①经线缩短，整个公司成为一体化军团：把支部建在连上（建立无数条经线），不断折腾战略方向（经线运转的内容），大部门制（缩短决策链条） |
| | | | | 以客户为中心 | ②纬线拉通，一线成为经营堡垒：代表处合同审结（实现村自为战，人自为战），“班长的战争”（授权用兵但不屯兵）<br>③拧麻花与饱和攻击：矩阵组织，范弗里特弹药量（多路径、多梯次、多场景化）<br>④加强监管，保障业务真实，防止腐败：三层防线，平行监管，非接触性监管 |
| | | | | 系统开放 | ⑤促使业务不断进步：一桶糨糊黏结华为力量（自我批判与罗马广场），一杯咖啡吸引宇宙能量（开放企业架构，炸开人才金字塔） |

（续表）

| 维度 | 形象比喻 | 目标 | 理念 | 政策、制度、工具、案例 | |
|---|---|---|---|---|---|
| 团队动能 | 可燃混合气只有压缩后才能被点燃并膨胀，形成汽车前进的动能 | 小前端，大平台，全营一杆枪 | 通过结果导向牵引团队做大蛋糕，激发团队动能，远离平衡 | 打破平衡 | ①激发团队整体的饥饿感：获取分享制 |
| | | | | 以客户为中心 | ②一切为了胜利，全营一杆枪：考核机制促进团队做大蛋糕；管理者眼睛向下，激发凝聚力（MFP/Work-Out/OPENDAY）<br>③弹头部能联合作战：从铁三角到四组一队 |
| | | | | 系统开放 | ④新人能够快速扛大旗：小步快跑，迭代成长<br>⑤打通二等兵快速晋升为上将的通道：蒙哥马利计划 |
| 个体效能 | 热水与冷水相遇，温差导致分子内能变化，形成对流 | 坚持长期艰苦奋斗 | 通过差异化牵引个体做功，激发个体效能，避免个人怠惰 | 打破平衡 | ①制造温差，激发个体饥饿感：差异化的奖金，给火车头加满油 |
| | | | | 以客户为中心 | ②双轮驱动，追求精神向上：堂吉诃德是骑士而非疯子（愿景牵引），寂寞的英雄是伟大的英雄（单板王），趴在地板上做业务（阿甘精神）<br>③拒绝普遍化高福利，避免精神向下：仅保证法律底线的普遍福利，将福利做成激励奋斗的因素 |
| | | | | 系统开放 | ④打破铁饭碗、铁交椅，去除平庸与惰性：考军长，抵近侦察、抵近指挥（办公室无将军），不出粮的员工要调整，产粮的员工也要流动 |

个体层面，激发的目标是“坚持长期艰苦奋斗”，避免个人怠惰，激发个体效能。核心理念是差异化，就像热水与冷水相遇，有了温差激活内能，分子才能做热运动，从高温流向低温。个体活力的激发手段往往从人性特点等方面出发，激发个体必胜的信念和敢于拼搏的活力。

团队层面，激发的目标是“小前端，大平台，全营一杆枪”，避免团队的静态化，激发团队动能。核心理念是结果导向，就像汽车一样，可燃混合气只有压缩后才能被点燃并膨胀，才能形成动能，汽车才能前进，团队才能往前冲。团队活力的激发往往从团队任务、团队阵型、目标管理等方面着手，激发团队必胜的信念和团结奋战的动能。

组织层面，激发的目标是“多打粮食，增加土地肥力”，避免组织的板结，激发组织势能。核心理念是客户导向，就像水车将水从低往高抽，有了高度差就有势能，就具备了俯冲的磅礴之势。组织活力的激发手段往往从人力资源系统、战略、组织结构和文化等方面着手，激发组织做大事的必胜信念和大军团作战势能。

# *I*

# 华为个体激活篇

个体是组织的基本构成单元。我们有幸调研、了解乃至服务了诸多的企业，从中可以发现一个老生常谈的问题——企业员工普遍缺乏活力。除了老板和少部分员工，大多数员工都不是拼命去做事，也不愿意拼命把自己的绩效做大。这也是很多国有企业和民营企业被诟病的地方——个体活力没有被充分激发。

与此相反，本书笔者之一徐光国在华为工作20年，感到华为至少80%甚至90%的员工都充满活力。华为从基层到高层，从国内到国外，从中方员工到国外本地员工，都充满活力，都愿意贡献自己的力量。正如任正非在华为2013年度干部工作会议上的讲话指出的："从太平洋之东到大西洋之西，从北冰洋之北到南美南之南，从玻利维亚高原到死海的谷地，从无边无际的热带雨林到赤日炎炎的沙漠，华为人离开家乡，远离亲人，为了让网络覆盖全球，数十万中外员工，奋斗在世界的每一个角落，只要有人的地方就有华为人的艰苦奋斗，华为人肩负着为近30亿人提供通信服务的重任，责任激励着华为人、鼓舞着华为人。"[9]

无论是部分企业员工的缺乏活力，还是华为员工的充满活力，背后都隐含着一个逻辑：人的天性趋向平衡、静止、舒服等怠惰状态。只有组织的人力资源水泵，才能让个体远离这些状态，像水一样被抽向高处，这样才有对外做功的势能，才有更大的生命活力。

华为对每个个体的激活目标是“让员工长期保持艰苦奋斗”，亦即不断激发员工“不可使用”的能量或力量，使之变成“可使用”的活力。

大家不要以为艰苦奋斗就是扛炸药包炸碉堡、抗洪抢险、抗震救灾，当然这是将“不可使用”的能量或力量激活成“可使用”的极端状态，也是艰苦奋斗的极端典型。但我们毕竟处于和平时期，社会越来越富裕、发达，员工也越来越年轻，并没有太多需要冒生命危险的现实场景。华为需要的是在任何时候、任何场景，只要组织需要，就能激发每个员工的活力，点燃每个员工的热情，让每个员工“不可使用”的能量或力量变成“可使用”的能量或力量。

华为现在强调的艰苦奋斗，主要是思想上的艰苦奋斗。任正非2007年7月3日在委内瑞拉与员工座谈时的讲话《上甘岭在你心中，无论何时何地都可以产生英雄》中指出：“上甘岭不是一个地方的名，它是在你的心中。什么是上甘岭？你的心中有上甘岭就是上甘岭，任何地方都可以出将军。……你们只有二十多岁、三十岁左右，正是人生风华正茂的时期，只要肯努力，任何一个地方都是上甘岭。难道欧洲就不是上甘岭了？达到欧标可不是一件容易的事情。成都移动的割接成功，那难道不是上甘岭？不要把生活的艰苦、工作的艰难和你自己的努力学习完全分开来，好像一定是艰苦地区才能出上甘岭。”

华为讲的艰苦奋斗有三个层面的理念：第一，员工在自己的岗位上兢兢业业，做好自己的本职工作；第二，员工在自己的岗位上不断战胜心理与生理上的不适，精益求精，攻坚克难；第三，员工要能居安思危，战战兢兢，如履薄冰。

## 本篇要点

华为在实践中从四个方面激发员工的个体效能，避免个人怠惰。第一是，激发员工的个体饥饿感，“物质追求向上”，物质激励差异化，使得每个员工拼尽全力去创造业绩；第二是，激发员工“精神追求向上”，精神激励与物质激励双轮驱动，使得员工愿意去做长一点的事情、大一点的事情、远一点的事情、难一点的事情，而不仅仅去做赚快钱、速赢的事情；第三是，避免员工“精神下沉”，避免熵增，拒绝普遍化的高福利；第四是，提升系统开放性，打破铁饭碗、铁交椅，去除平庸，促进人员流动。

# 3

# 制造温差，激发个体饥饿感

毋庸置疑，每个个体都有最基本的物质需求。激活个体的首要方法是拉开差距，制造温差，激发个体的物质饥饿感，使得每个个体都愿意去追求物质上的满足，愿意去冲锋。

不可否认，当今中国是世界上最有活力的国家之一。任正非在2015年9月6日的谈话中说："改革开放30多年，是邓小平释放了中国能量。30多年前，中国的生活条件大概是这样的：我们不知道房间里面会有洗手间，我们不知道洗手间是可以很干净的。整个思想结构上处于一种封闭落后的状态，如热力学所说的封闭定律。"[10]

任正非对个体活力的激发，核心不在于他创立了虚拟股票等现代的人力资源管理方法，而在于虚拟股票、奖金等能够"拉开差距，制造温差"。差距才是"释放人的能量、激发人的活力"的内在原因！

## “给火车头加满油”

在人与人的价值分配之间拉开差距，根源还在于价值创造上的巨大差距。那么人与人之间、岗位与岗位之间，在价值创造上有没有拉开巨大差距的可能呢？

一方面，我们可以看到，身处部分岗位的个体即使再怎么努力，对组织的贡献与其他个体的差异也不会太大，这时如果硬要找出“火车头”，给予其指数级的激励，往往不会激发活力，而可能激发愤怒。

另一方面，我们也能看到，有些岗位上个体的贡献差异是成百上千倍的，最著名的例子就是钱学森。钱学森曾在他的导师冯·卡门任总裁的通用航空喷气公司担任顾问，美国海军次长丹·金布尔曾在该公司任执行副总裁，他深入了解过钱学森的学术成就，说“一个钱学森抵得上美国五个海军陆战师”。如果企业对做出成百上千倍贡献的个体仅采用线性方式进行激励，就很难激发这部分个体的活力（当然有些个体除外）。因此，企业要对这些人予以指数级的物质激励。简而言之，物质激励需要向核心人才和绩优员工倾斜，要给他们显著高于中等绩效员工的激励。

华为通过“给火车头加满油”等方法，激发个体的饥饿感，顾名思义，这主要指给予那些做出巨大贡献的个体以显著的物质奖励。这是比较普适的、易理解的做法，但需要辨明贡献的差异性，才能落实激励的差异性。在薪酬分配环节注重拉开差距，在机会分配环节注重及时提拔和破格提拔优秀者，这就是任正非希望的冲淡怠惰，也就是他常说的“给火车头加满油”。[11]

2019年，网络上流传着华为公司百万年薪招聘天才少年的帖子。事实上，华为也的的确确在这样做，对2019年招到的8个顶尖博士生给予“天价”薪资，最高200万年薪，最低的也近90万。

这种拉开差距的年薪当然会给华为内外造成极大冲击。首先，这对华为内部的影响是很大的，因为很多老员工工作了十年、二十年都未必能达到年薪200万，这种差距引起了巨大讨论，这本身就是一种“不公平”。但其中用意极深，任正非在2019年6月20日的EMT（executive management team，公司管理团队）办公会议的“20分钟”议题上说：“华为公司未来要拖着这个世界往前走，自己创造标准。只要能做到世界最先进，那我们就是标准，别人都会向我们靠拢。今年我们将从全世界招进20~30名天才少年，明年我们还想在世界范围招进200~300名，而这些天才少年就像‘泥鳅’一样，钻活我们的组织，激活我们的队伍。”[12] 任正非要的就是这种冲击，就是这种“不公平”，就是这种用“泥鳅”来激活已有员工的局面。

这种影响对外部更甚，在社会上引起了广泛的关注，相信未来会有更多优秀的学生加入华为，这就达到了“天才成批来”的目的。2020年华为天才少年招聘的广告词便是“拖着世界往前走”，在全球招聘天才少年，并期待他们能够“向上捅破天”[13]。这体现了华为聚焦关键技术方向，希望在数学、计算机、物理、材料、芯片、智能制造、化学等相关领域吸引特别有建树并有志成为技术领军人物的天才少年，支撑华为在科技领域“向上捅破天”。

这就是华为“拉开差距，给火车头加满油”的战略意图。总之，企业需要根据自身的能力和条件来对个体进行差异化的物质激励，背后的机制便是通过“制造温差”让广大员工在物质激励下真正动起来、活起来。当然，对管理者的挑战是要识别出能够带来巨大绩效差异的真正“火车头”，不必对没有巨大绩效差异的岗位给予差异化的物质激励。

## “功名只向马上取”

华为长期、丰厚且差异化的物质激励旨在激活所有个体，以形成一种持续的个体活力。这逐渐成为一种稳定的企业文化和价值观，使得华为员工干活之前从来不担忧事后没有丰厚的奖励，因为华为从来就没有让有贡献的员工吃过亏。这也意味着“给火车头加满油”最根本的意义是给个体一个信号和指导，那就是“非功不侯”“功名只向马上取”“提枪跨马上战场就会得到不一样的激励”“出征·磨砺·赢未来”“越艰苦的地方华为员工越愿意去”“燃血性，战沙场，铸英雄”的整体氛围。下面以华为两个方面的典型案例来进一步说明。

首先是国内突发事件中的特殊待遇。以 2020 年新冠病毒肺炎疫情为例，华为对湖北新冠病毒肺炎医疗救治现场负责通信保障的作战人员自 1 月 23 日起给予每人每天 2000 元补助，这个奖励政策实际上 2020 年 3 月初才发布，但在这之前华为员工已经在抗击疫情前线做了很多很多的工作。据不完全统计，1 月 23 日到 2 月 27 日，华为至少完成了 11 项疫情相关的重大通信保障任务，例如：1 月 23 日接到武汉市疫情防控指挥部通知，紧急协调 200 多名工程师在 3 天内实现火神山医院 5G 网络全覆盖，远程会诊平台投入使用[14]；1

月29日接到湖北省政府的雷神山医院建设需求，72小时内完成备货、运输、工程、联调、业务开通；2月8日19时接到习近平总书记将在北京地坛医院与武汉东湖宾馆、火神山医院、金银潭医院、协和医院进行远程会议的紧急需求，系统上线仅耗时9小时40分钟。

其次是员工出征海外的补助与机会。这方面的网上报道很多，粗略地说，一个最低职级的中方员工到海外常驻，与他在深圳机关工作相比，每年补助至少多30万元。同时，在海外工作，每个成功的项目还可能发几万元的项目奖，每年不定期的项目奖合计可能比年终奖都多。一般情况下，海外的年终奖比机关的年终奖多不少。如果是到艰苦地区，则各个方面的激励更大，采取“团级干部享受师级待遇”，“在任受益，离任取消”的机制：管理者或员工的岗位工资、离家补助按照“个人职级+1”的标准发放，艰苦补助每天70美元或者100美元，年度奖金系数提升10%或15%。

正是这种稳定且丰厚的物质激励使华为的每个员工都争先恐后地“上战场”，到更艰苦的地方建功立业，而最重要的激励是争抢建功立业的机会。华为曾推出一篇文章[15]，讲述了一名“7年升7级”的“少将连长”刘翔的故事。在“碉堡”面前，他选择了到“五类”艰苦地区，去打一场胜负难料的攻坚战，历任巴基斯坦T子网（国际运营商在各个国家的运营公司，称为子网）系统部部长、T子网炸碉堡项目（巴基斯坦T运营商长期被友商占据，华为需要零的突破，就简称炸碉堡项目）PD（Project Director，即销售项目组组长）、STC系统部（Saudi Telecom Company，即沙特电信公司；系统部是专门负责与集团外部客户、运营商之间的销售与交付工作的华为内部组织）和沙特代表处重大项目部部长、巴林办事处主任、

Ooredoo 集团（卡塔尔电信，总部设立在多哈的一家国际运营商）系统部销售副部长。

华为每年都有“出征·磨砺·赢未来”“燃血性，战沙场，铸英雄”的一线出征动员大会。在这些大会上，英雄们的故事被不断地宣讲，激起了华为儿女的热血，“功名只向马上取，真是英雄一丈夫”的征战者事迹，形成了一轮又一轮、一浪又一浪的波澜壮阔的奋斗画面[16]。

## 对抗巴西无差距主义

2008 年 8 月，本书笔者之一徐光国被派去担任华为南美南地区部人力资源部部长。虽然巴西、阿根廷、智利、秘鲁、玻利维亚、乌拉圭、巴拉圭等国家都是他的责任范围，但他 90% 以上的精力都放在了巴西。作为南美南地区部人力资源部部长，他实际上承担了巴西华为的人力资源责任人职能，他发现，巴西这个国家的四个人力资源特点成了巴西华为活力激发的“拦路虎”。

第一个特点是巴西的工会强大。员工经过谈判加入某一个工会，每月的会费由公司代缴。工会每年至少要与公司进行两次集体谈判，一次是关于普调薪的比例，一次是关于年终奖的幅度。另外的谈判则是不定期的。稍有不如意就会有罢工事件，我在巴西任职期间也不得不处理，罢工以小时为单位进行。

第二个特点是严格的同工同酬。就是如果员工的职位名称后面有一个“工程师”头衔，所有有这个头衔的员工的工资和福利都必须一样。而且巴西的管控非常严，员工和公司每年都要向国家申报员工的工资和职位变化。员工在职的时候不会跟公司计较，但是离职的时候，员工就会向法院起诉，华为没有同工同酬，一抓一个准，证据都在巴西的国家系统里面。

第三个特点是对加班管控非常严格。员工每天上下班，进出公司都要进行指纹刷卡，刷卡时间就作为员工上下班的时间。比如公司规定早上9：00上班，下午6：00下班，员工为了避开早高峰和晚高峰，会提前上班推后下班。比如，员工8：30可能就进公司刷卡，下午6：30或者7：00才刷卡离开公司，这些都有记录。这个考勤系统跟巴西国家认证的系统相关联，没有经过巴西国家认证的考勤系统在当地是非法的。华为之前在巴西安装的华为全球统一的工卡打卡系统，就因为不被认可而不能用于本地员工的考勤。同样，员工在职的时候不会计较，但离职的时候，经常就向法院起诉华为某年某月某日没有给他半个小时的加班费。但事实上，员工也没有加班，只是为了避开早高峰和晚高峰。

第四个特点是员工的诉讼成本非常低。员工离职的时候要向国家报备，去类似我国的省或市的劳动局这样的机构登记离职。登记出来之后门口就有一大堆律师在那里等着，问打不打官司。在巴西，劳资官司的举证责任在雇主，而且如果员工的劳资官司打输了，员工基本上不会出律师费和诉讼费，打赢了律师和员工就一起分钱。这就极大地增加了公司的劳资诉讼案件数量，在巴西，每个跨国公司和本地公司都有数量惊人的劳资官司。

巴西这样的劳工环境导致华为很难激活本地员工的活力，因为激活员工最重要的一件事是差异化。我们在这里以与巴西工会每年例行的两次谈判为例。

第一次例行谈判是当年的普调薪比例，调5%，还是7%、8%、10%，甚至更高一点？为何要谈每年普调薪比例？因为通货膨胀导致购买力下降，所以要普调工资使之与购买力持平。无论绩效好坏，每年都要普遍调薪，这与华为的导向不符，但是之前确实没有办法。我（本书笔者之一）去了之后，要求华为将普调薪比例尽量谈低，比如到3%，只要全体员工都达到普调薪的比例，工会就没有办法反对华为。华为对员工的绩效分为A、B+、B、C、D五个等级，对于A和B+的员工，根据其组织绩效和个人绩效，可能调到10%甚至20%，这样就尽可能地拉开了差距。

第二次例行谈判是年终奖金谈判。华为在海外的年终奖金一般是按当地员工月度工资的倍数来计算，比如是月薪的1/2、1倍或n倍。在本书笔者之一徐光国之前，因为强大的同工同酬压力和强大的工会压力，奖金一直拉不开差距，C级、D级的奖金也不能为零，这对华为而言不可容忍。徐光国去了以后就与工会谈判，将最终结果张贴出来，根据组织绩效和个人绩效，设立了清晰、公正、透明的奖金分配公式。举个例子，考评为C级和D级的只是象征性地发相当于工资1/10的年终奖，A级则根据巴西子公司绩效、员工所在部门绩效和个人绩效，可能会达到2倍甚至3倍月薪的年终奖。谈判之后的奖金公式一公布，巴西工会就将它作为一个范例去“逼迫”其他公司，让他们学习华为公开、公正、透明的方法。但是做人力资源的专业人员都知道，靠一个公式就可以把奖金算出来，剥夺主管的管理权，这也太僵化了。但华为确实在巴西的现实环境中找到了“拉开差距”的逻辑依据，争取到了工会支持。当然这只是在华为的权限和控制范围内能做到的一定程度的拉开差距而已。

## 第三只眼：不公平或许就是公平

在企业工作过的人，可能都碰到过这样的现实问题：我比别人干得多、干得好，为何和他们拿一样的工资？既然这样，我内心就抗拒多干，也不想干得比别人更好，甚至会对领导、企业充满怨言。这样“公平”的工资待遇和价值分配，或许管理者可以减少工作量，赢得了表面的祥和，但其实这损害了部分员工的积极性和组织活力。

为了激活个体，管理者要准确辨别公平与不公平的含义。公平不是让每个员工获得的都一样，而是让每个员工能够按照自己的贡献获得相应的回报，这便是华为在激发个体过程中所提倡的“拉开差距，制造温差”。在此种看似不公平但其实公平的组织中，但凡有“饥饿感”的员工都会主动、积极地工作，通过拼搏来获得高于他人的“功名利禄”。如图3.1所示，这其实就是按劳分配的激活个体的方法，即对个体所创造的价值能够准确评价、准确分配，形成一个组织“价值创造—价值评价—价值分配”的良性循环。

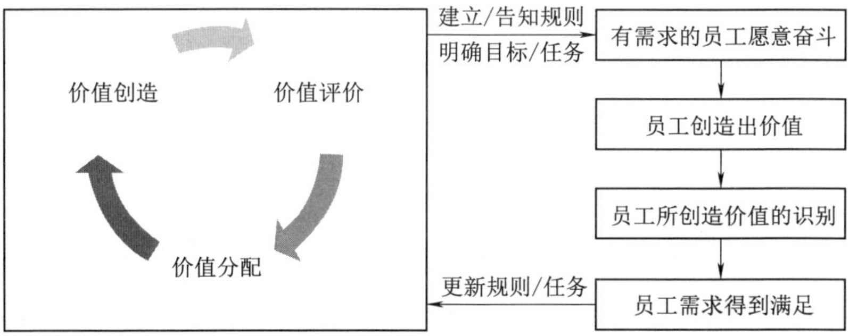


图3.1　面向个体激活的组织按劳分配机制

这似乎很好理解，也被管理者们挂在嘴边，但需要明确以下几个问题：

第一，激励员工奋斗的出发点在哪里？本章所述的激活方法是通过激发员工饥饿感来实现的。假如员工不了解组织价值评价、分配的原则，就很难实现准确的价值创造。因此，为了通过按劳分配机制激活员工，组织应首先明确建立详尽的规则体系并告知员工，为员工赋予明确的工作目标和任务，否则员工很难找到奋斗的方向并愿意奋斗。

第二，按劳分配的内容是什么？我们在本章主要以物质激励为例讲述了华为激发个体饥饿感的方法，但物质激励只是能够体现差异化价值分配的方式之一，也仅是员工的需求之一。因此，没有标准化的分配方式，一切都需要围绕员工的需求展开。对企业管理者而言，激励重在差异化，能够达到这个目的的合法手段均可作为按劳分配的抓手，包括但不限于工资、工作机会、表彰、职位晋升等。如果组织满足不了员工的真正需求，或者员工对组织所能提供的回报已经没有需求，就无法起到激活的作用。这也是图 3.1 中“更新规则/任务”的存在原因：员工的需求是动态的，组织价值分配的内容也需要随之变化。

第三，按劳分配的准确依据是什么？此处的“劳”是指员工的工作量，还是员工的勤奋度、绩效或其他指标？不幸的是，我们在企业中看到一些并不绩优的员工拿着比别人更高的工资，这种扭曲的分配比绝对的“公平”更为可怕！因此，对企业管理者而言，通过差异化激励来激活员工没有错，但更重要、更具挑战性的是建立正确的差异化激励准则，即价值评价准则。这种准则代表了一个企业的价值取向，也影响着员工的奋斗方向。这里我们无法给出普遍适用的按劳分配的准确依据，但这项依据一定是与企业对员工的价值诉求相匹配的。我们会在第 4 章结合华为实践具体分析其他企业可以参考的系列准则。

第四，按劳分配的程度该如何把握？按劳分配旨在拉开差距，通过有效的差距来激发员工的活力。显然，我们很难给出一个“差距”的度量标准，但可以认识到的是：如果仅是对那些做出显著贡献的个体给予少许或线性比例的差异化激励，是很难达到激活的目的的。

第五，按劳分配适用于所有员工、所有岗位吗？我们在前面也讲到，部分岗位、部分员工之间价值创造的差距并不大，既没有必要也很难拉开差距。所以，本章所强调的“制造温差”主要用于激发那些能够创造显著价值的岗位和员工，并非针对所有岗位、所有员工。按劳分配的前提是个体之间有明显的差距，如果管理者不顾实际硬要找出“火车头”，可能会激起民愤，引起员工对管理者的质疑。

本书介绍的各种激活方法都不是适用于所有情境的，只有结合具体情况，才能制定出合适的激活办法，否则可能会走向激活的反面，带来一定的负面效应，比如：

1 过度强调“制造温差”可能导致“不给钱就不干活”，把部分员工导向“奋斗只是为了回报”。一旦差异化激励这只“有形之手”消失，员工的活力就容易大打折扣。我们在前面提到，要给做出显著贡献的员工以指数级的激励，那么当企业资源有限时是不是就无法激活员工了？员工对企业所能提供的激励较为满意，不愿奋斗了，又该怎么办？因此，激活员工的手段不能唯一，不能不变。

2 过度强调“制造温差”也可能导致员工对绩效评价斤斤计较，让他们的心思放在“价值评价”“价值分配”上，而不是“价值创造”上，甚至会出现“胜则拼命抢功，败则拼命甩锅”，通过不当手段获得更高评价和分配的问题。因此，差异化激励要堵上“价值创造”之外的漏洞。

3 准确评价员工创造的价值并能够合理给予差异化激励，是一件非常具有挑战性的工作，评价和分配环节一旦不够公平，就会起到反作用。当然，不能因为有挑战就不做，企业管理者也需要建立相应的保障机制，例如，公示“火车头”，一旦有投诉或被查出不符合事实，就要快速取消。也就是说，价值评价和价值分配流程应尽量公平、标准、透明化。

# 4

# 双轮驱动，追求精神向上

前面提到，一般情况下，需要有指数级差异的激励成本，才能留住有可能带来成倍价值贡献的关键人才。事实上，在企业发展的初期，或者某个业务发展的初期，拥有的激励资源往往是不多的，这个时候有没有可能吸引一些将来可能有突出贡献的关键人才呢？

我们可以从丹尼尔·平克所著的《驱动力》一书中得到一些启发。驱动力 1.0 是满足人的生物驱动需求；驱动力 2.0 是满足人得到奖励和避免处罚的需求；驱动力 3.0 讲的是为一些有才华的人或有真正追求的人提供“有目的、有意义”的平台，让个体聚焦“专业精神”，“自主”做事，就能极大地激发个体。

像钱学森这样有才华的人，如果想靠物质激励来吸引他回国，一定是吸引不到的。据说钱学森当时在美国的收入达 10 万美元，是美国普通百姓的 10 倍。只能是“为国效力”这个初衷驱使他回国，最终主持研制出了中国的“两弹一星”。

华为通过物质文明、精神文明的双轮驱动，使得员工愿意做基础的、长远的、没法直接看到绩效的工作。

任正非 2017 年 6 月 1 日与中国地区部代表及主管座谈时说：“先讲一下什么叫物质文明、什么叫精神文明。我们创业这 30 年来，就是物质文明和精神文明融合在一起，共同推动公司发展的，以物质文明促进了精神文明，以精神文明巩固了物质文明。但是，前 30 年我们强调物质更多一些，希望加快改善大家的生活。现在绝大多数员工（除了新员工）都有一定改善，那我们在新时期多强调一点精神。什么是精神文明呢？让有使命感、责任感并做出了贡献的人快一点晋升，让他们在最佳时间、以最佳角色做出最佳贡献，少数人还可以破格提拔。……也许有人没有真正理解，以为我们讲空话、空许愿，不发钱了。我们的分享公式是不会变化的，经历这么多年，我们摸索到一个正确的激励方法，为什么不坚持优化呢？……谁承担责任、谁不承担责任，我们还是要做区别的，这就是精神文明。所以大家不要以为我们强调精神文明是光喊口号不发钱，没这回事啊！你也别只想着钱，眼迷了，看不清目标，迈出船舱那一瞬间倒下了。”[17]

但是华为员工对精神文明、物质文明“双轮驱动”到底是什么，很长一段时间也不是很清楚，我们通过后面的具体事例来说清楚。

## 让扁鹊的兄长也走红地毯

为了让员工获得尊重，激发员工内在的自我实现需求，华为设置了很多主题突出的奖项。华为不遗余力、非常用心地做这件事，除了种类多，奖牌还设计得非常高级，有些甚至是委托巴黎造币厂设计和制作的；颁奖过程也很隆重，能让员工从中得到鼓舞，一生难忘。问题的关键不是奖项的内容与名称，也不是奖金或者黄金的含量多少，关键是：奖给谁？华为内部经常用扁鹊三兄弟的故事来阐述这个问题[18]。

现代企业的考核制度必然促使员工追求快速完成任务，使企业快速获得现金流，快速完成KPI（关键绩效指标），就像扁鹊一样，能做大手术、危重手术，手到病除，起死回生。扁鹊这类人当然会戴大红花、走红地毯，会获得更大的回报和认可。如果做出绩效或者贡献的人得不到认可，那么这个社会就真的没有希望了。一个组织、国家或者社会也需要扁鹊这样的人，但是这种人不用费心找，不用费心激励，因为他们非常容易得到激励，他们容易被识别，不容易被忽视或忘记。

但社会还少不了扁鹊的二哥和大哥。扁鹊二哥的病人还没有病入膏肓，还只是在皮肤上，他就开点小针小药，病就治好了。看起来不是那么高难度，所以他的KPI看起来很小，绩效评估显示没有关键亮点，在现代企业制度下，他的曝光度和重要程度就远远不及扁鹊。扁鹊的大哥就更惨了，病未发作时扁鹊大哥远远地一望，看到“病人”会在将来的某一天发病，就提醒他要加强锻炼，没有使用针和药，这个“病人”的病就没有发作。这种做预防性工作的人就更没有绩效了，很难推动别的人、别的部门来重视风险与预防，他的考核就会很差，奖金很少，激励就很少。

显然，激励扁鹊，无论是极大的精神激励（如国家级荣誉），还是口头上的表扬，都是“物质文明”，都是导向“冲锋”；而激励扁鹊大哥和二哥，即使是用金钱与职位，再大的物质激励，也是“精神文明”，都是导向“做实”！

华为和任正非在2000年就开始强调“奖励扁鹊大哥、扁鹊二哥”，重视“职业管理者的责任与使命”，即责任结果导向（基于岗位的应负责任，更具有客观性），而非绩效结果导向（更容易受认知与评价影响）[19]。华为在2019年5月5日再一次转发任正非2000年让高级副总裁以上干部针对“无为而治”进行考试的讲话[20]，可见任正非内心深处是多么重视扁鹊的兄长们，因为他知道企业实际运作中，扁鹊的兄长们恰恰是最容易被忽视的。

“板凳要坐十年冷”就是“忍受很多磨难甚至失败但一直不懈追求”的华为精神的象征。任正非1997年6月在公司研究试验系统先进事迹汇报大会上说：“《华为人》报的文章《板凳要坐十年冷》是多么好的阐述。在冷板凳上坐的都是一代英豪。科学是老老实实的学问，要有思想上艰苦奋斗的工作作风，要有坚定不移的精益工作目标，要有跟随社会进步与市场需求的灵活机动的战略战术。做实不是没有目标、没有跟踪、没有创新，但没有做实就什么也没有。君不见周劲、余浩泽、吴昆红、谷丰、张来发、张群等的点滴奋斗与持之以恒的努力，踏踏实实地在本职岗位上不断地进取，太阳已经在地平线下升起。”[21]

## 寂寞的英雄是伟大的英雄

华为还经常用“工匠精神”来形容寂寞的扁鹊大哥、二哥这类人。工匠有两个特点：其一，他做的事不是半年之内能见效的，有可能需要一年、两年，也可能是十年甚至终其一生都见不到效果，是一些更长远、更大、更基础性的事；其二，工匠们都是默默探索的，他们的努力都是孤独的、私人的，是非常寂寞的。

美国的开国元勋们，像华盛顿、富兰克林、杰斐逊等，原来都是工匠，华盛顿是水利工程师，杰斐逊发明了坡地犁，富兰克林发明了避雷针和壁炉。美国建国之后很重要的制度就是保护知识产权，只要你默默耕耘，努力探索，做出贡献后就会得到物质和精神上的双重认可。保护知识产权，让工匠获得高额回报，这也是美国成为当时世界上最有活力的国家的原因之一。

对工匠精神的保护与激励也是华为理解的物质文明与精神文明的双轮驱动，激励那些默默无闻、踏踏实实地为企业做出贡献的工匠，就是激励员工去做更大、更长远、更基础性的事情。任正非2012年7月2日下午与2012实验室的干部和专家座谈时说："我先不讲诺贝尔奖的获得，重要的是怎么能创造对人类的价值。中国创造不了价值是因为缺少土壤，这个土壤就是知识产权保护制度。在硅谷，大家拼命地加班，说不定一夜暴富了。我有一个好朋友，当年我去美国的时候，他的公司比我们还大，他抱着这个一夜暴富的想法，二十多年也没暴富。像他一样的千百万人，有可能就这样为人类社会奋斗毕生，也有可能会挤压某一个人成功，那就是乔布斯，那就是Facebook（脸书）。也就是说知识产权保护制度，让大家看到了'一夜暴富'的可能性。没有知识产权保护，创新的冲动就会受抑制。第二个，中国缺少宽容，人家又没危害你，你干吗这么关注人家？你们看，现在网上，有些人都往优秀的人身上吐口水，那优秀的人敢优秀吗？我们没有清晰的知识产权保护制度，没有一个宽容的精神，所以中国在‘创新’问题上是有障碍的。大家也知道 Facebook 这个东西，它能出现并没有什么了不起的，这个东西要是在中国出现，它有可能被抄袭多遍，不要说原创人会被抛弃，连最先的抄袭者也会家破人亡，被抛弃了。在美国有严格的知识产权保护制度，你是不能抄的，你抄了就罚你几十亿美金。这么严格的保护制度，谁都知道不能随便侵犯他人……”[22]

华为从 2018 年开始选拔“单板王”，奖励那些在一线实实在在做事，十年如一日、兢兢业业、精益求精的工匠。最初评定的是研发的“兵王”，评定方式也不再是由被评者进行 PPT 汇报，而是由评委们去实地查看被评者过去开发的单板数量与质量。比如硬件工程师杨勇是第一批被选出的单板王，他就敢于自豪地说：“这么多年来，凡经我手的单板从没出过问题。”因为“10 年整理了 600 多页的红宝书”，“解决问题的攻关像创作艺术作品”，牢记“优秀的硬件工程师就是要一根飞线都没有”，“好的单板就是你的品牌，板子要是做砸了，以后没人敢用你”，以至于对待单板有一种强迫症，“检视，检视，再检视”[23]。

被评为“单板王”的员工会获得破格激励，包括职级、工资与股票，破格后有大半专家超过了对应级别管理者的职级。这就是鼓励这些专家们投入具体的算法、芯片和代码等的研发，让他们在最佳时间以最佳角色做出最佳贡献。公司把这些“兵”当作“兵王”后，仍然让他们安心编代码、调单板。任正非在 2018 年 6 月 23 日华为战略务虚研讨会上讲：“研发体系用人千万不要护犊子，千万不要宁可大家工资低点也要保留人，这样就不能让优秀的种子脱颖而出。……这次研发体系破格提拔单板王，被我退回去三次，提得不够，没有给后面的人留有空间，最终报上来的一些单板王还是18C。我们一定要敢于拉开差距，火车头就是要拉开差距。……现在我们和美国赛跑，到了提枪跨马上战场的时候，一定要把英雄选出来，没有英雄就没有未来，英雄犯错了就下去，改了再上来。”

硬件工程师可以选出单板王，软件工程师也叫单板王，“单板王”就是对每个专业兵王的比喻，对十年如一日默默无闻的工匠精神的比喻。比如华为西安研究所在公司的研发定位是负责无线产品线生命后期管理，从1到N或从N到100，往往没有从0到1或从1到1.1的产品前期开发那么风光。任正非2018年11月7日在西安研究所业务汇报会上说：“西安在产品的生命后期管理有贡献，也要选拔单板王……寂寞的英雄是伟大的英雄……要敢于让一些优秀员工脱颖而出，让组织充满活力。”[24]

任正非甚至也要求人力资源管理的34个模块选出单板王，即选出那些不显山不露水，甚至不过河但能在幕后真正解决“过河”所需的“船与桥”的人。任正非2018年11月16日在干部管理研讨会上是这样说的：“寂寞的英雄是伟大的英雄……野战军大军南下的时候，不能忘了江南游击队，江南游击队大多数是敌后作战，地下党大多数活跃在高层……我们要‘过河’，不能说‘打过长江去’，船呢？金门战役，解放军的失利，实际就是因为没船了。第一批船开过去，登陆时刚好遇到退潮，船搁浅在滩上，国民党飞机把搁浅的船全部炸掉了，所以第二梯队、第三梯队就上不去。因此，过河最重要的是船和桥。……人力资源有34个模块，每个模块先出一个单板王，至少就有34个；将来每个模块至少3~5个单板王，那就产生了100~200名‘专科医生’；然后对于能将3~5个模块用得好的，叫

‘全科医生’，再产生200~300名。那么，将来人力资源就能有500~600名真正的明白人，我们这个体系就强大了……用工具帮助主战部队解决干部体系的建设和考核体系的建设。”[25]

华为对这些单板王的重视甚至成为一种文化。“小改进，大奖励；大建议，只鼓励”“还能改进吗？还能改进吗？”这类口号指引员工奋斗做实，把平凡单调、日复一日的本职工作转化为不平凡的挑战，激励自己不断进步[26，27，28，29]。

## 趴在地板上做业务的阿甘精神

寂寞的英雄才是伟大的英雄，但只有亲历者才真正知道那种寂寞是多么难熬！这里回顾一下“趴在地板上做业务”的阿甘精神使巴西华为终于实现20年历史累计利润转正的事迹。

2008年开始的全球金融危机使巴西华为的好日子到了头。华为1998年进入巴西市场，经过极其艰难的8年耕耘，终于在2006年以VIVO GSM项目（VIVO是西班牙电信telefornica在巴西的子网，GSM即全球移动通信系统）规模化突破巴西市场，使之成为华为最早的10亿美元俱乐部，2007年、2008年，巴西华为是华为的明星。2008年全球金融危机后，华为要活下来，对海外各国的经营从考“规模与突破”转到考“人均利润与产出”。巴西华为从1998年开始就一直不盈利，拼尽全力，就是无法实现当期盈利。可以想象，在华为严格的考核制度下，2009年以后巴西华为的公司管理者是多么无奈与痛苦！

为什么巴西华为就一直不能盈利？公司管理者和新调入巴西华为的管理者都一遍又一遍地问这个问题，总认为前一代的巴西华为人真是没用。那几年调入巴西华为的各条线上的管理者都是华为最强的精兵，就是要救巴西华为的员工脱离水深火热的苦海。正如《华为人》报 2015 年 9 月的一篇文章所说，只有老巴西华为人才会知道巴西有多么困难："人们一谈到南美大陆，浮现在脑海的往往是阳光、海岸、沙滩、亚马孙河、足球王国和狂欢节上跳着桑巴舞的奔放美女。只有深入当地开拓市场、披荆斩棘、运营业务多年的我司资深干部和员工，才深知巴西市场的暗礁险滩。"[30]

相比前面提到过的劳工环境，巴西的营商环境更恶劣。巴西原来是葡萄牙的殖民地，小国管理大国，主要靠收税，联邦、各州（27 个）、各市（5570 个）税制不一样，三级征税，通过"货票同行，以票控税"制度保证税法的严格执行。

所谓"货票同行"制度，举例来说，华为在圣保罗的一条马路两边各有一幢楼作为办公室或仓库，如果华为的设备从 A 仓库搬到 B 仓库，只要用车辆运过马路，货物就要开发票，这就叫货与票同行。如果税务稽查发现车上的货物没有开发票，就要扣货或者开罚单。所以与本书笔者之一徐光国同时代的巴西华为 CFO 曾说过，那几年华为在巴西一个国家所交的税就接近海外交税总额的 40%。

任正非 2014 年 4 月 9 日与巴西代表处座谈时指出："我认为巴西要坚定不移地收缩到只有一个仓库，货物在内部不要流动，仓库直接供站点，减少管理的复杂程度，减轻内部的管理压力。这样可避免货票同行而增加的 60000 张票据的工作量。"[31]

除了货票同行的困难，还有一大问题是华为全球通用的 ERP 系统无法与巴西政府相关系统对接，这就意味着华为的ERP不能在巴西有效使用，导致华为的货物和财务等相关信息只能靠人工方式进行管理。但是巴西华为的业务量又是如此庞大，在巴西如果要统计“有多少订货，有多少已发货，有多少已安装，有多少已开票，有多少物料，物料在哪里”，没有IT系统，没有大平台，只能靠人和表格“数站点”。在交付最紧张的时候，曾经出现过“千人捡料，百人开票”的恢宏场面。

在这样的营商环境中，没有几代人踏踏实实打地基的精神，想要快速实现巴西华为的盈利是很难的。实现不了盈利，就不可能在华为的大环境中获得更多的及时激励。可以说，在此期间“倒”下了一批又一批的管理者，又有源源不断的华为人以“趴在地板上做业务”的大无畏精神前赴后继。

巴西是华为全球市场中最困难的地方，需要阿甘精神才能成功。任正非的原话是这样说的：“巴西要成为利润中心，不再做规模中心。巴西是全球最困难的地方，你们把账实相符和货票同行率先做起来了，顺应了巴西的法律还有了利润，很重要。……多一点阿甘精神，一步一步积累正能量，越困难的地方越锻炼人，要坚持干部内生，破格提拔，去除冗余，激活组织。”[32]

巴西华为后来的经营管理有了大的起色，有三个关键原因：第一，再苦再累，磨刀不误砍柴工，巴西华为的管理者下定决心，脱了几层皮，终于将能与巴西政府对接的华为ERP系统上线，提高了效率。第二，请任正非现场参观巴西华为的经营环境，并请他做出了巴西按小国经营的思想转变。第三，管理者和全体员工有任正非所说的阿甘精神。

任正非2014年1月13日在市场大会上讲话说："去年我们把美国、巴西转变成按小国模式经营，以利润为中心，然后美国代表处就盈利了，……巴西代表处去年当年利润转为正。"[33] 在巴西这样一个大国，尽管华为说考核利润，但那是在保证规模前提下的利润。如果没有任正非的指示，谁也不敢放弃规模，谁也不敢真正地按小国模式（追求盈利为主）来经营。

终于，2012 年巴西华为第一次实现当期盈利 200 万美元，2018 年巴西华为终于实现了 20 年历史累计贡献利润转正。[34] 在这之后，巴西华为的员工们得到了应得的奖励和认可。任正非 2014 年 1 月 13 日所做的报告《做谦虚的领导者》指出："巴西华为 2012 年实现当期利润转正，2013 年就破格提拔 7 个干部，2014 年底还要破格提拔 20~30 个。"华为就是这样，永远鼓励奋斗者去攀峰，当奋斗者登上峰顶时也会及时给予重奖。

2019 年初，为了纪念巴西华为的历史累计贡献利润转正，也为了感谢几代巴西华为人的不懈努力，巴西代表处为所有曾经在巴西战斗过的同事制作了纪念工卡。本书笔者之一徐光国已经于 2018 年 9 月离开华为，属于 2010 年底在巴西"阵亡"的管理者之一，在 2019 年 6 月也收到代表处发来的一张纪念工卡。当他抚摸着刻有华为标志、本人名字和工号的纪念工卡时，禁不住热泪盈眶，这不仅是对他自己的"烈士"身份得到承认的感动，更是被巴西代表处"趴在地板上做业务"的阿甘精神所感动。如果没有一代又一代人的浴血奋战，保住了巴西代表处这个组织，他的"阵亡"身份又有谁来纪念！

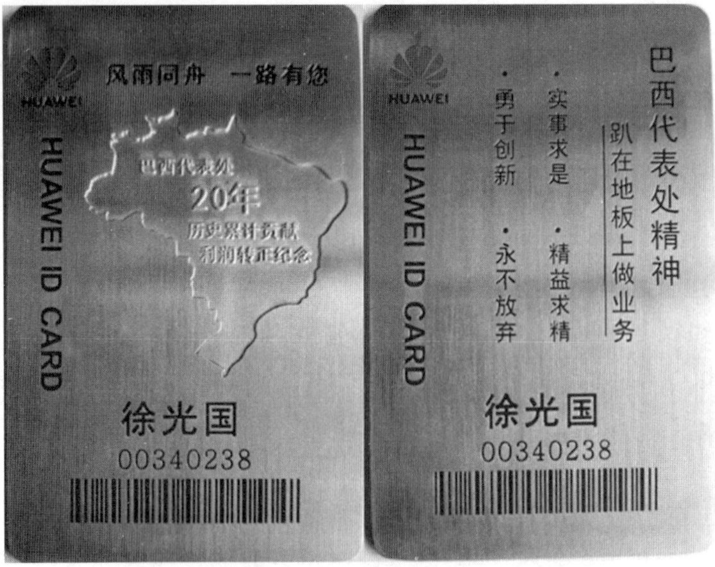


图4.1 巴西华为历史累计贡献利润转正的纪念工卡

## 满广志是我们时代的英雄

任正非反复提醒干部员工，要能耐得住寂寞、受得了委屈，甚至勇于自我牺牲，一心一意打仗，并用满广志来类比。

满广志是新时代蓝军的优秀指挥员，他不是打仗的主力，却能在 2014 至 2016 年间，带领人民解放军陆军第一蓝军旅与红军 27 个师旅对抗，取得了 33 场演习中 31 胜 2 负的好成绩，部分红军恨得牙痒痒，甚至打出了“踏平朱日和，活捉满广志”的口号。华为把满广志这样的人奉为时代的英雄。

任正非 2017 年 9 月 12 日在英国代表处的讲话指出：“我与徐

直军在沟通‘满广志是我们时代的英雄’的按语时，我们共同认为，提升洞察力、决断力是我们干部当前的重要问题。各三级以上团队，要多组织几次认真讨论。这个时候协同洞察能力就非常重要了，当然包括如何提升土地肥力的洞察力。……最优秀的主官……一心一意铺在战场上，完全不关心多余的事，要对战局了如指掌，胸中有全局，主官就是要一心一意打仗。锄头扫把都管，叫作主管。主官就是一直盯着胜利。我们要加强干部的战略洞察能力、决断能力和自我牺牲精神的培养。这次向满广志学习，向梁山广和孔令贤学习，为什么？其实我们这个队伍，有成千上万这样的人。”[35]

任正非在2017年9月17日在捷克代表处的讲话中指出：“我们公司的队伍中，有成千上万个‘满广志’……，指导他们成长，是我们各级干部的责任。”[36]

任正非在2017年10月19日的讲话中指出：“我们要焕发出战斗活力，就要向满广志学习，让大家把工作干劲爆发出来。”

这就是任正非的风格，当一个好的形象符合他的内心想法时，他会反复提及，而且要求公司三级管理团队以上的人员写心得，还要在工作中落实。

在这里简单补充一下华为的梁山广、孔令贤两个人的情况介绍。

梁山广本着对公司负责的态度，冒着极大的风险在华为心声社区上公开反映了一个业务的虚假繁荣问题。这极有可能被上级认为是挑战权威，因此任正非亲自签发文件对梁山广进行保护。现将此文件的内容摘录如下：“我们要鼓励员工及各级干部讲真话，真话有正确的、不正确的，各级组织采纳不采纳，并没什么问题，而是风气要改变。真话有利于改进管理，假话只会使管理变得复杂、成本更高。因此，公司决定对梁山广，工号00379880，晋升两级，到16A。即日生效，且不影响其正常考核与晋升。根据其自愿选择工作岗位及地点，可以去上研所工作，由邓泰华保护不受打击报复。”[37]

孔令贤，2014年被破格提拔三级后反而从华为离职，任正非亲自发文呼唤英雄，希望孔令贤能够回来。任正非是这样说的：“加西亚（《把信送给加西亚》故事的主人公，代表组织中一个掌握决定性力量的人），你回来吧！孔令贤，我们期待你！2014年被破格提拔三级后，你有了令人窒息的压力，带着诚意离开了华为。周公恐惧流言日，更何况我们不是周公。是公司错了，不是你的问题。回来吧，我们的英雄。我们要形成一个英雄倍出的机制、英雄倍出的动力、英雄倍出的文化。要紧紧揪住英雄的贡献，盯住他的优点，而不是纠结英雄的缺点。回来吧，加西亚，是公司对不起你。”[38]

## 堂吉诃德是骑士而非疯子

显然，在物质激励和精神激励的双轮驱动下，华为不仅塑造了敢于上战场、能打胜仗的个体，更激励个体努力实现伟大愿景，而且为员工提供这样一个追梦的平台——有大远景，能实现大愿景。

前面提到，任正非在最艰难的1993年便提出“三分天下”和“在阳台晒钱”的伟大目标，当时任正非本人多么像堂吉诃德！

1997年5月30日任正非在与上海邮电管理局的管理研讨会上说：“要利用机会强制地牵引公司前进，寻找企业发展的方向，比如说产品的定位方向、人才管理的方向等各种方向，形成这种方向来牵引公司前进。在新的机会点上要敢于站在世界大公司的前面。所以，华为从创业到现在为止，有人说我们是堂吉诃德，为什么呢？就是因为我们从来都是把每一个产品的研究定位在与国际接轨，定位在产品必须具有世界先进水平，而不是定位在国内。”[39]

任正非及华为是真心推崇堂吉诃德大战风车的逐梦精神的，把堂吉诃德当作骑士来景仰，而不是当作疯子或者可怜人来嘲笑。

华为现在要求干部如何工作，就经常用终端子公司CEO余承东举例，因为这个人有一个特点：走到哪个岗位都爱“吹牛”。不仅对外吹牛，对自己的员工也吹牛。所谓“吹牛”就是把目标定得高高的。

我们在前面提到，2008年华为差点把终端公司卖掉，为何要卖掉？因为终端公司当时经营得不理想，那时候是贴牌，利润很低，运营商贴牌之后，手机上都看不到华为的标志。后来虽然没有卖成，但几任终端公司CEO都没有把终端做到火起来的热度。很多员工从网络这一侧调往终端公司，发现终端公司简直就是“坑”。同样资历与能力的员工在网络这一侧，奖金可能很高，升级可能很快，但在终端公司就一直不动，不温不火。很多转到终端公司的员工的职业生涯“死”在终端，在那里一动不动，有的人愤愤不平，就离开了华为。当时终端公司的干部与员工都很痛苦，很压抑。

而余承东到了终端，在向公司汇报商业策略、战略方向后，不像其他主管那样藏着掖着，他会把政策、战略、方向和员工讲，甚至在新浪微博上讲，最具代表性的便是他2012年9月22日22时19分发的一条微博，如图4.2所示：

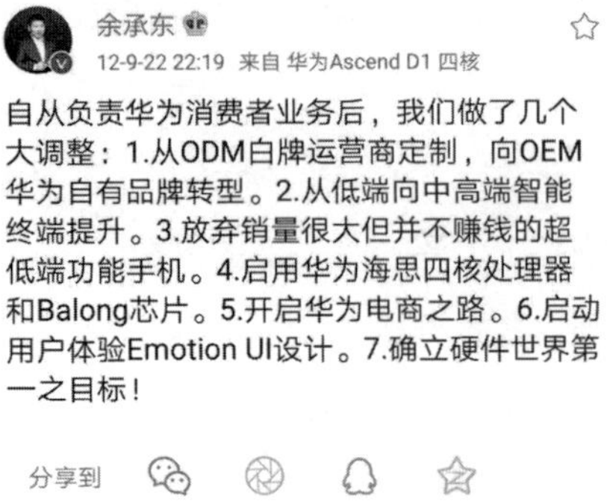


图4.2　余承东新浪微博

在这条微博中，他提到确立硬件世界第一的目标。这在当时完全不可思议，前几任 CEO 都没有做起来，而且 2011 年到 2012 年，华为刚开始做智能手机，可以说连智能手机的门都没有摸着。那时候手机市场正从诺基亚时代转向三星时代，华为作为一个新进入者，还没有立足之地，统计终端的排名往往看不到华为的名字，余承东竟然提出“确立硬件世界第一之目标”，大家会相信吗？可以说大部分人都不会相信，但是少部分相信的人就跟着余承东一起干。

那么华为是不是达到了硬件世界第一呢？图 4.3 是根据每年华为年报发布的智能手机发货量整理的，从此图可见，余承东刚接手终端公司的 2012 年，智能手机出货 3200 万台，到 2018 年达到 2.06 亿台，终端公司总体销售收入达到了 500 亿美元。2019 年由于美国“实体清单”的打压，华为手机的海外销售受到极大的影响，但仍然达到 2.4 亿台的出货量，处于世界第二的位置，仅次于三星。虽然还没有达到第一，但显然已经走在了硬件第一的路上。余承东 2019 年在多个场合演讲时提到，如果没有美国的打压，华为终端公司在 2019 年就能跑到第一。

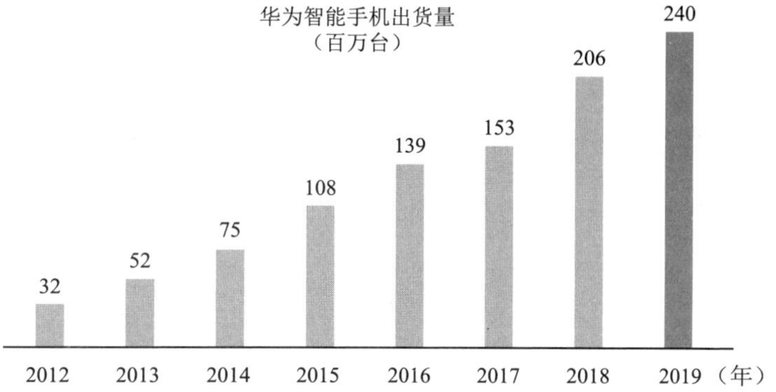


图4.3 2012—2019年华为智能手机出货量

如果余承东在2012年将终端目标定到“深圳坂田（华为深圳总部所在地）第一”，这个目标对广大员工有没有吸引力？显然没有。到华为终端公司来的员工本来就觉得朝不保夕，没什么前途，职业风险很大，还要努力拼搏，拼搏的结果却仅是深圳坂田第一，这么小，那这些员工的追求有什么意义？他们冒的职业风险又有什么意义？

2019年3月29日，余承东带领终端公司管理者举行“消费者BG（业务集团）军团作战誓师大会”，在会上高喊“三年1000，五年1500”等口号，让终端公司和华为其他业务单元的员工都热血沸腾。2018年终端公司的销售收入为500亿美元，他们希望三年后达到1000亿美元，五年后达到1500亿，这是多么宏大和激动人心的目标啊！

显然，余承东坚信“人们往往会高估战略执行中的短期效应，反之，往往低估一个战略坚持三到五年甚至更久而产生的惊人威力。华为是长跑型选手，只要战略上敢于坚持，敢于突破，最痛苦的时期过后，一定会迎来新一轮爆发，焕发出更强大的生命力”[40]。他还经常有两句话挂在嘴边，第一句话是“眼界决定境界，定位决定地位”，第二句话是“取法乎上，得乎其中；取法乎中，得乎其下；取法乎下，则无所得也”。他认为目标一定要定得高，如果目标定得很低，什么都得不到。余承东愿意将愿景讲出来，刚开始大家都认为他在吹牛，当笑话看，但关键是，他每次的“吹牛”最后基本都实现了。所以员工后来都把他的“吹牛”认真地当成“愿景”来对待，被吸引着、鼓舞着，在一条有目标、有意义的道路上踌躇满志地前行！

余承东就是这样一个被江湖称为“余大嘴”“余疯子”的干部，带领终端公司创造了“神终端，圣无线”的传奇（我们在后面会提到他的“圣无线”故事）。任正非在2018年9月26日干部工作交接仪式上说：“高层干部要担负起使命来。……我们的组织结构和机制也要改变，使得我们这个地方人才倍出，英雄要成倍地出，产生更多像余承东这样的领袖。社会上有时候‘骂’余承东是‘余疯子’，其实‘疯子’也挺好的，因为没有想象就没有未来，我还不够格做‘疯子’。”

通过愿景和使命来激发员工，为员工提供一个有意义的工作平台，历来是华为激活员工的一个重要法宝。任正非在《人力资源管理纲要2.0》修订与研讨的讲话中指出：“在精神激励方面，强调坚持核心价值观，将公司的愿景使命与员工个人的工作动机相结合，这就是集体主义下的个人主义。每个员工都有自己的价值观、使命感，基层员工也会有使命感，但是不用承载太多；高层领导主要做政策、规则，使命感要强，不同层次不能用同一标准。”[41]

## 第三只眼：做正确的事或许比正确地做事更重要

我们在第 3 章所述的激活方法是“让每个个体愿意为了获取比别人更多、比自己曾经更多的回报而努力奋斗”，这侧重于引导员工认识到“回报来源于价值创造”。这种合理的激活方法能够激励员工奋斗，但没有明确指出员工奋斗的方向和应该创造何种价值。本章则是通过华为的案例探索激励个体朝着组织需要的方向奋斗的方法，其中既包括指明方向，也包括如何驱动员工愿意朝着正确的方向奋斗（如图 4.4）。

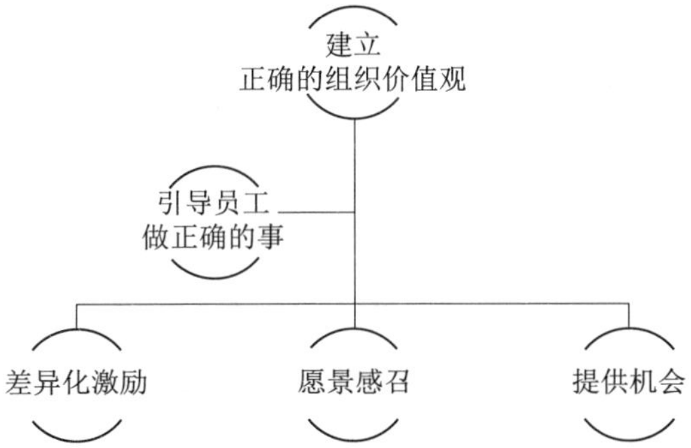


图4.4　激励个体做正确的事

第一，什么样的组织就塑造什么样的个体，为了让员工能够做正确的事，组织首先需要建立正确的价值观。个体行动服从于组织目标，组织的诉求和价值观一定程度上影响着员工努力的方向和积极性。组织需要树立一种正确的价值导向，进而激励、提倡、引导员工做正确的事，让个体成为组织需要的人。

第二，我们在第3章提出过“按劳分配的准确依据是什么”这样的问题，本章给出了华为的答案。这包括：（1）员工显而易见的考核指标完成得好；（2）员工能够默默无闻、兢兢业业、十年如一日地做好本职工作；（3）员工能够做些具有长远意义、对未来有重大贡献的工作；（4）员工不辞劳苦，承受委屈，甚至有所牺牲；（5）员工敢于呐喊、勇于挑战并取得显著突破。能做到这五条，就是华为乃至任何公司都需要的员工。这五条标准也是一个组织激发员工活力的参考准则。当然，以上五条标准或许无法涵盖一个组织期望个体成为的样子，也可能不适用于其他类型的组织。另外，对从事第一类工作（即短期能够见效、出成果的工作）的员工而言，组织应该能够明显、较快地判断他所贡献的价值，还要准确地给予差异化的激励，这已经在第3章进行了讨论，本章主要讨论的是如何激活那些短期内很难做出绩效或判断其绩效的员工。同时，鼓励员工成为这样的人，也是一种积极的激活信号。

第三，与第3章所述的差异化激励类似，这些员工一旦做出显著贡献，也应得到及时、显著的激励和认可。我们一再强调，组织很难对没有做出成果的员工提前进行差异化激励，因此这部分员工也很难提前得到认可，甚至还得忍受相较于短期绩优员工更低的回报。但是只要识别出这类员工及其创造的巨大价值，就应该给予相应的激励和认可，这既包括物质层面也包括精神层面。其中，精神层面的激励需要理解四个方面的本质：（1）不是任何组织都有足够强的经济实力去吸引员工，不是任何员工都对物质激励充满饥饿感，组织没有能力给予足够物质激励或用物质激励无法吸引或激活部分员工时，就要借助精神激励，这也就是本章所谓的“双轮驱动”;（2）本章旨在探索激励员工做更大、更长远事情的方法，因此，无论是物质还是精神层面的激励，本质上都属于精神激励；（3）个体激活的根本目标是让每个个体不计回报、不计得失、不纠结于组织反馈地去做有益于自我实现、有益于组织持续发展的事情，靠的是自我驱动、自我认可，而不是仅仅为了收益、仅仅依赖组织，这便是精神激励所能发挥的最大价值和最终愿景;（4）现实中，由于组织很难发现这些短期内默默无闻的英雄，他们往往会被埋没，因此，能够喊出“让扁鹊的兄长也走红地毯”这样的口号，提倡尊重这样的员工，本身就是一种精神激励，就是一种强烈的信号。

第四,一个组织需要有愿景去感召员工努力奋斗，需要提供一个舞台让员工尽情施展抱负。除了在个体做出贡献之后进行价值识别和激励、肯定，我们也需要通过组织文化和领导力，激励个体相信愿景并为之奋斗，更要能为个体提供实现伟大抱负的舞台和支持。例如，当前很多企业就是平台型企业，鼓励创客、阿米巴经营，这不正是帮助员工实现自身的愿景吗？这也是企业管理者对员工的一种激励和支持。

毫无疑问，通过双轮驱动，让员工做正确的事，是非常正确的激活策略，但这何其难也！有多少企业能够宽容、拥抱短期绩效不显著的员工？企业该如何平衡对员工的价值导向？又有多少员工愿意做且能够做“扁鹊的兄长”？等到物是人非之时再给那些“种树的前人”激励，又有多大用处？我们相信，这一定是好的组织努力的方向，也是极具挑战性的工作。

# 5

# 拒绝普遍化高福利，避免精神向下

前文提到，人们天然希望走向舒适态、平衡态，为避免员工的精神下沉，华为强调保证基本福利，拒绝高福利，提倡多劳多得，避免熵增。任正非 2014 年 2 月 25 日说：“一定不要让大家追求福利主义，我们实行‘获取分享制’，员工干得多就拿得多，干得少就拿得少，这样我们没有压力。要吸取欧洲高福利的教训。”[42] 事实上，普遍化的福利待遇如果处理不好，反而会导致个体满足于现状，缺乏工作的物质饥饿感。

## 仅保证法律底线的普遍福利

1959 年，美国心理学家赫茨伯格提出激励的双因素理论，他把企业中有关因素分为两种，即满意因素和不满意因素。满意因素是指可以使人得到满足和鼓励的因素，即“激励因素”，“没有满意”

和“满意”是它的两个极端：没有它，员工是“没有满意”，有它，员工是“满意”。不满意因素是指容易使人产生意见和消极行为的因素，即“保健因素”，“不满意”和“没有不满意”是它的两个极端：没有它，员工是“不满意”，有了它，员工是“没有不满意”。

这似乎太过拗口，我们以易懂的例子来讲解。比如某国法律规定年休假是20天，即工作11个月可以享受20个工作日的年休假。华为绝对不愿意给员工30个工作日的年休假，也不愿意给25天，甚至21天也不愿意给，为什么？因为没有多出法定的年休假，员工会“不满意”，而如果所有员工都多了几天年休假，他们只是“没有不满意”。显然，直接给予员工更多的年休假，只是保健因素，员工不会受到激励。

与此不同，华为的做法是给予那些做出贡献的员工（注意不是所有员工）几天假期。2008年2月15日任正非这样讲：“特别是那些经过紧张项目下来，实在太累的人，给两三天的度假安排，在海边、在风景区休整一下，恢复体力……我们要奋斗，也要对奋斗者充分关怀。”[43]显然，这时候相关的项目组感到的是很大的激励和关怀，因为我有你没有，是我的工作本身、我的责任挣来的，不是大家普遍都有的。这就是差异化的激励，多出的几天假期，就是激励因素。这里最重要的不是要消除员工的不满意，而是要让员工受到激励。受到激励，只能是因为工作和责任，不是工作表现和责任奉献挣来的就是普遍福利，只能是保健因素。

2019年，我们看到很多外资企业在上海等地辞退员工时给了N+7的补偿，工作一年就给员工一个月的补偿，再加7个月的工资补偿。这看起来很好，但员工会满意吗？员工仅仅是损失更少了一些，他只是“没有不满意”。员工真正的满意是这个企业做大做强，他自己做得更好。

以上案例体现的便是“仅保证法律底线的普遍福利”的激活内涵，不能达到激活目的的福利不宜太高。

## 将福利做成激励奋斗的因素

福利不能轻易地给，因为福利水平一旦上去了，就很难降下来。如果降下来了，就会让员工“不满意”。华为仅仅保证法律底线的普遍福利，此外将福利差异化，将福利从保健因素变成一个激励因素，这是华为福利管理的一个核心理念。

“拒绝普遍化高福利”的另一层意思是对部分个体有差异化的福利，华为对离职个体的 N+1 补偿便是一个独辟蹊径的案例。很多人奇怪，华为为什么给每个离职员工（注意是主动离职，不是被动辞退，主动离职的员工也可经过考核再次入职）都给予 N+1 的补偿，这不是一个普遍的福利吗？

根据我国的《劳动合同法》（第十四条、第四十六条、第四十七条、第八十七条），员工在两次合同到期时有四种选择：A. 要求续签无固定期限劳动合同，公司应当与员工签订无固定期限合同，否则公司就是违法；B. 要求续签固定期限合同，表明员工放弃了无固定期限合同的权利，公司同意签署固定期限合同是不违法的；C. 拒绝公司的续签要求，公司同意终止雇佣关系，这是合法的，此时公司无须支付 N+1 的离职补偿；D. 员工和公司协商不续签劳动合同，公司须支付 N+1 的离职补偿。

在无固定期限合同或者固定期限合同未到期的时候，公司都有合法解除劳动合同的权利，这时须支付 N+1 的离职补偿；如果公司违法解除劳动合同，要支付 2N 的经济补偿。

在无固定期限合同或者固定期限合同未到期的时候，如果员工主动离职，公司同意员工离职且不支付 N+1 的离职补偿，是不违法的。

华为的“N+1 离职补偿”看似一个普遍的福利待遇，尤其是对那些合同未到期主动离职的员工也给予 N+1 的离职补偿。但事实上，华为只向签署固定期限合同的 B 类员工支付 N+1 的离职补偿，哪怕员工是合同未到期时主动离职，签署无固定期限合同的 A 类员工主动离职时是没有 N+1 的离职补偿的。这就体现了这个政策的差异化，即鼓励员工保留四年一次（华为一次固定期限合同的时长一般为四年）做出选择的权利，鼓励员工选择战战兢兢、如履薄冰的艰苦奋斗状态。

同样，上文讲到，华为员工到艰苦地区工作意味着有较高的福利待遇，千万不要误认为华为会给所有员工高福利。华为只对提枪跨马上战场的人给予高福利，对于在深圳机关坐办公室的人只给予法律底线的福利。

另外，华为人力资源劳资管理体系总结出了大量的实践方法，例如，如何在“保证法律底线的福利”的同时又能激发员工的活力，当福利从高往低降时怎样操作才不会导致大面积的负面影响。这类事件，人力资源体系稍微处理不当，舆论就会排山倒海地压来。尽管有不少血淋淋的教训，但华为也积累了大量的经验和方法，一直在个体激励的方向上探索和进步。

## 第三只眼：能轻易得到谁还愿努力奋斗

我们在第 3 章和第 4 章分别强调，要通过差异化激励、物质精神双轮驱动来激励个体朝着组织需要且能够自我实现的方向奋斗。但是，正如第 3 章提出的问题：个体对回报满意了怎么办？此时企业该如何应对？很多企业在招聘广告中以高薪资、高福利来吸引求职者，但这意味着员工一入职就是高薪资、高福利，这很可能无法引导所有的员工努力奋斗，此时又怎么能轻易地把高福利降下来呢？本章结合华为的实践，对该类问题从个体激活的角度做一个回答。

第一，为避免与法律意义上的“福利”概念混淆，我们在此处统一用“回报”来代表员工获得的价值分配结果。通常所谓的“福利”是面向所有员工的，对所有员工是公平的，以法律或者公司章程的形式规定的福利是不能违背的，违背了这个规定，就可能给员工和家人带来伤害。这种普遍化的福利是所有员工的基础回报，很难起到拉开差距、导向激活的作用。

第二，如果为了更大程度地激活员工，组织应该给予员工普遍化的、保证法律底线的基础回报。通常，员工的回报是法律底线的福利加上其他多种形式的激励，即基础回报加上额外回报。如果所有员工的基础回报起点都很高，就很难实现个体激活，而且可能会因基础回报太高而使得员工安于现状，导致怠惰。同时，这种普遍化的高基础回报也很难再降下来，强行下降会让所有员工不满。

第三，如果是为了激活个体，那么就应该将法律底线规定的基础回报之外的回报做成激励因素。这不意味着不给员工高工资、高福利，而是把超出法律底线的工资、福利等变成激励因素，对那些做出显著贡献的员工来说，额外回报还是高的。此时的额外回报就不是法律定义的“福利”，而是一种奖励，也不限于物质激励。“福利”本质上是不能差异化的，如果一种东西被称为“福利”而实行差异化，员工是有权上诉的，而且企业一定会败诉。另外，此时的额外回报不是普遍化的，是给予那些做出差异化贡献的员工的，他们获得的额外回报是因为价值创造而不是其他原因。

当然，这仅是避免个体精神向下的手段之一，我们会在第 6 章讲述华为通过促进流动让员工长期艰苦奋斗的方法。本章和第 3、4 章的激活方法更多是从组织的考核或奖惩机制上来引导员工不安于现状，激励员工奋斗。但是，我们也不得不思考其他的问题：

1 近年来，我们能够看到，越来越多的企业在招聘广告中通过高薪资、高福利来吸引高层次人才。同样，更多的求职者也在不同企业所提供的高薪资、高福利之间抉择。这就会产生一个看似和本章激活思想相矛盾的问题——为了招人，企业不得不提高初始薪资和福利，但这只能解决招人的问题，很难解决激活的问题。

2 每个个体水平不一，部分岗位、工作也很难取得显著的差异化绩效。如果企业为了激活员工而严苛地把基础回报降到最低，这可能给部分员工带来较差的收入和体验，甚至影响员工的自我价值判断，也不能很好地承担社会责任。因此，企业不得不思考如何设置基础回报的底线。

# 6

# 打破铁饭碗、铁交椅，去除平庸与惰性

如果一个社会、一个国家、一个组织里的穷人怎么努力也成不了富人，就像古代的读书人，如果怎么努力也当不了官，这个社会就会僵化，怎么会有活力？

有学者认为，商鞅“以个人能力取代血缘关系来决定阶层”的制度创新，成就了农业文明时期最有活力的中国。强盛的汉朝陨落三百年后几乎被完整恢复，经过隋、唐，至宋代发展出一个新的巅峰，封建体制延续了两千年，成为农业时代的一个奇景。而与汉朝同时代的罗马帝国陨落后，西方再没能取得像罗马帝国这样辉煌的成就，反而迎来了长达千年的黑暗中世纪。

华为很早就开始推行“打破终身制，干部能上能下，员工能进能出”的机制。任正非在1998年的《华为的红旗到底能打多久》中指出：“尊重知识、尊重个性、集体奋斗、不迁就有功的员工，是我们可持续发展的内在要素。市场部集体大辞职的壮举，开创了华为公司内部岗位流动的制度化，使职务重整成为可能。因为创业期间他们功劳最大，他们都能上能下，别人还不能吗？……我们不搞终身雇佣制，但这不等于不能终身在华为工作。我们主张自由雇佣制，但不脱离中国的实际。……每个员工通过努力工作，以及在工作中增长的才干，都可能获得职务或任职资格的晋升。与此相对应，保留职务上的公平竞争机制，坚决推行能上能下的干部制度。”[44]

## “考军长”

2018年，人民解放军陆军“考军长”，目的在于革除“和平积弊”，这是从苏联的惨痛教训中学来的。卫国战争时期，苏军作战部长什捷缅科大将讲过一句话：“战争到来，首先要淘汰一批和平时期的将帅。”什捷缅科大将是卓有成就的苏军作战部长，他要淘汰一批“拼花地板”的将军，就是和平时期在办公室之间踱步，从这个办公室踱到那个办公室就成为将军的人。

华为从2018年9月开始借鉴解放军陆军的经验，在HR体系进行“考军长”的方法探索，后来逐步推广到各业务体系的主官考核。

华为所谓的“考军长”，是让业务主官们用几页幻灯片对自己的工作进行讲解，注意不是述职一样长篇汇报，主要的时间用于回答评委们和员工们的提问。华为的考法是用Welink软件视频直播，条件允许的情况下全公司直播，涉及机密的就在其部门内直播。直播围观者可以实名提问，也可以匿名提问。当然华为的评委是面对面的，不是背靠背。如果围观者的提问现场来不及回答，要求事后线上实名回答并公示。

平常华为的业务主官在做述职汇报时，都会有很多参谋，由部属集体研讨与打磨，主官反复演练，所以在向上汇报时讲得生动活泼，有宏观的高度，有微观的案例，有思想的深度，也有实战的温度。但“考军长”时，网络围观的同事才不会管宏观战略和管理者情面，只会问自己遇到困难的相关情况、具体场景及如何解决。提问人员众多，谁也无法控制提问的细节、难度与方向。

评委的提问更尖锐，一般会从上到下追问到底，因为评委提问也是现场直播，实际上也是考评委。一般一场“考军长”，至少有一个评委会提出很精彩的问题，既接地气又能对业务有帮助，否则会被围观的同事嘲笑走过场。一个表现好的评委往往会认真做好相关的信息收集，比如华为心声社区的员工爆料，还要从蓝军的视角做数据分析。

本书笔者之一徐光国看过几次华为“考军长”的视频回放，个别“军长”现场一问三不知。过了几天，这些管理者在快速的周边调查后就“下课”了。第一次下课可能还没有引起“军长”们的注意，第二次、第三次有“军长”下课，各级管理者就会紧张了，这就是逼着每位领导学习，消灭南郭先生，铲除平庸。

正如任正非在2019年6月18日的干部管理工作汇报会议上说的：“要认识到当前的‘考军长’就是要检验个人贡献与能力，是去除平庸、怠惰的一种重要方法，各部门要认真开展好。”[45]“考军长”是以考促训，目的是考“活”，而不是考“死”！

ZX+JYTJ

## 办公室无将军

“考军长”就是为了革除“和平积弊”。华为在日常的工作中要求管理者“双手沾灰，两脚沾泥”，“抵近侦察，抵近指挥”，做到“办公室无将军”，这些基本上都是从战争与军事领域借鉴过来的。

杨成武将军在1936年12月从“抗大”毕业之后，中央军委任命他为师长，他说我没有当过师长，原来当的是政委，怎么打仗？林彪就和他进行了一次谈话，谈了9个要点，杨成武将军据此写了回忆文章《怎样当好师长》。华为也以此告诫管理者：“应该上去看的山头就要亲自爬上去，应该了解的情况就要及时了解，应该检查的问题就要严格检查。不能懒，军事指挥员切忌懒，因为懒会带来危险，带来失败。比方说，一个军事指挥员，到了宿营地就进房子，搞水洗脸洗脚，搞鸡蛋煮面吃，吃饱了就睡大觉。他对住的村子有多大、在什么位置、附近有几个山头、周围有几条道路、敌情怎么样、群众条件怎么样、可能发生什么情况、部队到齐了没有、哨位在什么地方、发生紧急情况时的处置预案如何，都不过问，都不知道，这样，如果半夜三更发生了情况，敌人来个突然袭击，就没有办法了。到那种时候，即使平时很勇敢的指挥员，也会束手无策，只好三十六计，跑为上计，结果，变成一个机会主义者。”

2020年，华为内部又将林彪本人抵近侦察、抵近指挥的例子拿出来让管理者学习，这次是根据开国少将宋维栻将军的口述写成的回忆录。解放战争开始，宋维栻随三师七旅进入东北。1945年12月打上下齐台，是他记忆深刻的一场战斗：黎明，他奉命率一团兵力抗击敌人。指挥阵地左前方有一高地，处于敌我间。星斗将隐，忽见该高地有数个人影隐隐约约，宋急派侦察兵前往侦察，回报说是林彪和参谋人员等。是时，敌我双方弹雨交织，而林彪则跪于高地观察敌我双方交战之全过程。宋对林彪说："太危险了，林总您就快走吧，我的警卫连都用上了。"林彪说不急，我还有一道命令：一师从左边插到敌后，把敌人吃掉。结果敌人发现了我军意图，撤了。上下齐台战斗后，林彪向营以上干部讲过一次话，主旨为：部队战斗力究竟怎么样？老部队战斗力很强，但战术没有跟上，现在国民党军队是美械装备，和过去不同，火力很强，部队伤亡大，战斗队形密集是重要原因。林彪由此形成其初步的战术思想，如"三三制""一点两面"等。这正体现了管理者要抵近侦察、抵近指挥的要求。

任正非本人也是抵近侦察和抵近指挥的典型。他每年都亲临一线艰苦地区看望、指导、激励艰苦奋斗的员工，去过5200米的珠峰大本营，去过平均海拔超过3000米、世界平均海拔最高的国家玻利维亚，去过战火纷飞的阿富汗、伊拉克。2017年2月，任正非在泰国与地区部负责人、在尼泊尔与员工座谈时说："我承诺，只要我还飞得动，就会到艰苦地区来看你们，到战乱、瘟疫……地区来陪你们。我若贪生怕死，何来让你们去英勇奋斗？在阿富汗战乱时，我去看望过员工。……利比亚开战前两天，我在利比亚，我飞到伊拉克时，利比亚就开战了。飞到伊拉克不到两天，伊拉克首富告诉我：'我今天必须将你送走，明天伊拉克就封路开战了。我不能用专机送你，不安全，我派保镖送你。'结果前后一个大车队，十多名保镖，连续奔驰一千多公里，把我送上了最后一架飞机。一路上换车队，就如从深圳到西藏，经过广西换广西车队，经过贵州、云南换当地车队。深圳粤 B 车牌一直开到那里，那就太显眼了。”[46]

华为最著名的抵近侦察和抵近指挥的案例是余承东带领无线产品线从借钱发奖金到做出公司最盈利产品的转变。余承东设计出分布式基站，解决了欧洲机房狭小、站点获取困难的问题，从而成功打开当时的通信巨头爱立信、西门子、诺基亚、阿尔卡特的大本营欧洲市场。2005 年，华为的海外销售收入第一次超过国内，从此一路高歌，度过了冬天。这就是我们前面提到的“圣无线”的故事。

华为 2000 年派出几千人雄赳赳气昂昂地去拓展海外市场，看起来是一种战略选择，其实是被国内的无线市场形势逼出国的，更多是无奈。1997 年 11 月，华为 GSM 全套产品参加展会，当场演示打通 GSM 电话，获得国内外业界很多知名专家的赞叹。当时的电信市场，包括无线与固话市场，都被国际友商占领。华为打通了第一个 GSM 电话后，友商们纷纷大幅降低 GSM 产品售价[47]。他们为何降价？为了阻止华为进入国内移动市场。华为成功研发出 GSM 产品之后，实际国内市场并没有给华为带来商业变现，只是赚了吆喝，但为国家带来了效益，因为友商的价格大幅下降了。

华为的 GSM 产品当时在国内很难商业变现，任正非及华为不甘心，国内市场被先行者把持着，作为 2G 的后进者难以撬动，那就看能不能在 3G 弯道超车[48]。无线 3G 当时有两个制式，一个是 CDMA2000 制式，美国高通公司主导发明，主要是美国部分运营商在使用；一个是 WCDMA 制式，是 GSM 演进版，欧洲设备供应商主导发明，比较广泛地运用于全球各国运营商。华为当时因为钱少，就选择了WCDMA这个使用范围最广的制式进行开发。

2000年电信分家，中国形成了移动、电信、联通三家运营商，但是当时三家运营商没有一家选择WCDMA。

中国移动理所当然地继承GSM系统。但2000年时中国移动有没有动力发展WCDMA呢？可以说它毫无动力。本书笔者之一徐光国记得当时华为很多员工还在使用摩托罗拉BB机，那时候有一部BB机都很出风头，更不要说诺基亚、摩托罗拉的GSM功能机了，那个手机小巧玲珑，可以直接通电话，更出风头。所以中国移动还在吃GSM的红利，根本没有愿望去发展3G。因此华为开发出WCDMA的3G产品，在中国移动是卖不出去的。事实证明，中国移动在2008年才开始搞3G，搞的还是TD-CDMA制式，这已经是另外一个话题了。

中国联通2000年决定进行移动设备招标，招CDMA制式。原来华为一直没有开发CDMA，当中国联通决定招标CDMA制式时，为了应标，华为决定开发CDMA1X制式，是CDMA2000的第一阶段（通俗地理解，CDMA2000是3G移动通信标准）。但2000年中国联通发标的CDMA制式是IS-95，可以简单理解为CDMA协议的2G移动通信标准，结果华为在联通的移动设备上颗粒无收。任正非在2019年7月23日回忆说："CDMA我们做了，但是没有做IS-95这个落后体系，我们做的是1X。但是中国市场招标只要IS-95，不要1X，所以我们落选了，没有获得中国市场的选择。这两个对我们来说是挫折。"[49]

再说中国电信，它在当时是中国最大的固网运营商，实力最强，因此国家为了平衡，就不准它发展无线，但中国电信很着急。

如果当年政府给它55M的频率，即给它一个频段发展移动系统，中国电信就可以上GSM，也没有必要走到选择小灵通的地步。日本的小灵通制式，其实就是无线的市话，能够在小范围内移动，但它好歹也是移动电话。任正非认为小灵通就是固话，只不过移动范围稍微远了一点而已，没有前途，坚决不做。他在2019年8月20日回忆说："小灵通的出现在中国是一个'怪胎'，这个'怪胎'是体制形成的，不是自然成长出来的。因为中国1800M频率，富余55M，这55M频率完全可以分给电信，电信可以上GSM，完全没有必要上小灵通。但是这55M就不分给电信，电信要找到一个不受频率管辖的产品，正好PHS（小灵通）的频率信号很弱，本身就是家庭电话，他们增强一下，就做社会电话。小灵通是临时性产品，因为电信没有无线，就用来替代无线。我认为，战略是要从长远来看问题，到底这个社会的需求是什么，这点是很重要的。小灵通是一个没有前途的产品，会消耗大量精力，将来怎么把战略力量聚焦到有希望的领域？"[50] 当然，如果当年华为有现在的实力，一定会投入无线小灵通制式的。我们认为小灵通很落后且没有前途，就拒绝投入小灵通的产品开发。结果UT斯达康、中兴在PHS上赚得盆满钵满，华为颗粒无收。

由于上述种种原因，华为的WCDMA在国内毫无收益，几十亿的研发投入，要收回只能到海外去，所以说这是被逼的。华为到海外去，又只能到WCDMA的老家欧洲去，只有占领欧洲才能真正站住脚，但欧洲可是诺基亚、西门子、阿尔卡特、爱立信这些公司的大本营，它们像大山一样压得华为喘不过气来，华为毫无办法。欧洲的运营商认为3G是高投入高产出，华为是名不见经传的公司，怎么有钱来投入3G开发？他们认为华为是骗子，连投标的机会都不给。

这时候荷兰有一家运营商叫Telfort，是这个1700万人口国家的四牌运营商[51]。面积那么小、人口这么少的国家的四牌，可以想见业务量有多小，Telfort实际上已经濒临破产，但它从荷兰政府拿到了WCDMA的牌照。最初华为去找Telfort，Telfort表示愿意给华为参与竞标的机会，但说得很明白，如果解决方案一样，即使设备价格比某友商低25%，他们仍然找不到理由选择华为。因为Telfort没有多少钱，在欧洲站点获取很困难，机房空间很狭小，它就去找现网GSM的设备供应商诺基亚，希望诺基亚开发一个小型机柜的WCDMA基站，放在现有的小机房里，将3G运营起来。结果诺基亚说没有这种产品，单独开发这种型号的产品规模又太小。于是Telfort去找了爱立信。爱立信当时是实力比较雄厚的，Telfort请它开发小型机柜产品，为此可以将现网的所有诺基亚设备切换成爱立信的。结果爱立信说没有这样的路标规划，原因是Telfort太小了，根本没有与之谈判的筹码。

在这种情况下，华为一线的销售员打探到现状，请当时无线领域UMTS总裁（即WCDMA子产品线）余承东去与客户交流需求。事实上，当时的通信巨头爱立信、诺基亚都没有这样的小型机柜产品，华为怎么可能有呢？华为通过深入站点调研并与客户沟通，确认Telfort的最大痛点是“站点获取困难、工程实施费用高、机房狭小”。之前所有的设备供应商仅将3G的天线放在室外，其余的所有部件均放在室内的空调房里，导致需要占用机房的很多面积。这就促使余承东考虑用分布式基站来解决：把华为的多块数字单板封装起来放在友商的机柜里，把部分部件靠近天线安装。这样搬运成本低，安装方便，而且基建成本低，不需要建机房或扩大机房。这就像分体式空调分为两部分，一部分在室外，一部分在室内，只不过华为分布式基站的室内部分比 DVD 还小。

然而当时的 Telfort 并不相信华为有这个实力。余承东再一次地“吹牛”：“你给我八个月时间，我一定开发出来。”Telfort 也没办法，因为没有其他设备供应商理他，就死马当活马医，结果华为在 2004 年如期交付分布式基站。相较于传统的宏基站，分布式基站的设备体积减小到原来的 1/10，重量减小到 1/15，极大地解决了客户的痛点。2004 年 12 月，华为与 Telfort 签约，中荷两国领导人出席签字仪式，任正非在签字仪式上签合同，第一个订单就是 2500 万美元。

从此，华为分布式基站的产品规格成了行业标准，开疆辟土，在欧洲站稳了脚跟，2005 年海外销售收入就超过了国内销售收入。2007 年，华为成为欧洲所有顶级运营商的合作伙伴，2009—2010 年，华为的无线业务成为业界第二，仅次于爱立信，且因无线是通信领域体量最大的部分，华为也逐步成为通信业界的第二名。

华为无线要成为业界第一，只能在 4G 基站上弯道超车。只有用与爱立信完全不一致的架构，去做革命性的产品升级换代，才有可能弯道超车，但是这也意味着成本升高 1.5 倍，而销售价格压力太大，销售一线和研发都非常不愿意。但是不做革命性换代产品，就永远超不过爱立信。余承东顶住压力，拍板决策上 Single RAN（华为第四代基站），即 2G、3G、4G 共享的基站，进一步解决了机房狭小、站点获取困难的成本问题。Single RAN 在技术上的优势太明显：当时的 4G 基站要插板，爱立信插 12 块板，华为 Single RAN 只需插 3 块板。这次技术突破，一举奠定了华为无线的优势地位，以风卷残云之势横扫整个欧洲市场。2010 年之前，华为无线花了多年时间，在西欧市场取得 9% 的份额，但两年后，华为的市场份额飙升至 33%，高居欧洲第一。在 2013 年左右，华为的无线领先业界，成为在通信设备供应商领域无可争议的第一。

如果没有余承东亲自到一线去与客户交流，就不能深刻感受和了解客户的痛点，也就不可能有华为高性能、低成本的分布式基站和 Single RAN 的诞生，而普通的销售人员连产品和图纸都没有，怎么能够交流清楚，怎么敢承诺？即使承诺了也不一定有能力推动研发产品。余承东作为 3G 产品研发的负责人，走出办公室，“双手沾灰，两脚沾泥”，既能理解客户需求，也能调动研发资源，开发出针对客户需求的有效解决方案。分布式基站成功改变了当时的无线格局，使之成为业界标配，华为无线从借钱发奖金一跃成为公司最赚钱的“圣无线”。

## 不产粮的员工要调整

我们在前面已经提到，华为提倡对责任结果差、不符合岗位要求的管理者进行主动管理，其中包括降职、转岗、辞退等。本节通过几个案例进一步说明。

除了我们在前面提到的几个困难，巴西华为的员工还有一个困难，就是时差。海外都有时差，巴西与中国的时差是 12 小时，巴西时间晚上 12 点就是北京时间中午 12 点；在夏令时、冬令时转换时，巴西时间凌晨 2 点是北京时间中午 12 点。在这种情况下，巴西华为与集团开会怎么开？肯定要在北京时间中午 12 点之前开完会，这样集团总部的管理者或者员工开完会就能去吃饭，而巴西华为的管理者和员工开完会就可以洗洗睡了，所以在巴西工作最苦最累。但是与华为全球相比，巴西华为的绩效、责任结果差，很多管理者只好黯然下岗。就这样，通过不断地换人、前赴后继，终于将巴西华为的绩效搞起来了，事实证明，后面的人在 2018 年真正实现历史累计利润转正。

任正非 2018 年 10 月 26 日在绩效管理优化工作汇报会上说："有人问'如果组织经营结果不好，主官会不会有好的绩效结果'，回答是'肯定没有'！但是这个主官可能是优秀的，就先边缘化到战略预备队中去，重新接受挑选，剃了头去冲锋，证明他还是一条好汉，再组建队伍去冲锋作战。例如，李云龙、史耀宏就几下几上的，是金子总会发光的。我们不会为了一个人，畸化了我们的考核导向体系。当然，这个人可能受冤枉了，但既不关'监狱'，也不'杀头'，到战略预备队重新成长，有何不可以呢？重新爬起来再战斗。"[52]

我们再来回顾一下史耀宏的案例[53]。史耀宏带领华为电信软件产品线，上万人的研发队伍，始终未能改变"每次开始一个项目，从用户界面到业务流程、产品套件都要大量个性化"的定制开发现状，始终未能打造出一款能在全球广泛运用的运营商企业应用软件平台，结果客户不满意，员工长期加班也没有换来业务的成功。华为 2017 年 6 月 2 日到 4 日的上海战略务虚会决定，缩减电信软件领域，一万多名电信软件的员工转岗到十几个不同的部门。这是华为历史上第一次对一个不能战略领先的产品线和业务进行整体收缩，对电信软件产品线的管理者和员工而言是很残酷的！

任正非在 2019 年 6 月 18 日的干部管理工作汇报会议上说："干部管理工作一定要对准贡献这个目标，在贡献面前人人平等。总干部部要抓住时机，支撑公司队伍换血，祛除平庸与怠惰，打造一支可支持公司在未来占领胜利制高点的钢铁干部队伍。总干部部以及各级干部管理的一切工作要对准目标，这个目标就是贡献。管理就是要强调干部的实际贡献，而不是过于强调干部的素质。过去把素质看得很重，没有贡献怎么可以？这个人能力用素质模型去评价或许不强，但实际贡献很大，为什么不可以先提起来？提起来后继续考核，不行还可以下去，归队当兵。每个干部都说自己有贡献，那就公示出来，大家评议，可以贴在网上嘛。"[54]

华为每年坚定不移地对管理者实行 10% 的淘汰制，这项措施让管理者永远铭记自己的责任，永远处于战战兢兢、如履薄冰的艰苦奋斗状态中。

华为每年也坚定不移地对责任结果差、长期发展缓慢的员工进行主动识别和主动管理，目的是防止在业务高速发展的情况下可能出现的"内部超稳定结构"和员工怠惰。2019 年以前，华为对普通员工的不合格调整是有一个分层比例限制的，比如 5%~7.5%。随着管理者的成熟及公司外部环境的恶化，2019 年之后华为的管理更加差异化，不设总体调整指标，由各业务部门自行设定淘汰目标比例，各业务部门反而更加主动地推进这项激发员工活力的工作。

## 产粮的员工也要流动

为了保持活力，华为除了淘汰不合格的管理者和普通员工，也在积极地促进绩优的员工加快流动，公司、区域、代表处和各体系之间有完善的流动机制。举个例子，每个代表处都要向其他业务输送人才，地区与代表处间要流动，代表处与代表处间要流动，集团与海外也要流动。这种流动机制乍看起来难以理解，华为的用意又在哪里呢？

我们举一个形象的例子。当管理者做得很好时，很多企业会让他在原岗位继续做下去，因为舍不得放弃“粮食”，如果用新人会有不能产粮的风险。但华为不是这样的。比如一个管理者在某个国家做得很好了，闭着眼睛都可以谈下单来了，华为会把他换到另外一个陌生的国家，让他建立新的客户关系，熟悉新的运营网络，学习新的产品知识。如果不学习，组织绩效上不去，就可能被末位淘汰。这就是华为的个体激活。华为外派的海外管理者与普通员工，尤其是到欧洲，在一个国家一般不允许超过三年，在欧洲各国轮换累计不宜超过八年，这就是要逼大家不断学习，去勇敢面对新的环境与事物。

其实华为这种保持活力的做法有点像美军。美军的岗位轮换非常普遍，在一个岗位任职，两年三年就轮换，顶多四年。美军认为：“如果一件事情熟悉到人闭着眼睛都能干，剩下的就全是惰性，没有创造力了。越对事情不太了解、不很熟悉，工作就越小心戒惧，在这种状态下反而成效更高、更富创造性。”[55]

2016 年 10 月 28 日，华为“出征 · 磨砺 · 赢未来”研发将士出征大会上，2000 名研发高级专家和干部集体发出“将军令”，他们将奔赴海外，走上销售战场，聚焦目标，饱和攻击，英勇冲锋[56]。会场的横幅上写着：“激活组织，促进血液循环；奔赴前线，人人争当将军。”这个标语的落脚点是“奔赴前线”，“争当将军”。在当前行业数字化及网络转型的时期，华为从研发部门集结 2000 名高级专家与干部，是为了真正理解客户需求，让他们背上自己制造的“降落伞”，空降到战火纷飞的“沙场”，像余承东一样，与几万名熟悉场景的前线将士结合在一起，形成一股铁流，成为图像高地、云化时代的将军。这 2000 名出征将士中，只要产生一个既对技术有深刻理解又对前线战场有掌控力的余承东，华为就赚了。

注意标语的前半段“激活组织，促进血液循环”，这才是真正的目的。2000 名研发人员到海外，离开熟悉的工作场景，面对陌生与不适，必然有压力。一定会有人成为“炮灰”，他的职业生涯就“死”在那里了，这对个人来说是残酷的，但华为能达到促进血液循环和激活组织的目的。如果 2000 人中有一个人被激励成了余承东，华为的工作就没有白做。

当然，华为并不是把这些绩优员工直接扔到海里，而是让他们先进入战略预备队学习与训练，战略预备队同时也承担着公司的循环赋能责任。任正非 2016 年 11 月 30 日在战略预备队指导委员会听取汇报时的讲话《人力资源政策要朝着熵减的方向发展》中指出：“各部门的循环赋能、干部的循环流动千万不能停，停下来就沉淀了，就不可能适应未来新的作战。预备队方式的旋涡要越旋越大，把该卷进来的都激活一下。这种流动有利于熵减，使公司不出现超稳态惰性。华为不能像部分西方公司一样，在温柔乡中葬送了我们 30 多年的奋斗。我们要看到这个世界的复杂性，要看到我们未来的艰难性，从这个出发，我们要构建未来胜利的基础。一定要充分理解训战的意义。循环不能终止，训战也不能终止，超稳定状态一定是毁灭华为的重要问题，不是别人打垮了我们，是我们自己打垮了自己。”[57]

当然，华为这样促进个体流动，会给员工带来风险和挑战，组织就是这么残酷。正如前面讲的巴西华为的例子，整个巴西华为那么苦，很多人成了“烈士”，职业生涯失败了；但总有一些人成为胜利的将军，带领巴西华为走出来了。虽然对个人很残酷，但是对组织，就是一种激活。

## 第三只眼：让流动成为常态

以上三章讲的是组织对个体正向的、积极的引导和激励，期望他们成为奋斗者。但是，这种做法也会面临一系列问题：员工就是干不好、达不到企业的要求，怎么办？一些员工绩效平平，却和绩优员工的工资职位等差距不大，长此以往会损害绩优员工的积极性，又该怎么办？一些管理者、员工安于现状，对绩效、回报的饥饿感不强怎么办？一个组织可能几年到十几年间管理者、员工的岗位都没发生变化，这不可避免地会产生一些负面效应，又该怎么办？一个组织想要做大做强，怎么让有限的绩优员工成就更大的事业、培育更多的力量？如图 6.1 所示，本章主要从对员工的考核、调整乃至淘汰等角度，研究如何解决上述问题，进而实现有效的个体激活。

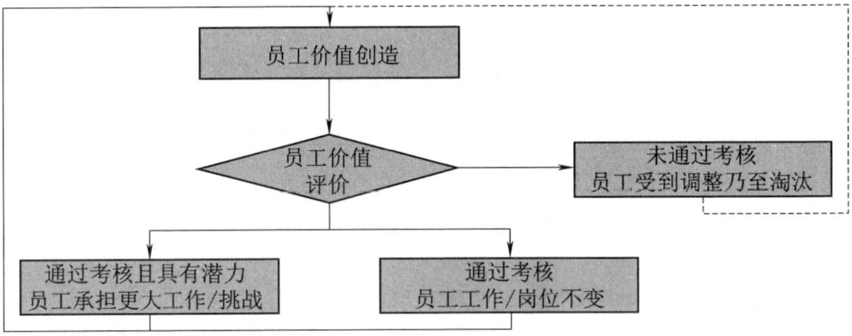


图6.1 面向个体激活的流动机制

一方面，组织中的员工都要受到相应的考核，具体的考核内容与组织对其期望的价值创造结果相匹配，即差异化的考核。考核是为了激活，如果员工难以通过考核（即与组织规定的绩效有差距），就会受到相应的惩罚、调整甚至淘汰。这属于员工的被动流动。

另一方面，组织也鼓励或要求那些通过考核的员工去做更具挑战性的事情，这当然是见仁见智的激活方法。华为的出发点是：一个员工长期在同一个岗位工作，尽管能够满足考核条件，但是基本处于平衡态，不能体现出更大的活力和价值，甚至会丧失活力，给组织带来负面效应。因此，如果员工能做出更好的价值贡献，就会受到积极的鼓励去迎接新的任务和挑战，取得新的胜利。这属于员工的主动流动。

企业不同于其他社会组织，有着获得一定经济绩效、参与激烈市场竞争的特征，无法“养闲人”，这是必然存在的现实问题，也是竞争的残酷之处。但是，在促进流动的同时也要考虑如下问题：

1 华为不止强调考核，甚至提出“末位淘汰”制度，成为很多企业纷纷效仿的激活方法。但是，所有岗位的员工都适合通过考核来排名吗？需要通过排名来淘汰末位的员工吗？事实上，部分岗位各员工的工作绩效差别不大，很难体现出差距，也很难依靠考核来排名，并没有必要去促进流动。

2 企业无论如何还是要承担一定的社会责任，还是要帮助一定数量的员工就业和成长。对部分很难做出高绩效、难以成为“将军”的员工而言，企业还需要提倡相对考核吗？这真的能够激活这部分员工吗？

3 部分员工愿意迎接更大的挑战，激流勇进，但是还有很多员工愿意踏踏实实地做好本职工作，那么“产粮的员工也要流动”就可能是很多员工的噩梦。不可否认，华为这种激活方法有一定的合理之处，但也可能把本来绩优、想把喜欢的事情做一辈子的员工送入不确定的环境之中，有时候也有些不近情理。

4 通过考核、促进流动来激活员工，不可避免地给员工带来压力，对干得好的员工而言，也可能提心吊胆，害怕不好的成绩落在自己头上，这是多么无奈！组织是否能够减少考核但又利于激活，是否能够找到一种“减压”式的考核而非一味地增加员工的压力呢？

促进流动对个人有一定的残酷性，对组织有一定的必要性。鉴于上述四方面原因，一个组织要通过考核来促进流动，也需要结合具体情况进行适度调整，不能过分强调流动甚至淘汰。对希望通过流动激活员工的管理者来讲，把握流动的程度和方式就很重要，既要让平庸之辈、山头主义无处遁形，也要最大可能地让企业的好员工安稳地工作、贡献，避免出现极端问题和负面影响。

# II

# 华为团队激活篇

在电视剧《亮剑》中，李云龙的独立团不管在哪里，都是嗷嗷叫，都能打硬仗。李云龙在南京军事学院宣读结业论文时提到，有的团队就是英雄“倍”出，英雄往往是以团队的形式而不是以个体形式出现的。他举例说，二战时期，苏联空军第16航空团P-39飞蛇战斗机大队竟产生了20名获得“苏联英雄”称号的王牌飞行员。与此同时，苏联空军某部施乌德飞行中队产生了21名获得“苏联英雄”称号的模范飞行员。“苏联英雄”称号是苏联的最高荣誉，在同样的社会体制下，同样的航空装备下，这些团队就比其他团队更能出英雄。那么我们不禁要问：同样的环境，为什么有的团队就能够更加高效、绩优呢？

现实中，华为消费者业务CEO余承东在2019年年末的《致华为消费者业务全体员工2020新年信》中讲道：“‘三分战略七分风貌’，团队气质决定我们走多远。消费者业务这几年高速发展，逐渐培养出一支敢于追求、敢于突破的作战团队，而一支队伍从指挥官到基层的作战风格，是成就伟大事业的关键。”[58] 这里所谓的气质与风貌便是指团队的活力。

个体激活是让每个个体活跃起来、热起来，激发个体的生命活力，避免个体的怠惰。团队激活不仅要让个体活跃起来，而且要朝同一个方向活跃，避免个体间的活力相互抵消。团队激活就是让团队整体的“可使用”的能量或力量不断增加，让这个团队嗷嗷叫地朝同一方向冲锋，远离平衡态，让它具备不断对外做功的能力。正如任正非在2018年3月21日与研发团队、预研团队的座谈会上提到的：“打造一支嗷嗷叫的作战队伍，千军万马上战场，攻下上甘岭。”[59]

使团队“不可使用”的能量或力量变成“可使用”的活力状态，这种能量激活，用华为的语言来说就是“导向冲锋”；让所有个体用激活的能量朝着一个方向冲锋，用华为的语言来说，就是“一切为了胜利，全营一杆枪”。同时，贴近客户的弹头部“精兵”（小前端）能够指挥平台的看似“不可使用”的力量进行“联合作战”，取得胜利，使得整个作战团队的动能不断被激活，远离平衡态。

正如任正非在2016年市场工作大会上的讲话所指出的：“‘一切为了前线，一切为了业务服务，一切为了胜利’，也许会成为变革时代的一个标志性口号。”[60]所有的平台、后方、团队内部的力量都要调动起来，支撑一线的弹头部，支撑胜利，用华为的语言描述，就是“小前端，大平台，全营一杆枪”，这正是团队激活的目标。

## 本篇要点

华为团队活力激发的核心方法是用结果导向来牵引团队

做大蛋糕，主要包括以下五个方面：

第一方面，激发团队整体饥饿感，让团队倾向冲锋，而不是倾向平衡。比如华为的“获取分享制”，就是以结果为导向，而不是以过程的复杂或辛苦程度为衡量标准。

第二方面，激发团队凝聚力，使团队朝着一个方向冲锋，一切为了胜利，全营一杆枪，整个团队不能“同床异梦”。华为从考核机制和氛围建设上促进“全营一杆枪”。

第三方面，团队作战队形对准战略目标和作战目的，让面对客户的弹头部“精兵”能够指挥平台进行联合作战，更快更好地满足客户需求。华为提出的小前端“铁三角”和“四组一队”的精兵队形，就是为了激发公司大平台的力量，联合作战。联合作战层级越低，联合作战水平越高。

第四方面，团队不断有能担重任的中坚力量产生，使团队被激活的能量越来越多，越来越强。在这方面华为有“小步快跑，迭代成长”的方法，不断造就“一人一厨一狗”独当一面的有生力量“二等兵”。

第五方面，打破阶层固化，打通“从二等兵快速晋升为上将”的通道，不断让营长升为团长，连长才有机会升营长，排长才有机会升连长，班长才有机会升排长。如果这个团队一直是“死”的，主官几十年不变，这个团队一定是没有活力的，也吸引不了优秀年轻人进入团队。在这方面华为公司有“蒙哥马利计划”。

# 7

# 结果导向，激发团队饥饿感

任正非在多个时期、多个场合反复强调，要以结果来简化考核。衡量团队的价值，具体包括以下几个方面：

不以 PPT、汇报会的完美来衡量，要以结果来考核。任正非 2017 年 7 月 18 日在韩国首尔这样说："内外合规的边界管理下，多产粮食就是好的考核。我们要面对结果来简化考核。简化现在重过程行为的考核方法，就没有这么多 PPT、汇报会。机关要表格，多数应自己搜去，最多形成结果后与基层核实一次。"[61]

不以流程的弯度、艺术家的美感来衡量，要以结果来考核。任正非在 2016 年 1 月 25 日 EMT 办公会议上这样说："我们很多改革都是心血来潮，每个人都想把流程做弯，体现出艺术家画的画很美。这次我们奖励了沙特的一个干部，沙特通关，换个海关就从 6000 份文件降到了 300 份，郭平请示能不能奖励，我说我们是结果导向，就要奖励。如果有人觉得这是投机，所有人都去干这种投机，那公司管理不就简单了吗？我们当年也走了弯路，强调关键事件过程行为考核，强调过程，而不是结果。很多人一步就把事情做完了，没有过程，只有结果，却得不到积极的评价，非逼着人家制造一点复杂才行。我们今后不要讲过程了，就讲责任结果。”[62]

不以辛苦来衡量成就，要以是否创造价值（结果）作为评价的标尺。任正非在2008年市场部年中大会上这样说：“不能为客户创造价值的部门为多余的部门，不能为客户创造价值的流程为多余的流程，不能为客户创造价值的人为多余的人，不管他多么辛苦，也许他花在内部公关上的力气也是很大的，但他还是要被精简的。”

我们在前面讲过汽车发动机的原理，可燃混合气只有在气缸中压缩后才能被点燃，然后膨胀，推动活塞对外做功，推动汽车轮子前进。简单地说，先压缩，然后才能膨胀做功，让化学能转化为机械能。同样的道理，如果团队没有做出结果，没有取得业务成功，就要压缩团队的物质激励，让团队产生饥饿感，形成张力，产生向外扩张的动力，产生向同一个方向冲锋的动力。

## “获取分享制”

团队是由个体组成的，显然，激活团队的首要问题就是解决每个个体的积极性问题。正如我们在第3章所阐释的，合理、差异化的物质激励是激活个体的基础。获取分享制的核心就是“挣到了，才能分配”，即根据自己团队的业务成果来计算分配多少奖金。任正非的直观说法是这样的：“没有打到苍蝇，就没有获取分享制分配。”[63]

“我们在获取分享的时候，改进就直接关系你的收益，浪费也直接关系你的收益。”[64]“我们贯彻的是获取分享制，就是说你不能老从爹妈这里拿钱，这样是不能持久的。”[65]

以前，华为的奖金机制都是从上到下的“授予”，就是由上面来评。具体而言，先基于整个公司的订货、发货、收入、回款数据，确定公司整体的成本、费用与利润，然后计算出每年公司整体要发多少奖金包，最后再一层一层地将奖金分解下去。各个一级部门根据其贡献大小算奖金，一级部门算好之后分到二级部门，二级部门算好之后分到三级部门，就这样从上到下分奖金。这种情况下，最基层的作战单元往往是最晚知道的，因为它们是被分配的。

这显然无法调动基层员工的积极性。任正非在 2012 年 7 月 2 日的讲话中指出：“为什么我们机关这么庞大？是因为机关来分钱，机关先给自己留一块，自己发得好好的，工资也涨得好好的，剩下的让阿富汗的弟兄们分，结果他们也拿不到多少。那这样的话，就是一种不能鼓励产生英雄的机制，不能产生战略的机制，所以我们现在要调整过来。”[66]

现在，华为逐步采用“获取分享制”，从下而上“获取”“分享”奖金，就是整个机制倒过来，以利益为中心。具体而言，先将每个项目的订、发、收、回算出来，项目的利润、成本算出来，然后根据公司的规则算出这个项目能有多少奖金包，也就是说项目组首先知道自己有多少奖金。然后各机关部门、资源中心和能力中心根据他们在这个项目上的贡献度（一般基于工时贡献）来计算能从这个项目的奖金包中获取多少。

华为最基层的作战单元实际上是面对客户的项目组，包括销售项目组、交付项目组等。这些项目组一般受面向某一客户的华为组织的直接管理，这个面向客户的华为组织被称为系统部，即项目组之上是系统部。面向客户的系统部和其他的职能单元（如解决方案部、交付与服务部等）组成了一个代表处。华为在有的国家独立设置一个代表处，因为它的收入规模足够大，有时是在几个国家设置一个代表处。多个代表处再加上一些职能单元（如解决方案部、交付与服务部等），组成一个地区部。

项目组一般有基本的固有人力，但往往不够，可能需要从代表处的职能部门获取人力支持。这些职能部门对这个项目支持多少，比如支持 5% 工时的人力，那么就从项目组获取 5% 的奖金。如果项目组从地区部的职能部门也获取了人力支持，比如支持了 3% 的工时，那么地区部从项目组这里获取 3% 的奖金。同时全球还有很多能力中心、资源中心[67]，机关层面还有很多能力中心、资源中心，他们对项目有多少人力工时的贡献，就从项目获得相应比例的奖金。

这样一层一层地进行累计，从下至上形成获取分享制，机关和职能部门的奖金要从项目组获取，自然地，项目组有奖金，机关等职能部门才会有。这样，一线与机关就拉开了差距，机关的、地区部的、代表处的职能部门就愿意支持最基层的项目作战单元。这就是基于价值贡献，千军万马上战场的获取分享制。

这实际上还是体现了一种差异化的激励机制。当然，企业不是一定要用华为的获取分享制，没有一种方法或者奖金公式是完美的，最重要的是让团队饥饿感被激发出来，导向冲锋。很多企业的高级管理层和中间管理层，最怕的就是下属团队之间在奖金、晋升方面的“不公平”。他们往往在A件事上让甲团队少拿了奖金，乙团队多拿了奖金，看起来有差距了，又怕下属团队有“不公平感”，于是在B件事上让甲团队多拿一些奖金，乙团队少拿一些奖金，这样综合起来好像公平了，管理者的心里也好受了。但是，没有打破平衡，怎么让团队产生饥饿感呢？怎么导向冲锋呢？

如果一个团队内部的员工都被平均化地对待，那么这个团队就不会是一个扩张型团队。扩张型团队一定是一个往前冲的团队，打破平衡，拉开差距，才能提高团队整体的饥饿感。

任正非在2017年3月30日与人力资源部部分员工的晚餐会上指出："我们要循序渐进，要不断提升我们的效率，人员费用增长要慢于销售收入和利润的增长。我们提倡‘三个人干五个人的活，拿四个人的收入’。加强获取分享制，形成不同血脉，但有共同信仰、共同利益的群体。"

## 没有饥饿感，哪来巴西华为利润转正

打破激励的平衡态，才有可能锻造出胜利的团队。就像之前举的巴西华为的例子，巴西华为十年不盈利，在华为这种利润导向的考核下，整个巴西南美南地区部的奖金、股票、提拔机会都远少于拉美其他地区部，更不要说和中国或拉美以外的地区部比。就以拉美片区来说，打个比方，本书笔者之一徐光国是南美南部的人力资源部部长，一年获得的奖金是十万，但拉美北人力资源部部长可能是四五十万，远远高于南美南同样的岗位。前面也提到，徐光国在巴西很苦很累，经常熬夜到12点甚至2点才与中国总部机关把会开完，没有功劳也有苦劳呀！

但是华为如果考虑到巴西华为团队没有功劳也有苦劳，让巴西华为的奖金不与其他区域差太多，那傻瓜才会努力奋斗！所以华为就一直让巴西华为与其他区域差距很大，没有更多的奖金，没有更多的股票，也再没有2008年以前的大好提拔机会，很多员工知道真实情况后是坚决不到巴西华为的。但是华为就是一直让南美南保持饥饿感、压抑感（当然，南美南的基本保障还是有的，前面提了，只要你跨马提枪上战场，补助也不少，另外工资还是可以保证的），这就是结果导向的一个典型。无论团队多苦多累，只要没有为客户服务好，没有绩效，结果不好，组织都要压着团队，直到做出结果。

一批又一批的管理者和员工前赴后继，艰苦卓绝，终于在2012年取得了200万美元的首次盈利。根据获取分享制，公司给巴西华为的奖金就逐渐增多了，干部提拔也开始了。任正非在2014年4月9日与巴西代表处及巴供中心座谈时指出："你看你们现在的奖金已经增加很多了，工资也是增长的。"[68] 这是指巴西华为在2012年取得200万美元盈利后，2013年获得的奖金多了很多。

2018年12月，本书笔者之一徐光国参加企业家们的私董会，有一个公司提出"怎么解决公司中国区的组织活力"的问题。该公司是做DRM（数字版权管理）的，即让消费者在网上看电影或视频能变现收到钱，同时还不能让相关的专利或知识产权被盗版。他们的海外团队做得非常好，但中国团队做得很差，他说：我想了很多办法都激发不了中国区的团队来改变这一局面。徐光国就问他一句：中国区团队绩效很差，你给团队成员和主管的奖金、晋升机会是不是与海外团队的差不多，至少不会差得离谱？他说：当然，中国区是我的大本营，中国区那么多人，奖金不好他们会造反的。徐光国对他说：如果你们是这样的，那中国区团队还要努力就是傻瓜了。因为他怎么努力也干不好，为什么还要努力？而不努力，奖金、晋升机会也差不多。

再如在中亚地区部，本书笔者之一徐光国曾经担任过审计部中亚审计组的组长，三年间审计过中亚地区部很多国家（比如土耳其、吉尔吉斯斯坦、阿塞拜疆、白俄罗斯、格鲁吉亚、塔吉克斯坦等），因此对中亚各国及整体情况相对比较了解。中亚在 2011 年之前利润率很高，也算得上公司的利润粮仓，但每个区域利润上来之后，它的收入规模上不去，反而绩效不佳，也面临与南美南一样的困难。公司就一直压着中亚地区部，奖金少，股票少，搞得中亚地区部进不来人，后来派了一个地总（地区部总裁）去，他自己有很严重的高血压，但硬是咬着牙带领各级团队把中亚地区部做起来了，做起来之后地区部各级主管得到了更多的提拔，他本人也成了南太地区部（华为最大地区部）的总裁，现在是华为非常重要的一位资深干部。

所以华为激励团队的一个原则就是结果导向，结果没有起来就一直压着这个团队；只有团队成长起来了，主官才有机会，业务才有机会，员工才有机会，这就是华为强调的激发团队的饥饿感。

## 没有“挣得”成功，何来“神”终端

前面我们提到，2012年之前的华为终端公司有一段时间简直就是“坑”。同样资历与能力的员工在网络这一侧，奖金可能很高，升级可能很快，但调入终端公司后一直不动，不温不火。很多转到终端公司的员工的职业生涯就“死”在终端，所以当时终端公司的干部和员工都很痛苦、很压抑。

但到了2015年5月底，华为消费者BG已提前完成公司下达的全年经营目标，而且从5月开始智能手机月发货超千万台，预计全年1亿台发货目标也将提前完成。余承东7月20日自豪地对终端员工说：“根据上半年经营情况，按照公司获取分享制，消费者BG将在Q3（第三季度）提前启动2015年奖金评议和发放。一年开展两次奖金评定，在华为历史上鲜有先例。”任正非在8月27日的讲话中说：“首先不要感谢我让你们今年能拿两次奖金，应该感谢你们自己。我没有带钱来，钱是你们创造的，还交了一些给公司。谢谢大家今年做出这么好的成绩，也是我们完全没有想到的。消费者BG年初设定的目标比较高，但是你们已经超过了这个目标，除了祝贺，也没什么好说的了。”[69]

一石激起千层浪，一家欢喜几家愁。这个消息一经发布，在华为内部引起了轩然大波。终端公司的员工欢天喜地，庆幸来到了好部门，非终端公司的员工在公司内网“心声社区”上可吵翻了！比如“大张”和“家有鬼马小将嘻嘻”两名员工就针对终端发奖之事争论起来（如图7.1）。其实，华为要的就是这种平衡的打破！

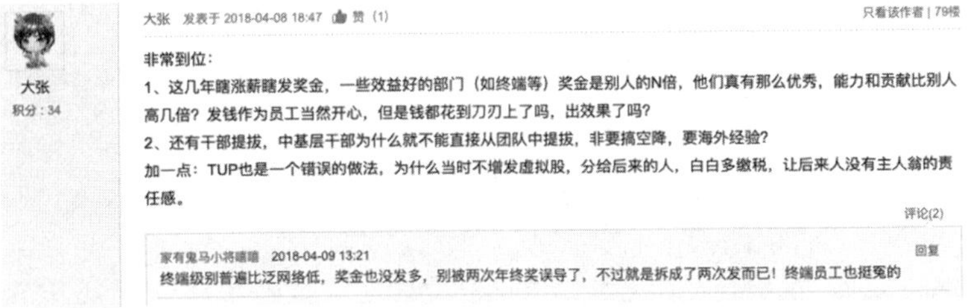


图7.1 心声社区网友对2015年华为终端发两次年终奖的热议

终端公司为客户创造价值，就应拉开差距予以及时激励，否则就不会有人去拼命改变业务落后的现状。任正非2015年9月7日在战略预备队誓师典礼暨优秀队员表彰大会上说：“因为消费者BG发展太快了，以至于今年不知道怎么给你们发奖金。你们创造了价值，公司不会亏待你们，但是到底怎么发，常务董事会要好好研究。消费者BG发展越快，我们压力就越大。”[70]

无独有偶，终端公司子品牌荣耀团队2017年四季度就发年终奖，而且13级可以拿23级的年度奖金，也引发了热议（如图7.2），相关主题帖在心声社区有18万的点击量，400条回帖。

任正非在2018年11月16日干部管理研讨会上的讲话指出：“第一，在贡献面前要做到人人平等，就会精简一些长期不需要的环节，才能使一支队伍导向冲锋。‘贡献’，可以去细化，可以去解释。战略性的环节有战略评价体系来解决战略成长问题。我们之所以提出荣耀的提成机制，是因为当年荣耀追求技术荣耀感，不愿意做低端。为了鼓励他们，我们提出‘按台数提成，不按销售金额’，越低端的产品提成越高，这样促使他们愿意去防守喜马拉雅山北坡，防守北坡的人也有功劳。集团把奖金包分给终端，终端自己去解决内部的分

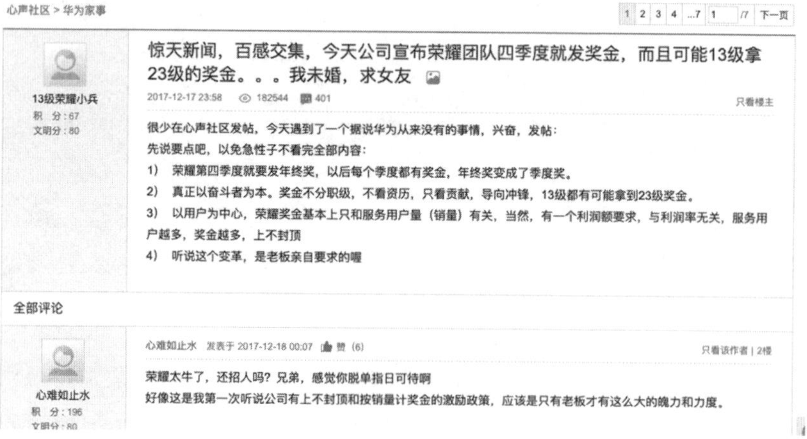

心声社区 > 华为家事

1 2 3 4 ...7 1 /7 下一页

惊天新闻，百感交集，今天公司宣布荣耀团队四季度就发奖金，而且可能13级拿23级的奖金。。。我未婚，求女友

13级荣耀小兵
积 分：67
文明分：80

2017-12-17 23:58 182544 401 只看楼主

很少在心声社区发帖，今天遇到了一个据说华为从来没有的事情，兴奋，发帖：

先说要点吧，以免急性子不看完全部内容：

1) 荣耀第四季度就要发年终奖，以后每个季度都有奖金，年终奖变成了季度奖。

2) 真正以奋斗者为本。奖金不分职级，不看资历，只看贡献，导向冲锋，13级都有可能拿到23级奖金。

3) 以用户为中心，荣耀奖金基本上只和服务用户量（销量）有关，当然，有一个利润额要求，与利润率无关，服务用户越多，奖金越多，上不封顶

4) 听说这个变革，是老板亲自要求的喔

全部评论

心难如止水 发表于 2017-12-18 00:07 赞 (6) 只看该作者 | 2楼

荣耀太牛了，还招人吗？兄弟，感觉你脱单指日可待啊

好像这是我第一次听说公司有上不封顶和按销量计奖金的激励政策，应该是只有老板才有这么大的魄力和力度。

心难如止水
积 分：196
文明分：80

图7.2 心声社区网友对2017年华为荣耀四季度发年终奖的热议

配关系和战略平衡关系。我们要简化集团和子公司授权方案，逐渐确定一个原则，长期有效。第二，建立组织，导向冲锋。如果用5~10年完成内部更新迭代机制，华为就可能活下来。这就回到上海会议的两句话‘方向要大致正确，组织要充满活力’。如果我们整个组织都是奋发有为的，还有谁能阻挡我们？不要认为全世界都有好的商业模式，唯独华为没有。我们的分配机制有世界领先水平，它是几十年叠加形成的，不是一朝一夕可以实现的。虽然我们的机制还不够优化，逐步去改良就行。实行获取分享制，‘拉车’比‘坐车’分享更多的利益，新来者就会保持冲锋的干劲。而且人工智能化以后，人越来越少，‘饼’越来越大，我们是吃苦过来的，他们一来就有‘汽车’开。一代有一代的希望，只要我们建好内部机制，就会有迭代更新，一层层冲锋。”[71] 此处需说明，2020年11月17日，华为宣布，在产业技术要素不可持续获得的艰难时刻，正式出售荣耀。对

于交割后的荣耀，华为不再占有任何股份，也不再参与经营管理与决策。

正是因为华为敢于在团队间拉开差距，才造就了华为“神终端”的销售收入奇迹（见图 7.3）。现在谁还能说华为消费者 BG 是埋葬员工的“坑”？如今华为的员工都拼命地想去占这个“坑”，任正非也劝说终端公司接纳其他部门产生的富余人员。他在 2019 年 3 月 29 日消费者 BG“军团作战”誓师大会上说：“目前公司处于战略结构转移时期，……这时候就需要精减一些普通的产品线。希望消费者 BG 在大发展过程中，心胸宽广，帮助疏导富余人员，吸纳更多的干部和员工进入你们系统，改造成为消费者 BG 人。这样做，一是避免其他部门过度裁员，二是避免你们去外面过度招新人。”[72] 轮值董事长徐直军在这个誓师大会上说：“在确定消费者 BG‘军团作战’方案的过程中，我坚定不移地支持把奖金生成比例从 26% 提升到 26.5%，运营资产成本率从 12% 降到了 8%，目的就是更加用政

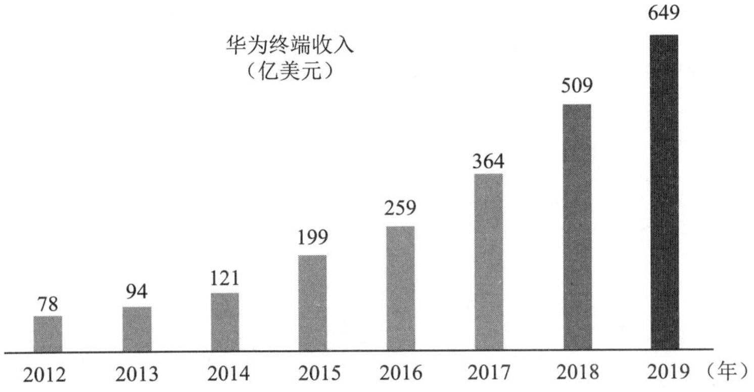


图7.3　华为终端2012—2019年收入增长

策去支撑、牵引消费者 BG 完成 818 目标。”这个 818 目标，就是之前提到的“三年 1000，五年 1500”：2018 年终端公司 500 亿美元的销售收入，三年后要达到 1000 亿，五年后达到 1500 亿。对终端公司的奖金比例提高，就是激励他们实现 2023 年收入 1500 亿美元的宏伟目标。

## 第三只眼：让“利”出一孔

我们经常听到这样的故事：一个企业机关部门的员工可能拿着比一线业务部门员工更高的工资，做着更为清闲的工作，一线业务部门需要机关部门支持的时候却很难得到爽快、及时的支持；对缺乏竞争主动性和工作积极性的团队，却给予丰厚的工资待遇，甚至比其他绩优团队还要高。这会让团队缺乏“饥饿感”，没有工作积极性。但在有些企业，团队间拼命争抢业务，团队内齐心协力聚焦业务绩效。这种反差使我们不禁思考：问题出在哪里？

我们认为，与个体激活篇“制造温差”的思想一样，团队或团队成员缺乏“饥饿感”，没有工作积极性，最根本的原因在于创造了价值却得不到相应的回报，得不到差异化的回报当然就不愿意努力奋斗，如此便形成了一个恶性循环。如图 7.4 所示，团队激活首先要解决的就是团队内各成员是否愿意奋斗的问题，解决办法还是结果导向，通过差异化的价值分配来激发团队的价值创造。

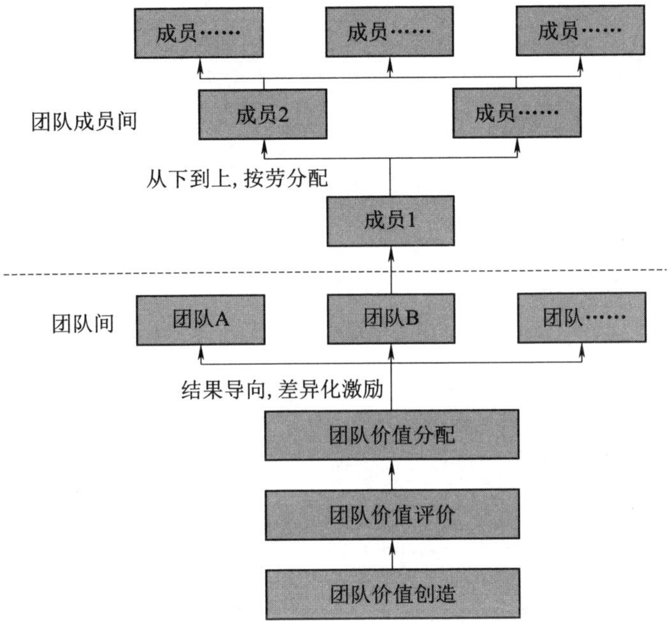


图7.4 结果导向的团队及成员间价值分配机制

结合图7.4所示的机制，从价值分配层面激活团队，具体内涵包括以下三个方面：

首先，组织很难为每个员工指定一个奋斗的方向，更多是强调员工动起来、热起来。但团队激活与个体激活不同，更强调结果导向，是具有更加明确的方向性的。因为团队承担着一定组织任务，如果不能取得切实绩效，就是没有活力的团队，也是无法得到显著的激励的。换句话说，团队只有为组织带来显著绩效，才有可能获得显著激励。

其次，企业需要让团队间在价值分配上拉开差距，让那些绩优的团队得到更多的激励和机会，这样才能让团队不断冲锋，为组织创造更大价值，而不是趋向平衡。

最后，即使有了团队间的差距，还需要在团队内部不同成员间拉开差距，让那些贡献更多的成员获得更多的回报而非均摊成果，这也就是华为实践的获取分享制——遵循多劳多得的原则，实现价值分配的由下而上发生，而非传统的由上向下分配。这就可以让团队内成员预先知道回报，主动掌控回报，使他们都愿意为团队整体绩效做大而奋斗。

可以看到，通过结果导向来激发团队的“饥饿感”，很大程度上能够调动团队成员的积极性，让他们愿意为了结果而奋斗。然而，这种强烈的“结果导向”理念也会带来一定的负面效应：

1 会让团队间和团队成员间形成一种“为了自己利益最大化而奋斗”的心理或行为，大家会想尽办法争抢总体绩效更大的业务，争取自己能分配到绩效较大的工作。这会让团队和团队成员寻找价值分配的捷径而非踏踏实实努力做好本职工作，这也是华为终端部门从“坑”到“神”的过程中很多员工的真实心理状态。这显然是不利于组织发展的——绩效差的任务没有团队愿意做，绩效差的岗位没有员工愿意做。

2 个体很难离开团队而独立存在。尽管我们在个体激活篇强调，组织也应识别和认可那些绩优之外的“扁鹊的兄长”，但当按结果考核团队时，不可避免地会“伤及无辜”。以华为的获取分享制为例，这些“扁鹊的兄长”很难在团队短期的考核中占优，往往成了“炮灰”，长此以往，这些岗位就没有人愿意做，这些人也不再愿意默默无闻地坚守。

3 同理，当不同团队之间也存在“扁鹊”与“扁鹊的兄长”的差异时，这些扁鹊兄长式的团队就会被长久地压制，很难获得及时的激励和认可，这样的团队如何挺过艰难时期呢？要求一个团队的所有成员都能长期苦心经营、默默无闻是很难的，总会有人不看好团队、离开团队甚至破坏团队。那么，一个组织又如何让这样的团队走红地毯呢？

4 归根结底，上述问题都源于组织过强的结果导向。类似的争议，我们在第 3 章、第 6 章的理论探讨部分也做了描述。很显然，是否需要对所有团队或团队的所有成员都按结果考核和分配，是否能够对所有团队和所有成员创造的价值都准确评价，这都是一个组织在激活团队时需要考虑的。

# 8

# 一切为了胜利，“全营一杆枪”

一切为了胜利，“全营一杆枪”，是任正非对团队活力的形象、直观描述，这句话来自电视连续剧《绝密 543》。任正非 2017 年初推荐给华为管理者和员工，并要求全公司三级以上管理团队写“全营一杆枪”的心得，尤其是研发部门，一把手的心得不过关不能上岗。

为了让读者明白任正非的比喻，我们简要介绍一下《绝密 543》的剧情。20 世纪 50 年代，台湾方面和美国经常派高空侦察机侵扰大陆。高空侦察机在一万多米甚至两万米的高空飞行，虽然很高，但机上有高倍照相系统，可以将地面的人、物都照得非常清晰，将新中国的防空视为无物，想来就来，想走就走，是一个重大的威胁。但是，那时候我们没有导弹，靠高射炮以及当时装备较差的战机去打，根本就打不下来。

于是中央决定从苏联进口萨姆-2 型地空导弹，组建空军地空导弹部队，代号为“543”，下辖一营、二营等四个导弹营，想采用地空导弹来威慑敌方的高空侦察机。那时候，我们的士兵和部队技术水平还不高，搞不懂参数，无法使用精密复杂的地空导弹，所以就请苏联的教官来教我们。但苏联教官与我们签的合同是只负责教会导弹一营，其他营是否掌握与苏联教官没有关系。

《绝密 543》这个片子的主角肖占武是导弹二营营长，他付出很多努力才加入导弹部队并成为二营营长。导弹一营集中了全空军最优秀的人，具有最好的条件，能接受苏联教官教导。导弹二营就像是“后娘养的”，起初苏联教官不允许他们旁听，后来好不容易争取到二营连长以上级别的干部可以旁听，但不允许一营以外的学生提问，也不允许他们将笔记本带出教室。二营想了很多办法来学习，最终，他们全营所有官兵都将导弹技术学会了，而且学得比一营还好。

在实战中，导弹二营第一个用地空导弹打下了高空侦察机 RB-57D，在世界防空史上首创用地空导弹击落高空侦察机的纪录。RB-57D 飞行高度 18000~20000 米，装有 4 部航空相机，在高度 18500 米实施航空照相，可摄取长约 4000 公里、宽 70 公里地幅的地面目标。它的续航时间有 8~9.5 小时，最大航程达 6800 公里。

第一架高空侦察机 RB-57D 被打下来之后，台湾方面就将高空侦察机升级为 U2 侦察机。U2 侦察机能不分昼夜在 21336 米高空执行全天候侦察任务，装有高分辨率摄影组合系统，能于 4 小时内在 15000 米高空拍下长 4300 公里、宽 200 公里范围内地面景物的清晰图像。实战中，导弹二营又将 U2 侦察机打了下来。

打下第一架 U2 侦察机之后，敌方给 U2 高空侦察机装上了预警系统。当导弹车打开制导雷达去捕捉目标时，U2 侦察机上的预警系统就可以反捕捉到我方导弹阵地的制导雷达信号，它就以“8”字形路线掉头逃跑。U2 从捕捉信号到成功脱离导弹命中范围，整个过程只需要 8 秒钟。但按照苏联教官的教令，我们的地空导弹从打开雷达，捕捉信号，瞄准目标，到发射导弹击中目标，全过程需要 8 分钟。8 分钟敌机已经跑得无影无踪，所以又有很长一段时间打不下 U2 侦察机了。

导弹二营在肖占武的带领下，全营五十多辆车、五六十个岗位、上百号人，就对准一杆枪，想尽一切办法，把 8 分钟降到 8 秒，《绝密 543》这部电视剧讲述的就是这样一个故事。在后来的实战中，第一次发射居然做到了 6 秒，从导弹打开雷达到发射击中，6 秒就成功了。导弹二营前后打下了 4 架 U2 侦察机。

电视剧中肖占武的原型叫岳振华。他在当导弹二营营长期间一共打下 1 架 RB-57D 高空侦察机、4 架 U2 高空侦察机。1964 年 7 月 23 日，二营整个营，包括哨兵、炊事班，一个都不少地一起到北京人民大会堂接受毛主席的接见，那是多么大的光荣！这是毛泽东主席 1949 年后唯一接见过的一支整建制部队。岳振华后来任师指挥员期间，又指挥导弹一营等下属部队击落敌高空侦察机 4 架（含 2 架 U2）。

任正非在 2018 年 3 月 21 日与研发团队、预研团队（即 2012 实验室）座谈时提到，要打造一支胸怀梦想、充满活力、团结奋进的研发队伍，团结一切可以团结的力量，全营一杆枪。他是这样说的：“‘全营一杆枪’的目的就是要打下飞机。对公司来说，只有商业成功，才能说明市场销售与服务好，才能说明产品有竞争力，也才能说明技术领先。只有从 2012 实验室到研发体系、从研发体系到市场体系，都做到全营一杆枪，公司才能实现商业成功。我们不能各自孤芳自赏，不能觉得问题全在他人身上。‘全营一杆枪’意味着面向客户需求，我们要构筑从机会到变现的端到端全流程解决方案。一个营的官兵必须凝聚为一个整体，聚焦一个目标，才能取得胜利。”[73]

本章主要从两个方面对“全营一杆枪”的华为实践进行阐述：考核机制上，促使团队一切为了胜利，聚焦于做大蛋糕，而非个人所分的蛋糕量；氛围建设上，引导管理者眼睛向下，通过多种团队建设方法激发团队凝聚力。

## 考核机制上聚焦于做大蛋糕

现实中我们经常看到，一个组织发展到一定程度，内部往往斗得你死我活。在现代企业或者任何大型组织，甚至一个大一点的家庭，要做到“全营一杆枪”是非常难的。

最著名的一个例子就是微软。微软历史上有三位 CEO，第一位是比尔·盖茨，第二位是在微软“孵化”时期就加入的史蒂夫·鲍尔默，第三位是职业经理人萨提亚·纳德拉。纳德拉 2014 年 2 月 4 日出任微软 CEO，他曾说：“某种程度上，我对缺乏担当和相互指责深感恼火。”

举微软的真实例子要耗费大量的笔墨，而且也不容易抓住要领，我们用一个简单形象的例子来阐述微软或者其他公司类似的内斗局面。守门员、前锋、中锋、后卫等组成了一个完整的足球队，如果前锋在 50 米开外射进了一个世界波，后卫和守门员会不会开心？也许很多人的回答是开心，但那是理想状况，而不是企业的客观现实。在现实中，后卫与守门员是非常不开心的。因为前锋射进了世界波，就可能得到考评最好的等级（杰出或 A），而后卫和守门员得考评最差等级（C 或 D）的概率就大了。反之，后卫与守门员守住了一个必进之球，前锋也会不开心。在现代企业强制比例的绩效管理制度下，很多公司内部团队之间就是这样互相敌视，这也是绩效考核强制比例的一个弊端。

这就是聚焦于分蛋糕的考核制度，而不是如何做大蛋糕。

再举一个本书笔者之一徐光国亲身经历的华为的例子。2016 年，华为某重大变革项目组从各区域各部门招一些很优秀的人加入，其中有一位女专家从其他部门调到该项目组。华为的考勤制度是每天上下班要刷卡，这是一种管理手段。根据我国的劳动法，缺勤是可以扣发工资的，华为也有类似的制度。但华为有一个人性化的制度，如果你是坐公司的班车迟到的，可以不算迟到。因为华为员工很多，在很多地点有班车，如果是因为坐班车迟到，填一个电子流程说明今天班车晚点，再经司机和行政确认那一趟班车确实晚点，就可以不算迟到。这位女专家后来被查出一年 200 多天的工作时间有 165 天的班车晚点。

这个数据一摆到台面上来，任何人都知道这是不可能的。有可能每天都有一班班车晚点，但不可能都发生在她一个人身上，所以这个数据肯定有造假的成分。被发现之后，华为要开除她，该变革项目组的其他成员就很开心，为什么？一般情况下，给下属考评很差可能导致员工离开公司，主管也很难下手，这时，被开除的人、主动离职的人，往往就成了“背锅”的那个人。华为当时的考评是 A、B+、B、C、D 五个等级，那她就要背 C 和 D 的名额了，项目组其他成员当然很开心。但是后来又发现她的考评不在该项目组，项目组成员白开心了。

可以看到，这样一个决定公司未来变革方向的组织都存在这么强大的人与人之间微妙关系的团队心理，所以任何一个组织或企业都容易存在这样的问题，毕竟人都是利益动物。后来微软想了一个办法，考核变成了考“三个泡泡”。具体而言，原来只考一个紫色泡泡：“你对团队、商业和客户结果的关键个人贡献”，即员工直接的贡献；现在改了，还要考浅蓝泡泡：“你对他人成功的贡献”，即员工对他人的助攻有多少；还考第三个深蓝泡泡：“你借助了别人多少帮助让你的结果更好”，即员工从他人处得到的帮助有多少。“三个泡泡”一考，微软内部风气大变，员工都愿意去帮助他人来提升绩效，跨部门协同赢单量上升了70%，这是一个非常显著的效果。

微软没有抓住互联网的时代，也没有抓住移动互联网时代，但萨提亚·纳德拉上台之后，微软抓住了云时代。现在世界上号称有“五朵云”，即五台超级计算机，前面三朵云是毫无争议的，包括亚马逊、微软和阿里，另外两朵云存在争议。微软成功地抓住了云的时代，重新成为市值最高的公司之一，与其云的战略有关，当然与萨提亚·纳德拉提倡考“三个泡泡”建设信任文化也有一定的关系，他是从机制上促进团队聚焦做大蛋糕，而不是分蛋糕。

华为从2017年开始也逐步学习微软的“三个泡泡”，包括怎样从机制上促进团队合作，全营一杆枪，聚焦于做大蛋糕而不是怎样分蛋糕，包括如何将绩效管理重心向“辅导和发展”倾斜，激发员工活力，而不仅仅是“区分评价”，营造竞争氛围等。

任正非2017年8月7日在《人力资源管理纲要2.0》沟通会上的讲话指出：“考核要形成一种共同的奋斗精神，像我们过去的‘胜则举杯相庆，败则拼死相救’。像电视剧《绝密 543》那样全营一杆枪（光它一个营就击落了 4 架 U2 飞机，也是全世界第一个用导弹击落飞机的典范）。现在由于 KPI 考核的不合理，使得共同的奋斗精神弱化了，形成了自私，这种环境制约了群体奋斗、狼群战术的文化。所以，我们要管住边界，简化考核，结果导向，重塑这种精神。华为过去‘胜则举杯相庆，败则拼死相救’的精神就很好，大家一听说你做的产品有问题，都到你那里帮忙。那时虽然我们的产品不够好，但勤能补拙，大家互相帮助，互相信任。我们要回到这种状态，这是有价值的。”[74]

任正非 2018 年 10 月 26 日在个人绩效管理优化工作汇报会上的讲话强调绩效管理需要变革。他是这样说的：“绩效管理有几个优化点：一是，坚持以责任结果为导向，‘产粮食’的结果是可以计算出来的，占比多少，例如 70%；二是，强调战略贡献，‘增加土地肥力’是评议出来的，按微软萨提亚的那三条，相关部门也要投票的，占比多少可以探索，例如 30%，这一部分我们目前还做得不好；三是差异化管理，不做一刀切。……微软总裁萨提亚对员工提的三个问题很科学，值得我们学习。‘你如何利用公司已有成果提升个人或团队工作效率？你自己做了什么？你帮助别人或团队做了什么？’我认为可以作为考评改进的参考标准。在结果中，不要过多强调个人贡献，就讲你对团队的贡献，最重要是整个团队在进步。就像‘全营一杆枪’一样，团队内可采用绝对考核方式，让他们的项目经理去分配。第二，战略贡献还包括协同，这 30 分包括协作部门对你的评价、下级给上级打分。”[75]

2018 年 11 月 9 日，华为公司常务董事会对个人绩效导向形成决议如下：“（一）绩效管理的目的：个人绩效管理不仅要对员工过去取得的责任结果进行评价，更要激发员工，促进个体及团队整体绩效和能力持续提升；（二）个人绩效的导向：在坚持责任结果的基础上，从单一强调‘个人有效产出’到坚持‘个人有效产出’加‘为客户创造价值’‘对他人产出的贡献’‘利用他人产出的贡献’的牵引，更好地支撑‘多打粮食，增加土地肥力’；（三）在坚持绩效结果区分和抓好两端管理的基础上，授权一层组织管理团队根据业务特点，因地制宜地制定本组织差异化的个人绩效管理方案。”[76]

这个决议将华为的个人绩效管理的目的导向激发员工做大蛋糕，从原来的考“一个泡泡”变为考“四个泡泡”（华为增加了“为客户创造价值”），明确了责任结果的内容就是要“多打粮食，增加土地肥力”。

## 管理者眼睛向下，激发凝聚力

除了硬性机制上激活团队做大蛋糕，华为还在团队氛围建设上让所有个体都聚焦到团队，用很多方法加强团队内部的对话和沟通。下面介绍一些广泛使用且比较典型的方法，如 OPENDAY（开门政策）、Work-Out（工作外露）、MFP（经理人反馈计划）。所有这些方法的核心是让员工的心理朝向组织目标，与组织共同奋斗，在实现组织目标的同时也实现个人价值。

### 打开天窗说亮话

OPENDAY 类似于西方公司在组织气氛建设中被证明比较有效的

方法——OPENDOOR 政策。顾名思义，OPENDOOR 就是管理者把门打开，让员工和跨级下属自由进来汇报个人想法、困惑和建议。华为研发部最初从印度所开始搞 OPENDAY，后经印度所向研发各大二级部门推广，在研发，几乎 100% 的二级部门都在认真进行这项工作。[77]

经过多年对 OPENDAY 的反复实践，华为基本形成了一套可以推广的五步操作方法：（一）策划阶段：确定沟通主持人、沟通时间、执行秘书等；（二）宣传准备阶段：宣传 OPENDAY 的意义、目的、操作方法、频率、注意事项，接受愿意参加 OPENDAY 的员工的预约；（三）执行阶段：沟通主持人与员工进行沟通，记录相关问题并答复；（四）问题解决阶段：执行秘书就员工提及的问题向相关人员确认解决方案、解决责任人、解决日期，其中本层部门不能解决的问题则向上请求帮助；（五）初步报告阶段：执行秘书征询沟通主持人对本次沟通的意见，选择可公布的沟通情况在部门内部进行宣传。OPENDAY 之后，还要调查参与沟通的员工的意见（天数不定，可以马上进行，也可在一个月以后调查）。

OPENDAY 其实就是“开门”政策，给予机会让员工向跨级主管畅谈个人的感受、建议、价值观念。如果一个员工长期处于对工作的不满意状态，那么他对公司的忠诚与活力就会减少。通过尊重员工的个人价值，使员工感到个人的目标与组织的目标的关联。因此要重视倾听员工，重视问题解决。OPENDAY 实施时沟通主持人一定要注意聆听，切忌做过多的说教、劝解，预约的人都是有初步想法的人，在时间有限的情况下要听他的建议和理念；在决策或答复之前多问一下员工的看法和依据，然后再做最终决定。此外，要重视问题解决，不解决问题的倾听都是形式主义。

OPENDAY 这个方法，从 2002 年华为的研发部门探索使用，到今天公司仍然在使用。通过外网访问华为的心声社区网站，搜索“OPENDAY”会找出很多相关的帖子，这是一个很好的了解员工心声的方法。

## 距离工作最近的人最了解工作

2000 年，被誉为全球第一 CEO 的杰克·韦尔奇从通用电气退休。他从 1981 年起，在 20 年内让通用电气的市值增加了 30 多倍，达到 4500 亿美元。他 2001 年出版的自传 *Jack*：*Straight from the Gut* 被翻译成多种语言，成为全球畅销书，中文版叫《杰克 · 韦尔奇自传》[78]，被企业界疯狂地学习。华为不但学习，而且对相关方法进行了深入的实践，比如 Work-Out 计划。

Work-Out，在《杰克 · 韦尔奇自传》中被翻译成“工作外露”，顾名思义，就是将工作中有待解决的问题暴露出来。戴维 · 尤里奇等人 2002 年写了一本《GE Work-Out》，2003 年的中文版译为《通用电气“群策群力”》，专门介绍了这个方法。

杰克 · 韦尔奇为何要亲自推动 Work-Out 计划？因为杰克 · 韦尔奇非常重视团队的成长、管理者的培养，每年他都会在通用电气管理发展中心克罗顿维尔亲自给管理者上课，在通用电气 CEO 任上的 20 年里，他与 18000 名 GE 经理进行了直接的沟通。在韦尔奇亲自讲解战略和远景目标后，学员们往往能更好地理解；韦尔奇接下来会不断提问，引导学员进行反思，学员们往往能够在课堂上尽情倾诉他们在公司改革中遇到的种种挫折，畅所欲言、开放积极地提出很多好建议。但是这些管理者（学员）回到工作岗位之后，再也没有培训时那种敢于指出问题和提出建议的畅所欲言的激活面貌，一切恢复了死气沉沉的状态。甚至他们在培训前就被提醒“你们要做好思想准备，将要在克罗顿维尔听到的都是胡说八道”，在培训中还不忘提醒自己“这与我们回去后听到的不一样”。

1988 年 9 月的一天下午，韦尔奇心情沉重地离开了克罗顿维尔，非常沮丧。他不断地对克罗顿维尔管理发展中心负责人吉姆·鲍曼发泄自己的情绪：“我们为什么不能让克罗顿维尔的坦诚氛围出现在公司的每一个地方？”“我们必须将克罗顿维尔的课堂在整个公司再现！”由此诞生了通用电气一项新的改革方案——“Work-Out（工作外露）计划”。

通用电气在实施“工作外露”计划时，请了外部的 24 名受过训练的专业人员（大部分是大学教授）来帮助引导，这些顾问对员工的谈话不会另有所图，员工与这些人交谈会感到放心。通用电气一次典型的工作外露持续 2~3 天的时间，包含三步：（一）会议开场：经理到场讲话，提出一个重要议题并安排总的进程；（二）工作外露：经理不在场，由外部专业人员启发和引导员工进行讨论，40~100 名参加的员工需要把自己的问题列成清单，认真讨论；（三）承诺解决：经理返回并对每一项意见当场回应，对至少 75% 的问题给予是或不是的明确回答，如果有当场不能作答的问题必须要在约定时间内完成。

员工能看到自己的想法迅速得到反馈，这对消除官僚作风起了巨大的推动作用。到 1999 年，已有大约 20 万名通用电气员工参加过“工作外露”会议。它的意义可以用通用电气一名中年员工的话来总结：“25 年来，你们为我的双手支付工资，而实际上，你们本来还可以拥有我的大脑，而且不用支付任何工钱。”

Work-Out 这种方法也在华为经过反复实践，并在研发体系全面推广。华为的 Work-Out 实施过程如下：HR 以部门经理名义召集 10~30 名员工参加会议，一般 3 个小时左右，全程分为两段。前半段由 HR 专业人员担任引导者，部门经理不在场，主要讨论对部门及主管实施的政策的看法；后半段经理返回，与员工面对面探讨解决方案。由于 HR 的引导技巧可能存在不足，所以在引导过程中要求员工从方法好坏、落实是否到位两个维度，分四个象限来列问题或措施清单（即工作中哪些方法很好而且落实到位，需要坚持；哪些方法很好但落实不到位，需要落实；哪些方法不好但落实很到位，需抛弃；哪些方法不好也不到位，需变革）。[79]

这算是华为在通用电气方法的基础上对问题进行了结构化的创新，也减少了引导的难度。同时要求经理与员工面对面探讨解决方案，最少要对 80% 的问题当场明确答复，剩下的问题也要约定答复时限。专业人员对每一项明确的结论予以记录，在下一次 Work-Out 会议上提出来，由员工集体确认效果。由此循环往复，不断改进。

华为的 Work-Out 会议一方面为团队成员提供了一个在轻松环境下交流工作看法的平台，大家能畅所欲言，讨论平时不能也不好讨论的问题，指出哪些是需要抛弃和变革的工作方法，对激活员工起到正向作用。另一方面，这也为主管和部门领导提供了与员工交流沟通的机会，把主管平时想推动的工作由员工之口提出来，既起到答疑解惑的作用，又有助于工作推动，指出哪些是需要坚持和落实的工作方法，对激活主管也起到正向作用。

Work-Out 不是对管理者采取的政策进行投票，而是运用集体知识解决问题和需求的过程。正如韦尔奇所说，Work-Out 计划再次表明，“距离工作最近的人最了解工作”。后来华为公司又不断改进，将类似的方法叫作“民主生活会”，每年每个部门一到两次，坐在一起，讨论各类与部门发展、业务开展有关的问题，员工们对公司和部门政策以及日常管理提出的建议和问题，都可以通过这个渠道得到很好的沟通和解决。

## 以下属反馈为镜

经理人反馈计划 MFP（Manager Feedback Plan），是 IBM 从 2007 年 12 月开始给华为做 ILD 项目时推荐引进的。IBM 给华为做这个项目，一共推荐了 5 个工具包：PBC（Personal Business Commitment，全体员工绩效承诺）、MFP（经理人反馈计划）、IDP（Individual Development Plan，用于高管的个人发展计划）、AAD（Annual Appointment Decision，年度干部任命决策）、TSP（Talent Succession Plan，干部继任者计划）。MFP 的目标是提高管理者的自我认知，解决如何进行人员管理的问题。

华为的 MFP 分为三个阶段：第一阶段是在线问卷（匿名进行），下属在线提出对主管在人员管理上的具体行为有哪些意见和建议；第二阶段是反馈会议，主管向下属出示问卷调查的总结报告，并邀请每个与会下属面对面探讨人员管理的有效性、需要改进的方面及建议；第三阶段是改进计划与行动，主管把改进计划与行动向自己的下属进行公示，请员工监督执行。[80]

华为从 2008 年开始在中东地区部试点 MFP 方法，2009 年开始全面推广，在华为销售服务体系、研发体系等各大体系都得到有效开展，一直持续到今天。MFP 就像一面特殊的镜子，让主管从别人的角度来认识自己，提高主管的自我认知水平，通过下属的反馈，让管理者看到自己在人员管理方面的表现，促使主管在人员管理方面做出自我改进。MFP 问卷的问题则传递了公司对主管在人员管理上的基本要求和核心期望：主管要诚信、以身作则、尊重他人，避免出现粗暴管理、不认真沟通、一言堂等不良管理行为，同时做好团队成员的绩效管理、双向沟通及辅导。

我们讲了三个方法（OPENDAY、Work-Out、MFP），看起来很多，但只要认真采取某一种方法（也不一定是这三种之一），就能取得较好的团队凝聚力。管理者只要眼睛向下，就能看到员工的困惑、困难与期望，只要能帮助他，同时改进自己，其实员工是非常容易融入团队的。但管理者往往不是这样的，眼睛非常容易朝上，才不管下面的人有没有做到全营一杆枪，只要在现有体制下保住我的管理者位置和相应的福利待遇就行了。

## 第三只眼：让“力”出一孔

我们在第 7 章主要强调在价值分配方面通过拉开差距、按劳分配来激发团队的饥饿感，但如果仅靠各自的饥饿感来牵引团队成长，往往会因为大家都只顾自身利益而产生新的问题，团队间、团队成员间更多的是竞争（斗争）而非合作（团结）。显然，光有利益共同体是不够的，那么组织应该如何打造“力”出一孔的命运共同体呢？本章主要从考核机制和团队凝聚力建设两个维度，阐释如何使团队间、团队成员间在奋斗方向上保持高度一致。

一方面，华为强调通过考核团队成员之间的相互贡献和为客户创造的价值来引导他们共同做大蛋糕而不只是分蛋糕。这不是唯一的方法，各组织也需要因地制宜地开发有利于提高团队凝聚力的激活方法。但其中的思想是相通的，那就是挤掉个人贡献的“水分”，或者称为严格维护个人的真实贡献。此种机制下，能够使各团队、各团队成员的实际贡献透明化，团队和团队成员为了自己的绩效提高，愿意帮助别人，也愿意寻求别人的帮助。当然，最重要的前提仍是“有利于自身的最终绩效”，如果蛋糕做大了，但自身绩效还是没变化，那么员工是不愿意拥护这种机制的。因此，这种考核机制上的变化不仅仅强调做大蛋糕，更强调在此基础上能够分到更大的蛋糕。

另一方面，团队内部、团队成员间也会存在一些情感上的共鸣或冲突，而不仅仅靠利益捆绑在一起。华为也利用了较多的团队氛围建设方法，让普通员工充分表达，团队问题充分暴露，团队主管及时解决问题。这类方法较好理解，但也较难做出成效，比较考验团队管理者的胸怀和水平。没有哪个组织不想做到团队之间、部门之间、领导与下属之间没有隔阂，但又有哪个企业敢保证完全能做到全营一杆枪呢？有多少领导愿意向下认真倾听并有所回应？有多少员工可以无私地成全别人？完全的“一杆枪”是很难做到的，取得相对的“一杆枪”便是胜利！

# 9

# 小前端，大平台

第 7 章主要讲的是激发团队饥饿感，让团队有张力、动起来，导向冲锋而不是处于静止态、平衡态。第 8 章讲述的是团队要朝着一个方向冲锋，全营要一杆枪，而不是混乱无序的布朗运动。本章讲述的是由“客户”牵引团队进行冲锋，由直接面对客户的“弹头部”指挥后方平台的力量进行联合作战，更快更好地实现对客户需求的满足。就像打仗一样，一支队伍也不能仅凭一腔热血便取得胜利，还需要阵形、战术、武器装备等支持才能打胜仗。我们从“鸳鸯阵”“四组一队”等联合作战的队形故事讲起。

在戚继光之前，明朝抗击倭寇的军队更重视个人的武艺，能把武器挥舞如飞的士兵是大众心目中的英雄好汉，各地的拳师、打手、盐枭，还有和尚和苗人都被征召入伍。等到他们在丘陵遍布、河渠纵横、道路狭窄的东南沿海地区被有组织的倭寇屡屡击溃以后，主事者才意识到，一次战斗的成败并非完全取决于个人武艺。为此，戚继光在训练新军的时候，除了要求士兵技术娴熟，还充分注意小部队中各种武器的协同配合。他要求每一个步兵班 11~12 人，手持 4 种不同的长兵器和短兵器，在队长的带领下两两并排、长短配合、前后掩护，构成一个分工明确、攻势凌厉的战斗小组，由于左右对称，这种阵形被称为“鸳鸯阵”。具体战斗情形如下：第一排两个藤牌手，右边的藤牌手执方形长盾牌，抵挡倭寇的重箭、长枪，其主要的任务是保持既得的位置，稳定本队的阵脚；左边持圆形藤牌的士兵带有标枪、腰刀，要匍匐前进，并在盾牌后掷出标枪，引诱敌兵离开有利的防御位置；引诱如果成功，第二排的两个狼筅手则以长约 5 米、重约 3.5 千克的“狼筅”（一种毛竹大枪，留有 9~10 层的毛竹枝杈）将手持利刃的敌人扫倒于地，使倭寇手中一击必杀的武士刀被阻拦或束缚而发挥不了威力；此时狼筅手身后第三排的四个长枪手一跃而上，用 4 米多长的枪把敌人刺死、戳伤；如果长枪一击不中，让敌人进入了枪杆的距离之内，长枪就无法发挥作用，此时长枪手身后第四排的两个镋钯手手持短小精悍的镋钯支援长枪手，构成第二线的攻击力量，同时保护本队的后方，警戒侧翼；队长可以在第二排，手持队旗或者长枪，指挥全队联合作战。戚继光招收来的兵员，都是淳朴可靠的青年农民，而“鸳鸯阵”的战术，也是针对这些士兵的特点设计的。他曾明确地指出，两个手持狼筅的士兵不需要特别的技术，膂力过人就足以胜任。戚继光率领“戚家军”，经过“鸳鸯阵”的演练，在与倭寇的作战中，每战皆捷，书写了许许多多的光辉事迹。

类似地，在林彪的“四组一队”作战队形系统化之前，在 1947 年 6 月吉林四平的城市攻坚战中，东北民主联军以 10 万兵力打了 17 天，伤亡 1 万 4 千余人，占领 3/4 的街道后仍然撤出了四平，而国民党守军 3 万 4 千余兵力，伤亡 1 万 5 千余人。经过惨痛教训和经验总结，发现在狭小的街道纵深战中，由于施展不开旅或团以上的兵力，以营为单位的“四组一队”是最有效的作战队形：火力组（编制以连为单位的火力）先用激烈的火力将堡垒中的敌人枪眼封锁起来，哪怕封锁一两分钟；爆破组（编制为一个班或两个班）一两个爆炸员冲上去对堡垒投掷炸药包实施爆炸；利用爆破的瞬间，突击组（编制为一个排左右）一两个班的人一上去就投弹，接着用刺刀和机枪歼灭堡垒中的残敌；支援组（一个营的其他人）善后。结果在 1948 年 3 月的四平收复战中，东北人民解放军 10 万攻城部队仅用 23 个小时就在城市攻坚的纵深巷战中全歼守军 1 万 9 千余人；1948 年 9 月，辽沈战役开始，东北野战军仅用 31 个小时就攻克了有 10 万守军重点防御的锦州城；1949 年 1 月，东北野战军在平津战役中，发起总攻后 29 个小时就占领了号称“固若金汤”的天津城，全歼守敌 13 万人。实战证明，“四组一队”大大提升了我军的城市攻坚战能力。

现代多兵种联合作战的指挥层级也一直在向下沉。美军的“联兵营”（一个完整的美军联合兵种营共有重型坦克 29 辆、步兵战车 36 辆、M121 式 120 毫米迫击炮 4 门）和解放军的“合成营”（包含坦克、步兵、炮兵、工兵分队，几乎囊括了陆军的十多个基础兵种，在营一级上就解决了步坦协同、步炮协同、破障开路等问题），都是中外军队的改革方向。联合作战的层级越低，水平就越高，这是古今中外的军改启示。

公司中的团队亦是如此，我们会经常遇到面对同样客户、同样需求，不同团队做出不同结果的情况。因此，“弹头部”如何拉动平台的力量来取得胜利，就成为团队激活的重要内容。

贴近客户的弹头部（销售作战前端）能否激活平台，使之变成“可使用”的作战有生力量，能否使整个公司看似“不可使用”的力量动起来，是取得胜利的关键。

这也是很多公司尤其重视销售端的原因。前端强，则能拉动整个公司后端的活力；前端弱，不能拉动后端，整个公司看起来有很多人力、物力，实际上都是“不可使用”的力量，就成了“聋子的耳朵”。

为了使前端作战部队（弹头部）对准战略目标和作战目的，让各平台单元有效联合作战，华为形成了小前端“铁三角”和“四组一队”的精兵队形，这是在血与火的战争中逐步形成的满足客户需求的制胜法宝。

## 华为销售作战队形的演变

回顾华为从一个名不见经传的小公司成长为如今炙手可热的全球通信巨擘的历程，这不凡的 30 余年有华为人的坚强信念和艰苦奋斗，更充满了独特的华为智慧，其与时俱进的作战形态演变便是最好的体现。

### 单兵作战

如前所述，华为从 1987 年开始创业，1992 年之前的华为并没有进入电信局市场，不管是代理鸿年公司的客户电话交换机，还是自主研发的BH03和HJD48，本质上都是用户交换机，俗称“企业小总机”，产品简单，靠一页纸的说明书就够了，不需要专门的技术人员协助讲解产品或进行安装支持，与客户的交易程序简单，客户关系也简单。这个时候的销售员往往单枪匹马，包括任正非本人都是骑自行车去见客户，一家一家地拜访企业，凭着个人品质、沟通技巧、销售承诺去打动客户。这种“游击队”式的单兵销售作战方式是当时中国最典型的，全凭个人的本事。

## “狼狈组织”

在20世纪90年代中期之前，中国的电信局市场主要被发达国家的友商占领，当时有个词叫“七国八制”，非常形象地描述了电信设备市场的情况。20世纪80年代，全国上下，从农话到国家骨干电话网，用的全是国外进口的设备，当时的中国通信市场上总共有8种制式的机型，分别来自7个国家：日本的NEC和富士通、美国的朗讯（之前叫AT&T）、加拿大的北电、瑞典的爱立信、德国的西门子、比利时的BTM和法国的阿尔卡特。华为作为后进者，实际上走的销售路线是“农村包围城市”，因为中国的电信市场也确实划分为“农话”和“市话”。1997年之前，华为攻下的市场份额主要是具有中国特色的“农话”市场。因为农话市场相对来说容量更小、要求更低，电信局的管理模式也相对简单，华为仍然延续着“单兵”销售作战队形。

1995年，15亿的销售规模使得华为有能力逐步走上规模化发展道路，华为开始批量从高校引进应届毕业生，产品研发方向从单一的固网程控交换机朝无线、传输、数据通信等方面发展。1995年成立上海研究所，主攻无线，同时成立传输研发部门，主攻骨干网传输产品。1996年成立北京研究所，主攻数据通信，逐步形成了C&C08商业网、HONET接入网、SBS传输网（如SBS155/622，即后来的SDH155/622等产品）、TELLIN智能网、201校园卡等产品。产品更复杂，电信局决策链条也更复杂，这时还想靠骑着自行车用一张纸宣讲产品的单打独斗突破城市电信局市场，显然存在很大的困难，至少要有人提着幻灯机、投影胶片去讲产品，还要有人专门维护客户关系。这个时候华为提出了“客户经理+产品经理”的销售人员配置，即现在讲的“狼狈组织计划”。

任正非在2008年7月15日市场部年中大会上讲话时，形象地从生理特点上回顾了“狼狈组织”联合作战的意义：“我们最早提出‘狼狈组织计划’，是针对办事处的组织建设的，是从狼与狈的生理行为归纳出来的。狼有敏锐的嗅觉、团队合作的精神，以及不屈不挠的坚持；而狈非常聪明，因为个子小，前腿短，在进攻时不能独立作战，因而它跳跃时是抱紧狼的后部，一起跳跃，就像舵一样操控狼的进攻方向。狈很聪明，很有策划能力，而且很细心，它就是市场的后方平台，帮助做标书、网规、行政服务……。我们做市场一定要有方向感，这就是嗅觉；大家一起干，这就是狼群的团队合作。要不屈不挠，……狼与狈是对立统一的案例，单提‘狼文化’，也许会曲解狼与狈的合作精神。而且不要一提这种合作精神，就理解为加班加点，拼大力，出苦命，那样太笨，不聪明，怎么可以与狼狈相比？”

华为的“最早”就是指1995年12月26日到1996年1月28日市场部一个多月的整训，这是“单兵”向“狼狈”的销售组织和管理策略的转换，是对从农话向市话发起冲锋的“1996年市场大决战”进行人员思想、技能等的转换与准备。整训活动在1996年1月28日市场部集体递交辞职报告的高潮中正式落下帷幕[81]。所谓市场部集体大辞职是指：所有市场部正职干部，从市场部总裁到各办事处主任，无一例外都向公司提交两份报告，一份是述职报告，主要检讨1995年的工作，提出下一年的工作计划，另一份是辞去正职的报告。两份报告中，公司根据个人的实际表现、发展潜力及市场发展需要，批准其中一份。市场部大辞职就是为销售作战队形从游击队转变为正规军做的准备。

任正非1996年6月30日在《再论反骄破满，在思想上艰苦奋斗——在市场庆功及科研成果表彰大会上的讲话》中指出了销售作战队形从麻雀战到阵地战的转变意义：“为了争取市场，八年来，近千名‘游击队员’在通信低层网上推广着华为技术并不高的产品，呕心沥血地维护这些产品的品牌效应，给我们的新产品进入通信网提供了资格证。我们产品产生了这么大的覆盖，是办事处人员用青春铺筑的。在转轨的今天，他们远离公司机关的文明，受培训的机会也少得多,因此,各级干部对办事处人员的培养与帮助都负有责任，任何一个员工落伍，我们都问心有愧。市场部正在从游击队转向正规军，从‘村自为战，人自为战’的麻雀战转向阵地战，大量的员工正在转训时期，大量的外来优秀人员加入这个队伍，许多受过外国公司正规训练的骨干，带来了他们科学且有效的新思维、新方法，充实我们的队伍。这些新的血液，正在与传统进行融汇，相信两年后市场部一定会起飞，市场部正职集体辞职带来的深远影响，也会逐渐显示出来。为了这个目的，我们已艰苦奋战了八年，同你们一样，我也是兴奋的。但能否永远兴奋下去，这是我们需要共同研究的课题。”[82] 他还在这次讲话中提到：“今天我们庆祝市场部改组后持续三个月均创造了历史最好成绩，五月份的销售额达 3.15 亿（含莫贝克公司 3500 万）。同时庆祝深圳商业网合同签订，广东视聆通多媒体通信合同签订，天津 HONET 综合接入系统备忘录签订并开始实施，中国联通深圳公司与深圳市邮电局使用 08 机作专用接口局合同签订，广州市话 2 万门局（新业务的试验）合同签订……”这标志着华为的“正规军”开始取得进入市话的初步胜利。

任正非 1997 年 1 月 23 日在《不要忘记英雄——在来自市场前线汇报会上的讲话》中再一次总结“狼狈组织作战”，要“像参谋作业一样策划市场，像织布那样精密管理市场”。他说：“历时八年的市场游击队，锻炼了多少的英豪。没有他们含辛茹苦的艰难奋战，没有他们的‘一把炒面，一把雪’，没有他们在云南的大山里、在西北的荒漠里、在大兴安岭风雪里的艰苦奋斗，没有他们远离家人在祖国各地、在欧洲、在非洲的艰苦奋斗，没有他们在灯红酒绿的大城市，面对花花世界而埋头苦心钻研，出污泥而不染，就不会有今天的华为。吃水不忘挖井人，我们永远不要忘记他们。没有他们‘一线一线’地奋力推销，没有他们默默无闻地装机与维护，哪有今天的大市场？随着时代的发展，我们需要从游击队转向正规军，像参谋作业一样策划市场，像织布那样精密管理市场。去年他们为市场方法的大转移而集体辞职，又让出权利，开创了让贤的制度化。他们能这样做，十分难能可贵。他们的精神永远记载在我们的发展史上。”[83]

华为在新员工培训的讲解中，将华为的成长分为四个阶段：1987—1992年的白手创业阶段（企业业务小市场）、1992—2000年的国内电信局市场阶段（1997年是大规模进入城市市场的里程碑，由此区分农话与市话两个阶段）、2000—2010年的全球通信市场阶段（2005年国外市场收入超过国内市场是里程碑）、2010年至今的从CT到ICT市场阶段（进入企业业务大市场、亿万消费者市场）。显然，随着华为的不断发展，销售作战队形也从"游击队"向"正规军"进行了转变，这也给华为在国内电信市场的大规模开疆拓土提供了最有力的"武器"。

## "铁三角"

前面我们提到，华为2000年雄赳赳气昂昂地到海外去大规模拓展，看起来是华为的战略选择，实际上是因为国内的无线市场颗粒无收，接近60亿人民币的3G研发投入需要变现才被逼出国的。

但是国际拓展刚开始非常艰难，最初几年海外拓展，尤其在欧洲，都是毫无收益，让华为尝尽了苦头，可以说是华为的冬天，任正非因此得了抑郁症，甚至多次想自杀。2004年，华为终于凭借分布式基站的创新赢得了第一个欧洲的3G合同，从此开疆辟土，在欧洲逐渐站稳了脚跟。2005年，海外销售收入首次超过了国内销售收入。

在欧洲站稳脚跟，意味着在全世界都可以站稳脚跟，世界各国的运营商再也不会不将标书发给华为了，至少华为有资格参与竞争了。华为参与竞标的产品线也包括无线、传输、数据通信、固网等，可以说世界上任何一家设备供应商均能在华为找到对应的产品。华为可销售的产品线之长、产品种类之多，也是通信设备商里面排第一的。

摆在华为销售经理面前的是多么绵长而又复杂的产品线，多么广阔而又陌生的运营商市场！而华为的“狈”们（产品经理）在公司强大的活力激发制度下，个个都跃跃欲试，每个产品都想挤进运营商的采购篮子里去，容易站在华为的角度卖产品，而忘记了自己是去帮助客户解决问题的。这就像客户感冒了，华为的产品经理就像卖大力丸的，无线产品经理去忽悠客户说无线大力丸能治感冒，传输产品经理说传输大力丸能治感冒，但是客户实际上得的就是一种病，而开不同药方的医生还都是来自华为一家的。

比如2006年6月，M客户召集参与竞争的两家供应商之一的华为S代表处参加网络分析会，华为带了七八个人去，结果每个与会人员都向客户解释各自领域的问题。客户线不懂交付，乱承诺客户交付方面的要求，交付线不懂客户，不敢反对客户线的说法，导致承诺无法兑现。产品线只关注报价，只关注自己的产品能不能进入客户的解决方案。无线产品经理针对客户的网络弱点说无线能满足客户的需求，传输产品经理说无线的人说得不对，只有传输产品能满足。客户的CTO（首席技术官）大为不悦，当场抱怨：“我们要的不是一张数通网，不是一张核心网，更不是一张传输网，我们要的是一张可运营的电信网。”客户对华为各部门答复不一致、承诺无法实现非常失望，说华为只会说不会做[84]，于是最终用结果来回答华为：另外一家公司独家中标，华为被彻底排除在外。

于是，2006年底，S代表处任命饶晓波、王锷、王海清三人组成客户系统部的核心管理团队。饶晓波统一负责客户关系，王锷统一负责交付，王海清负责产品与解决方案，面对客户的时候，实现接口归一化。他们一同见客户，一同交付，一同办公，甚至一起生活，面对客户的时候不再七嘴八舌、各执一词，而是拿出统一的产品方案、交付方案和客户承诺。他们三人对内代表的是客户诉求和价值，对外又代表相应的强大的平台部门，各方由这三个人分别去拉动和统一。

一句话，系统部三个角色对外要找准客户的需求，对内要能够利用公司资源来实现客户需求。三人同心，其利断金，代表处形象地称这种组织为“铁三角”。从此，以客户为中心的“铁三角”开始在S国代表处和华为逐步推广，运作机制也越来越明晰。

## “铁三角”，真正实现联合作战

现在很多公司学习华为铁三角的运作模式，但是很少有企业能够成功。其中最重要的原因是未找到或未明确“解决客户痛点与需求的闭环责任主体”，“联合作战”始终运作不起来。

简单说，华为公司铁三角运作成功的关键有三点：经营堡垒建在前沿阵地（责任主体：客户需求端到端的闭环责任在哪里，铁三角就自然在哪里）；既代表客户也代表公司（权力根基：小小的铁三角能够牵动公司大平台，根源在于它的代表性，能代表客户，才能代表公司，才能牵动公司大平台）；少将进铁三角（人员配备：少将不进铁三角，怎么可能实现端到端的业务打通、流程打通、资源打通？不全打通，就不能有效指挥作战；弹头部不强，铁三角就不能端到端穿透业务）。

## 经营堡垒在哪里，铁三角就在哪里

华为一线销售部门的组织结构上发生过很多变化，很难说清公司“弹头部”的确切变化时点。当华为代表处成了一线经营的堡垒，在这个层面第一次自然形成了铁三角，即客户的任何痛点或需求都必然由代表处作为最终的闭环责任主体来满足。没有满足客户的产品需求，就会导致华为不能签下客户的合同订单；没有满足客户的安装与服务的需求，就会导致客户的投诉……对于这些可能出现的问题，代表处不能将责任推给公司总部，因为代表处是公司的经营堡垒。

经营堡垒类似“战斗堡垒”，它本来是一个军事术语，字面上也很容易理解，比如碉堡、地堡、桥头堡，都是作战中攻防的支撑点。当然，对于堡垒的作用，容易简单地理解为“防”，实际上它也有“攻”的作用，是作战中进攻的发力点。简单地说，战斗堡垒的作用是“攻时打得赢，守时攻不破”。华为把某一级组织当作经营堡垒，是形容这一层组织对客户的责任是“需求闭环”（能攻能守）的最终主体，对公司的责任是“经营闭环”（利润和成本）的当地主体。

后来代表处逐渐将下属的系统部（比如华为广东代表处移动系统部，即华为广东代表处专门负责中国移动广东分公司销售与服务的内部组织）当成经营的堡垒，成为客户痛点或需求的闭环责任主体，就在系统部这个层面形成了铁三角。

再后来华为又逐步将系统部下面的项目组（例如 ×× 代表处移

动系统部 5G 项目组）当成了经营的堡垒，这时自然在项目组形成了铁三角（见图 9.1）。

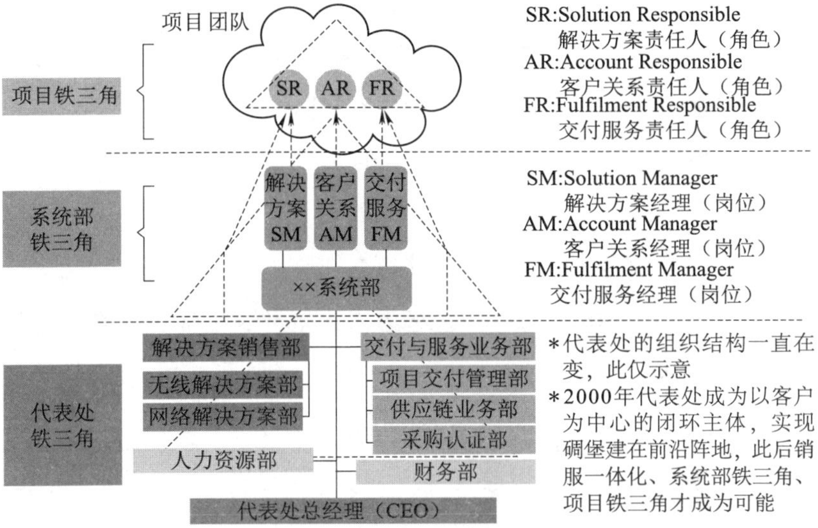


图9.1 华为公司铁三角之间的关系

华为大概在 2000—2005 年实现了将代表处作为“以客户为中心”的堡垒，在 2006—2010 年逐步演进到将系统部作为“以客户为中心”的堡垒。任正非从 2010 年开始不断地呼吁“精兵”作战，希望真正实现将项目团队作为“以客户为中心”的堡垒，撬动公司资源，满足客户需求。图 9.1 所示的便是如今华为铁三角的基本结构和相互关系。

在 2000 年之前，华为的一线销售机构往往只具备销售职能，并不是一个经营堡垒，所以也就谈不上铁三角。下面讲一讲华为经营堡垒的形成过程。

任正非1996年12月在北京市电信管理局和华为C&C08交换机设备合同签订仪式上做了《坚持顾客导向 同步世界潮流》的讲话，他指出："以顾客为导向是公司的基本方针，公司本着贴近客户的原则，在全国建有33个办事处和33个客户服务中心。"[85]前文提到任正非曾说过，这个时候华为的销售作战队形是"狼狈"，即"客户经理+产品经理"。这是针对办事处的，即当时的办事处只管销售，不管交付与客户服务，当时的客户服务中心是与销售部门（办事处）分离的，客户服务中心的主任在理论上是与办事处主任平级的。

2000年1月28日出版的《华为人》报发表了任正非在"市场部集体大辞职四周年颁奖典礼"上的讲话《凤凰展翅 再创辉煌》。任正非指出："我们今年最重要的市场举措就是建立地区客户经理部（地区客户代表处），要以改善客户关系为中心来建立，到时我们的客户代表管理部、国内营销部、区域机构管理部可共同对这个地区客户经理部或地区客户代表处实施管理，这就是说我们要把碉堡建到每一个前沿阵地去……我们要把这一个个碉堡建设起来，今年还要再扩大这些碉堡的覆盖，我们只要守住这一个个碉堡，挖通一条条战壕，我们就会有更大的收益。"[86]可见任正非及华为开始考虑华为的弹头部从"办事处"向"代表处"的转变，即从"销售"向"经营"的堡垒转变。

或许1998年左右，华为已经将国内各省"办事处"的名称改为"代表处"，但任正非及华为是在2000年下决心真正将"办事处"的组织改为"代表处"的组织。从此，华为将代表处作为客户痛点解决和需要满足的最终闭环主体，承担起"以客户为中心"的主体责任。

代表处不再只管销售的问题，还要管交付与服务的问题；不仅代表公司（理解客户商业诉求和业务痛点，提供华为商业解决方案），还要代表客户（准确传递客户声音，监督批评公司，保证客户满意度）；代表（代表处的一把手）不再只管代表处的销售人员，还要管代表处的交付主管，至少代表处客户服务中心的主管在形式上成为代表处代表的下属。

华为的这种思想重在建立“闭环责任主体”，把碉堡建到每一个前沿阵地去，让每个代表处成为客户的代表和公司的代表，这样，华为就有无数个闭环的责任主体，能驱动公司资源与能量去满足客户需求，形成“联合作战”的最终责任主体。如果都将责任往身后移交，将闭环的主体向上推，那么上交到什么层级才算闭环？是不是只有交给任正非才能解决？如果每个人都把身后当成莫斯科，就不会再退了，这个时候自然就会形成一个铁三角，激活本团队的力量，也会激活其他团队的力量，凡是有利于解决客户痛点和需求的资源都可能被激活。

华为一层一层地夯实了“经营堡垒”，然后自然形成了“铁三角”，最后公司希望项目组能够成为“经营堡垒”，所以在项目组这个层面就自然形成了“铁三角”。

有许多公司学习华为的铁三角，但是并没有识别出哪一层组织是“解决客户痛点与需求的闭环责任主体”，就盲目在某一层面推行铁三角。比如中国三大运营商的地市分公司才相当于华为的代表处，如果在县级分公司还只是销售主体时就强行在县级层面建铁三角，就无论如何也运转不起来。当然我们不是说运营商的县级分公司不能建设铁三角，而是说当它成为一个承担闭环责任的主体时才行。如果运营商的乡镇层面真正成了“经营堡垒”，也可以在乡镇层面建立铁三角。

## 能代表客户，才能代表公司

作为一线的经营堡垒，只有真正代表客户的利益，才能代表公司去解决客户的痛点和需求，才有权力和能力去牵动公司大平台的职能部门。

举例来说，一个病人因为发烧到医院去看病，三个不同部门（A核磁、B心电图、C血检）的代表先后来劝说他，A说应该做核磁检查，B说应该做心电图检查，C说做血液化验。如果主治医师沉默不语，病人的感受会是什么样？病人大概率会发火：我就一个感冒，你们三个部门都使劲忽悠，都想让我做相应的检查，就是没有人代表我的利益！这里，主治医师类似于经营铁三角的解决方案经理，他如果不代表病人，在医院里就没有人代表病人，因为职能部门天然会代表医院的利益。

任正非在2000年9月1日的一次对内讲话中明确阐述了代表客户推动公司、监督公司的作用。他说：“今年，市场系统又从过去的客户经理制，转变到客户代表制。为什么呢？就是要加强自我批判的力度。客户经理的目标很明确，是单方向的，是推介式的，而客户代表呢？首先他们必须代表客户，代表客户来监督公司的运作。客户代表的职责就是站在客户的立场来批评公司，不批评就是失职；但他乱批评，没有在我们整改中被吸取，对他的考评也就不好。他只有多批评，并实事求是，使批评的内容得到整改，他才会有进步。

这样，我们就一定能从客户代表那儿听到真正的批评意见。我们为什么要实行客户代表这项制度呢？因为，客户经理制度下，我们常常听不到客户的批评意见，客户认为我们的员工太辛苦，工作中有一点点错，告诉公司怕影响他们的进步，有意见也不提了，这样，久而久之，我们就会认为太平无事，以致问题累积到毁坏整个客户关系。而客户代表就不同，他的职责就是批评公司，大到发货不及时、不齐套，小到春节期间客户装机没人管，在机房吃了东西，他都要监管。只要我们时时、处处，坚持把客户利益放到最高的准则，又善于改正自己存在的问题，那么客户满意度就会大大地提高，甚至提高到100%，没有竞争对手——当然这只是我们追求的理想状态，但企业的管理就是要奋力去提高客户满意度。没有自我批判，认识不到自己的不足，何来客户满意度的提高？”[87]

此外，一个公司大了，往往在很多问题上不容易达成一致意见，华为的做法是利用客户的声音来统一内部的声音，也只有代表客户的部门才能牵引纷繁复杂的职能部门。比如任正非1997年5月30日在与上海邮电管理局的研讨会上汇报说：“大家知道世界贸易组织有67个国家签约，要开放电信市场。而且有一个条件，只要你参加世界贸易组织，就必须开放电信市场，这句话实际上是针对中国的……这就把我国电信服务业逼到绝路上来了……天津管局王晓初局长的重要讲话，我们组织全体干部进行了学习。”[88]这里他提到学习当时华为的客户天津市邮电管理局王晓初局长的讲话，其实就是利用王晓初局长对华为的产品与服务提出的投诉录音来推动公司进步。

任正非在2010年1月20日年度市场工作会议上的讲话指出，

能代表客户才能拥有驱动公司的权力。他说："我们系统部的铁三角，其目的就是发现机会，咬住机会，将作战前移，呼唤并组织力量，实现目标的完成。系统部里铁三角的关系，不是三权分立的体系，而是紧紧抱在一起、生死与共、聚焦客户需求、共同作战的单元，其目的是一个：满足客户需求，成就客户的理想与梦想。它是客户在公司的代表，驱动公司满足需求，它们拥有的权力实质是客户授予的。"[89]

在铁三角还没有完全形成的过渡时期，比如弹头部只有销售职能时，应该怎么拉动平台部门？曾经有很多企业的负责人问这个问题："我想让销售弹头部考核所有的后台职能部门（尤其是这些部门的主管），这样是否可能让全公司围绕销售转？"其实这也是很多弹头部主管的心愿："让我具有考核公司各大部门的权力吧！"但这是不现实的。

举例来说，甲平台部门要面对大大小小、不同区域的弹头部，只让A弹头部来考核，那么B、C等弹头部就考核不了这个平台部门，是否会导致甲平台部对B、C的支持很弱呢？

更现实的方法是，让甲平台部派部门代表甲A、甲B、甲C分别支持A弹头部、B弹头部、C弹头部。因为甲A出自甲平台部，在A弹头部里面代表甲平台部，对甲平台部的门道、资源了如指掌，A弹头部需要什么，甲A都能找得到。所以A弹头部只需要考核甲A，就可以牵引甲平台部进行联合作战。这样甲平台部的"力"就能通过甲A发出，这叫"力出一孔"。

如果甲平台部不配合甲A，甲A还有一个身份是客户代表，就能代表客户对甲平台部的所有产品与服务进行选择，"利出一孔"使得甲平台部也必须要配合甲 A 在 A 弹头部的工作，哪怕甲 A 还不是少将连长。

如果一个代表客户的弹头部，不能牵动公司的平台部门，这个公司就会慢慢失去客户，剩下的日子也就不多了！

## 弹头部强，才能端到端穿透

很多公司想学华为的铁三角，想一下子达到项目铁三角的程度，但是公司指挥作战的权力往往还在机关总部，小小的前沿阵地的项目组成员怎么可能驱动公司呢？其实华为也在不断地呼吁变革，让铁三角做强做精（人员少、强、精），而不是做大（人数多、地盘大、资源多），因为大部分的资源还是要放在平台部门。弹头部不强，铁三角就不能端到端穿透业务，牵引平台，激活公司。

让上将、中将、少将进铁三角（代表处、系统部、项目组），也是一种做强的方式，这样，铁三角作为弹头部就能端到端穿透业务，指挥联合作战。

任正非 2017 年 8 月 29 日在“合同在代表处审结”工作汇报会上的讲话呼吁：“我们原来说‘少将连长’，为什么一定‘少将’呢？如果能力不足，一放权就会出问题。可以换个‘上将’去当代表，派一个‘中将’去系统部，派一个‘少将’去做项目经理。”他就是希望以少将连长的能力、影响力来驱动联合作战。

任正非 2019 年 9 月 25 日在拉美大区组织变革进展汇报会上指出：“拉美搞了两三年，终于明白一线的指挥官必须是少将连长，由他来调动和编排公司的资源，要改变低职级在前面打仗、高职级在后面指挥、层层汇报的现状，决策链条这么冗长，怎么可能提升效率？只有高职级的少将在前面指挥，才能实现端到端的业务打通、流程打通、授权打通、结算打通，全打通。”

当然，华为弹头部“精兵”指挥联合作战的改革之路还在进行中。其实现在华为的铁三角很多还不是由少将连长指挥的，那么为什么华为大多数情况下能够让资源部门、平台部门围绕弹头部联合作战呢？因为铁三角是“前沿阵地的碉堡”，它的身份是公司的代表、客户的代表，这是成功激活华为的平台力量去服务客户的关键。

所以华为弹头部的成功发轫于“碉堡建在一线阵地”（抵近阻击、抵近抵抗、抵近指挥的指导思想），其次是“两个代表”（代表客户、代表公司的授权原则），再次是“铁三角”（作战队形），最后是“四组一队”（整编制空降）。

## “四组一队”，形成盘活公司的旋涡

如果说华为从2006年就开始培育“铁三角”弹头组织，那么弹头组织“四组一队”是从2016年才开始提出的。如前所述，四组一队源自林彪1947年在东北解放战争城市攻坚战中的打法。

任正非亲自在华为推行四组一队，有两个要点：第一是多兵种联合作战的队形，第二是四组一队“集中空投”的拉动效应。四组一队集中空投就是指让培训期间就编练好的队伍整建制实战，由此形成成功的样板点；通过打样板点让参与者打明白、看明白、想明白，然后像旋涡一样越旋越大，卷进越来越多的人，最终培养出一大批的“明白人”，盘活公司。

任正非提出“集中空投”的概念甚至早于“四组一队”，其目的是推动样板点。任正非在2015年8月28日EMT办公会议上的讲话中指出：“流程推行团队在重装旅就编好了，不要到了一线以后，每个点都是锣齐鼓不齐，一个点都做不好。……我们公司的干部来源，就是训战结合。从成功实践的人中，选20%进行训战培训，又从学员中选20%的优秀学员，集中空投到最艰难的项目中去，锻炼成长。这样优秀人才的成长速度就快了。样板点的作用就是大家去做试验，谁搞明白谁上来……必须是样板点打明白的人才能提升，否则上来是糊里糊涂的，资格再老、讲得再好也没用。”[90]

任正非2016年11月30日听取战略预备队指导委员会汇报的讲话《人力资源政策要朝着熵减的方向发展》中，第一次正式提出四组一队：“训战的四组一队……台风形成的时候就是一个小气旋，战略预备队就是这个小旋涡，旋涡越变越大，就把整个公司盘活了。”[91]

任正非把“四组一队”和“整建制空投”两个概念捆绑在一起，目标是集成编练，成片推广，防止经验稀释。任正非在2018年9月26日干部工作交接仪式上的讲话《从责任到使命，从担当到奉献》中这样说：“参照终端‘四组一队’的方法，把优秀人员编成组，一轮轮集训，集训以后整编制空投。”

任正非为什么要首先选择终端公司推四组一队？

第一点，终端公司的工作在2016年以后到了纵深攻坚战的阶段。终端公司在余承东的带领下，2012年喊出要成为世界第一的口号，之后不断地靠产品的创新和卓越的体验，在海外一扫一大片，很快就将一些日系、台系大品牌手机扫清，从2015年开始稳居全球前三。要成为第一，就要每国必争，每城必争，与竞争对手短兵相接，进行纵深巷战，在每一个国家、每一个城市进行攻坚战，争取颗粒归仓。

第二点，终端消费品市场必须短平快，要在6个月左右攻下市场，而且终端产品的销售要素必须齐备才容易快速见效，就是俗话说的“锣齐鼓齐才能唱出好歌”。以巴西为例，由于错综复杂的政商环境、层层叠绕的繁苛税赋和极其特殊的本地生产政策等原因，以及很多劳工官司、消费官司，华为终端公司不得不于2015年选择从巴西全面撤出[92]。但2017年开始要争第一了，终端公司又要重新回去占领巴西，这时候派谁去？如果只派一个国家主管去，这个国家主管再招募新团队，没有半年到一年的时间，团队是无法磨合好的。但消费品市场，如果半年没有打开，黄花菜都凉了。或者，派一个国家主管和渠道主管去。渠道人员去，货铺到每个渠道、每个城市、每个零售店，但没有成熟的品牌主管去做终端品牌宣传与广告宣传，华为产品的声量上不去，只能靠销售人员见人就推销，也很累。反之，如果只派营销品牌主管去，产品声誉起来了，但没有成熟的渠道主管，货铺不上，渠道跟不上也不行。

所以任正非提出四组一队成建制地空投。重新进入巴西，人怎么来？这时候，我们发现智利的国家主管做得非常好，整个国家代表处已经做到几亿美元的销售收入了。为什么这个国家主管能做好？因为他前几年在哥斯达黎加代表处就已经做得很好，哥斯达黎加代表处在2014年、2015年就做到了上亿美元，在一个小国家的代表处做到上亿的终端销售收入，他已经得到了很好的锻炼，有了成功经验之后到智利代表处，也就做得很好。经过智利的再一次磨炼，让他领导四组一队去攻打巴西市场，如果将巴西市场打下来了，巴西这个国家的业务就归智利代表处管了。以往总是巴西管智利的，现在反过来了，这就解决了先进国家的市场没有动力派出整建制的人来帮助后进国家市场的问题。

事实证明，终端实施四组一队的效果非常好。比如土耳其是华为的一个业务大国，但原有团队经营效果不好，东欧地区部就从有成功经验的国家抽派出四组一队，整建制空投到土耳其，结果 6 个月左右，土耳其的市场份额提升了 17%。同样，菲律宾在四组一队的空投队伍操盘下，9 个月时间将市场份额提升了 16%。

终端公司的高层主管对本书笔者之一徐光国讲，如果没有美国实体清单的打压，2019 年华为终端就可能成为全球第一。现在看起来，要成为全球第一还要延迟两三年，但是这已经证明“四组一队”给华为终端带了信心和实际效果。

总体说来，任正非希望整建制空投经过战略预备队训战的“四组一队”到新的产业机会点（比如 WeLink 华为协同办公平台、人工智能、5G，这些都是任正非在多个讲话中提到的具体场景），攻下上甘岭，形成样板点，培养一批又一批“明白人”，然后旋涡越变越大，最终形成可以打歼灭战的台风，把整个华为盘活。

## 第三只眼：让“组织和流程”对准胜利

我们在第 7 章和第 8 章介绍了华为打造利与力皆出一孔的团队

的方法，这可以让整个团队齐心协力，愿意冲锋。但和军事作战一样，企业经营的胜利不只是靠信心和蛮力，更要靠队形和战术，我们在本章便通过华为销售队形的激活实践来探索让团队取得胜利的方法（见图9.2）。

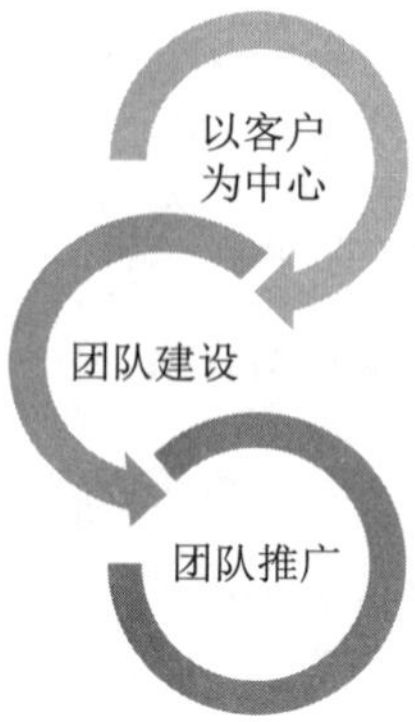


图9.2 面向任务的团队建设及推广

在华为“铁三角”和“四组一队”销售队形激活的实践基础上，我们认为，团队（包括但不限于销售团队）激活的方法包括如下五个方面：

第一，团队是组织用于服务客户（当然，部分团队是承接组织内的任务，此处的客户也可能是组织内的其他部门）的第一责任主体，团队的目标、构成、队形、行为原则、价值分配等都应“以客户为中心”。

第二，团队作为独立负责某项任务的唯一主体，一定要直接或间接具备完整的能力体系，即在人员构成或资源调动方面要能够做到全面掌握，满足客户的需求。

第三，团队具备的完整能力体系要聚焦做强而非做大。在上述基础上，团队不是形成大而全的集成部门，而是由能够代表、指挥得了各方资源的“精兵”组成，既能去除冗余又能撬动所需资源。

第四，团队一定要隶属于能够为其全面兜底的一个组织部门或管理者，这样团队才能有闭环的权责，既能全权负责又能全权行动或指挥。一方面要全面负责客户需求，另一方面要有权力拉动资源、指挥后方平台，准确一致地满足客户需求。这种激活思想会在第 12 章更加详细地进行阐述。

第五，高绩效的团队是经过长期实战的、能够默契配合的。因此，一旦形成功能完备、体系完整的团队，就应该以之为整体力量形成样板，让其整建制投入战斗，达到可复制推广的目的。

华为团队作战队形的激活显然更容易取得胜利，但正如我们在上文中提到的，很多公司都有所谓的作战队形，也要求前端拉动中台、后台，为什么执行不下来？对其他公司而言，也需要结合自身情况，灵活借鉴：

1 作战队形不是固定不变的，而是与客户需求、市场形势、企业发展阶段等密切相关的，没有百战百胜的战术，只有活学活用的将军。

2 华为铁三角、四组一队等激活方法是伴随着企业组织架构变革、权责交替的阵痛的，是需要管理者放权、一线承担责任的，好的作战队形也需要艰苦的训练和付出。

# 10

# 小步快跑，迭代成长

除了有好的队形，团队还要有能担重任的中坚力量不断涌现，从而使团队被激活的能量越来越多，越来越强。在这方面，华为公司有“小步快跑，迭代成长”的方法，不断造就“一人一厨一狗”的故事，产生独当一面的有生力量“二等兵”；同时也聚焦系统开放，打破阶层固化，打通“从二等兵快速晋升为上将”的通道。

## “一人一厨一狗”，将新人丢入海洋里快速成长

产品功能不断上线，让市场来不断地暴露问题，并且不断地逼着内部人员解决实战中出现的问题，就是激发团队活力的重要方法。相反，让产品的所有功能都完美后再上线，实际上是对团队与产品的极大挑战，会增加产品的成本，降低产品的竞争力，对人员的成长也极为不利。这一点，从NASA（美国航空航天局）与SpaceX

公司的对比中能够得到印证。

火箭发射是航空航天业中安全要求最高的一个领域，要求反复试验以确保万无一失，所以一般来说，火箭发射研发的成本高、周期长。但是 SpaceX 公司凭借低成本优势，自 2008 年开始强势争夺全球商业发射订单。究其原因，SpaceX 的核心策略是把软件开发的理念引入火箭制造和发射。在这种敏捷开发模型下，大的复杂工程被分成一个个小工程，一两个月就能知道项目是否可行，这就降低了开发难度和项目管理难度，即使由新人去做，失败了也能尽快知道、尽快改正，减轻了新人和决策者的心理压力，新人成长也快。与之相反，NASA 强调“首战即决战”，往往要求“毕其功于一役”，在这种情况下如果用新人，新人和决策者承担的风险和压力都太大，这时用功成名就的老员工最可靠、最保险；在这种情况下，开发成本和使用成本都非常高，新人也很难有机会扛大旗、挑大梁。

这就给团队持续成长提供了一定的启示。小步快跑，就是用一个又一个的阶段性胜利、小胜利，不断激发团队士气，让新人能够快速成长为扛大旗的精兵，就像 SpaceX 公司研发商用火箭一样。

华为也有软件开发，最初用的不是敏捷开发模型，而是瀑布开发模型。但华为对待产品开发与维护、新人成长，用的却是小步快跑的模式。IBM 前前后后从华为获取了不下 10 亿美元的咨询服务费，他们给华为提供解决方案之前都要先做诊断，对华为上上下下的业务流程与人员进行调研与访谈，找到痛点和问题。1998 年，他们给华为做 IPD 时，本书笔者之一徐光国已经进入了华为的研发部门。1999 年，IBM 管理顾问在 IPD 项目第一阶段最终报告中给华为诊断出十大问题，让华为的人大吃一惊。其中一个问题是："华为没有时间把事情一次做好，却有足够的时间一做再做。"[93]意思是：华为没有办法把事情想好、想透，所以在客户面前、在市场压力下，就急急忙忙推出一个产品；结果产品总有这样那样的问题，比如不稳定或者有瑕疵，在客户的咆哮声中，在一线"呼唤炮火"的过程中，华为再一次次地修改，花的时间更多。IBM 认为这是华为最大的问题，必须改，不改的话华为就长不大。

本书笔者之一徐光国在华为工作 20 年，他认为华为成功最大的关键点就是未完全改掉 IBM 讲的这一点。为什么？因为一个人或一个组织一次就能把事情考虑完美是不可能的，这是违背规律的，包括心理规律、生理规律和组织规律，人不可能一次就把事想好。人和组织只能在有问题时不断去改，改得比别人快，改得比别人好，才有可能真正迭代。如果不快速应对市场，占领市场，华为连整改的机会都没有。只有小步快跑，速度够快才能抢占先机；同时我们的服务态度好，不断地整改，不断地进步，改得比别人快，才真正成就了今天的华为。当然华为也感谢客户的宽容，允许华为员工的幼稚与不成熟，获得了为客户服务的机会，才有了华为的今天。

让新人和小团队实现小目标、取得小成绩，这样就能不断激励员工往前冲，最终积小胜为大胜，这是华为的一个非常显著的特点。我们这里讲一个华为敢于让新人上战场的故事。

2019 年 7 月常务董事会议的"20 分钟"，请了科摩罗办事处的叶辉辉来分享"一人一厨一狗"的新员工成长故事[94]。科摩罗是印度洋上由四个小岛组成的国家，在莫桑比克和马达加斯加之间，相距各约 300 公里。科摩罗只有 80 万人口，四个岛之间的主要交通工具是九座螺旋桨小飞机和冲锋舟，非常艰苦，缺电，缺水，缺蔬菜瓜果，没有网络。故事主人公是华为的一个24岁的新员工，刚毕业没多久，公司对他进行培训后就直接放到科摩罗这个国家去。华为敢于将他“丢”在那里，与其他人一起把这个国家的海底光纤建好，把4.5G建起来，让这个国家80万人用上网络，不再与世隔绝，这是多么大的成就！当然他们也吃了很多苦。

任正非听了叶辉辉的讲述后说：一人一厨一狗就代表华为精神。他表示也要去科摩罗看看，并开玩笑说他过去之后就是“两人一厨一狗”了。华为后来出了一个视频，叫作“三分钟告诉你什么是华为精神”[95]，并在华为各大办公基地张贴“一人一厨一狗就代表华为精神”的巨幅彩画。

2019年8月20日任正非接受美联社的采访，对“一人一厨一狗”的训练法进行了推荐。美联社记者乔·麦克唐纳问：“国外有一些人对华为比较挑剔，质疑华为这个公司到底是谁控制的，谁在华为拥有决策权。我们现在看到，华为组织最上面这一层，董事会、CEO都是中国人，华为有没有考虑在董事会引入外籍员工，或者任命一个外籍员工担任公司的CEO，从而进一步赢得外国的信任？如果不在您的考虑范围内，为什么不考虑？”任正非回答说：“首先，外籍员工必须要具备这个能力；其次，外籍员工必须在华为公司工作25年，从基层一步步升上来，才能了解整个公司的结构。……当然也欢迎你们给我们推荐CEO、董事长人选，可以先派遣到非洲去，到科摩罗岛上去‘一人一厨一狗’地锻炼，再到有些地方进行技术锻炼，完全知晓华为业务，将来也有可能上来。”[96]

华为就是采用这种小步快跑的方法，敢于将一个刚毕业的大学生派到印度洋的小岛上，让新员工快速上手、成长，而不是把复杂的任务、很大的国家交给新人去操盘，那样新人“淹死”的概率会更大。当然并不是所有被放出去的人都能成长，但成长起来的这些人的故事会激励更多的人去建功立业。

正如任正非在一次讲话中所说：“提拔干部，你觉得一个苗子合适，就让他小步快跑进来，一个岗位一个岗位适应。否则，从一个基层岗位一下子跳到一个代表处代表的岗位，他怎么受得了？”

## “蒙哥马利计划”，让二等兵快速晋升为上将

华为一方面提倡小步快跑，积小成大，沿着任职资格的通道一步步往上走，另一方面又提倡破格提拔，这是为什么呢？因为总有一些人属于关键人才，能够在较短时间内给组织带来成倍的贡献，对于这些人，如果仍然按部就班地任用，容易压制他们的贡献。

华为历史上有很多天才少年，不到 30 岁就成为华为常务副总裁、高级副总裁，因为他们带领公司把交换机研发了出来，把无线 GSM 研发了出来，把光传输研发了出来，而且这些产品的销售额在 2000 年之前就已经达到 10 亿元以上的规模了。

任正非在 2018 年 9 月 26 日干部工作交接仪式上的讲话《从责任到使命，从担当到奉献》中提到一些类似的例子：“……让‘将军’走上战场，否则中间评审环节过多，一方面是阻力太大，另一方面是发展太慢。……俄罗斯国防部长谢尔盖·绍伊古没有当过一天兵，由预备役上尉直接晋升为少将，后来升为上将，据说中间只有几天

时间。现在我们的‘二等兵’基本都是受过高等教育、过去几年有成功实践的人士，有些还是硕士、博士，世界名牌学校毕业，将来哪个不能当‘军长’？‘蒙哥马利计划’不只是讲在艰苦地区、沙漠地区能成长为将军，我们只是借用‘蒙哥马利’这个名词，人人都可以晋升，各行各业都要普遍重视专家、职员的建设。我们让未来的种子提前进入大的作战序列，这样迭代更替的速度可能就更快。”

华为推行的“蒙哥马利计划”是任正非亲自领导、亲自取名的。何为蒙哥马利计划？这里取的是蒙哥马利二战期间仅用6年时间就从少将晋升为元帅的寓意。华为的“蒙哥马利计划”的目标是给年轻人树立榜样，营造人才倍出、奋勇争先、千军万马上战场的氛围，激发组织活力，这是华为的初衷。同时也意味着要创造条件使优秀人才脱颖而出，打通“二等兵快速晋升为上将”的通道，培养未来的将军。

华为的蒙哥马利计划分为三个步骤：第一，主动识别；第二，给予挑战性机会，主要针对识别出的高潜人才；第三，做出贡献再次识别。高潜人才获得挑战性机会并在岗位上实际工作一段时间，如果没有做出突出贡献，就从高潜人才池中退出，走正常发展路径。如果做出了突出贡献，但只是因为抓住了偶然机会，下次不一定能抓住机会，即他的任职能力没有发展起来，这时候就给予他奖金激励，不给予职位晋升。如果他的贡献很突出，能力很强，下次还能抓住机会，那就将他快速提拔，破格升级。

下面举一个华为真正“从二等兵快速晋升为上将”的例子。华为员工徐海明2004年大学毕业，2007年加入华为时，个人职级是14级，到2015年担任地区部人力资源部部长，岗位职级21~22级，基本上平均每年升 1 级，以下描述源自他本人的文章《蚊子龙卷风》。

2007 年他首先参加由华为大学组织的新员工文化培训，然后参加由销服体系组织的二营培训，即销售技巧培训，在二营培训期间直接被一纸调令派往了马拉维办事处。他对马拉维毫无所知，还以为是津巴布韦这个国家的一个叫“马拉维”的省。

2007 年到 2008 年，徐海明常驻马拉维，承担交付服务与安装工作，当时中方常驻员工 2 人，陪伴他们最多的是 2006 年厨师从路边用 3 美元购买的一条当地土狗。马拉维业务分布在两个重点城市利隆圭和布兰太尔，在一年的时间里，为了保证客户响应，徐海明和司机行驶超过 10 万公里，每周三次来回 600 多公里。很多客户都说，华为感动客户的原因，一方面是客户随时可以获取华为的服务，因为华为有别于其他对手，在当地长期扎根，构筑本地化服务能力；另一方面是长期坚持帮助客户商业成功，比如马拉维经常停电，停电之后有些友商设备都起不来，华为就协助客户恢复网络业务，哪怕是友商的设备华为也协助，让客户感受到华为的谦卑和对客户的敬畏。

2008 年，徐海明被抽调支持赞比亚 MTN 的 300 站点全 turnkey 项目[97]，任项目合同经理，负责合同履行和变更。这是地区部第一次交付大规模 turnkey 项目，而且客户要求华为 12 个月就要交付，包括挖地、打地基、做塔、立设备和开通业务。2008 年 5 月，徐海明写邮件向代表处领导立下改变人生轨迹的“军令状”，承诺 60 天内交付 13 个站点，如果不成功他们就卷铺盖回家。领导同意了，并把赞比亚卡布韦区域交给他们。于是徐海明和赵东“自封”区域项目经理，克服种种困难，坚持完成了 60 天交付 13 个站点的军令状。

2009年初，代表处安排徐海明负责马拉维交付业务，当时每天都有巨大的压力，他们利用各种机会学习公司产品技术知识，向工程师学习时隙、频谱信令、网络结构等知识弥补通信技术方面的不足；每次产品割接和维护事故期间，协调客户沟通，同时管理内部运作，久而久之，与客户建立了良好的信任和沟通；后来他们团队商讨并出台了工程管理和产品技术作业细则，通过业务流程化提高团队运作效率，保障客户满意度。由于他与客户接触和沟通效果不错，代表处随后安排他转岗为客户经理。

就这样，徐海明开始了“一路开挂”的晋升之路：2010年担任办事处主任；2011年担任地区部企业业务部部长，同时兼任办事处主任；2013年担任代表处代表；2015年担任地区部人力资源部部长。徐海明2017年初与本书笔者之一徐光国一起在华为人力资源运营变革项目组工作，他当时担任徐光国的直接主管。徐光国是2008年担任地区部人力资源部部长的，比徐海明大12岁，但是徐海明一路攻坚克难，从“二等兵”升为“上将”，已经有了更大的平台与征程。

正如任正非在《蚊子龙卷风》的按语中所说：“‘蓬生麻中，不扶自直。’80后、90后是有希望的一代，‘蚊子龙卷风’……不正是一代将星在闪烁吗？”[98]

## 第三只眼：让“业务与团队”持续进阶

我们在第9章提到，好的作战队形能够让团队赢得胜利，但其中有个假设是团队必须精良，甚至是能够形成样板的四组一队。这就引出了问题：差的团队可能通过好的作战队形取得偶尔的胜利，但绝不会形成一支常胜的铁军；好的团队也可能出现局部的问题，也需要不断成长。那么，优良的团队如何打造？优良的团队如何保持斗志？优良的团队又如何能够持续胜利？本章主要通过两个方面来介绍华为如何让团队英雄辈出、持续胜利：

一方面，让团队及个体循序渐进，迭代成长。这是为了使团队及个体（特别是新人）将任务分解，通过完成一个个小的目标来形成大的胜利，提高其战斗力，降低失败的风险，让他们愈战愈勇，越来越有活力。

另一方面，促使团队去除平庸，让个体快速晋升。这是为了打破阶层固化，盘活团队，让有功劳、有能力的团队和员工在获得相应激励的同时承担更大的责任，实现更高的价值。

对企业来说，培养员工是十分重要的，也是一个十分艰难的课题。我们承认天才的存在，但为何一些招到天才的企业却没有成功？进入企业的天才又为什么会变成“庸才”？事实上，天才的比例是极低的，企业招到的大部分都是平均水平的员工，但是有些企业却能够不断培养、涌现出人才，其中或许就有类似于华为激活员工、团队的方法在起作用！

当然，这也给企业管理者带来了一定的挑战。我们既要允许新员工按部就班、一步步慢慢成长，也提倡对显著绩优的员工给予破格提拔，这种培养理念上的“度”又该如何掌握？显然，任何一种激活方法都无法解决所有问题，只有结合具体场景才能找到正确的答案。

# III

# 华为组织激活篇

我们在前面两篇介绍了华为激活个体和团队的实践经验，本篇主要介绍组织层面的激活。个体激活是让每个个体活跃起来、热起来，激发个体的活力，避免个体的怠惰。团队激活不仅要让个体活跃起来，还要使他们朝一个方向活跃，避免个体间的活力相互抵消，使团队远离平衡态。

组织激活不仅要让团队活跃起来，而且要让各个团队朝着公司希望的方向活跃，让整个公司成为一体化军团的有机力量（即公司能够指挥得动各团队），集中力量办大事，各单元也能成为“打得赢，攻不破”的经营堡垒。总之，组织激活就是要避免组织的板结，既要避免“诸侯割据”（末端与中央链接太弱，公司指挥不动团队，战略落不了地，公司板结成一个一个团队），又要避免“末端无力”（末端与中央耦合太强，末端不能独立行动，凡事等待中央指令才能反应；末端不能成为拱卫中央的“战斗堡垒”，凡有战事敌方就直捣黄龙）。

华为组织层面的激活目标是“多打粮食，增加土地肥力”。

什么叫多打粮食？这很容易理解，就像前面讲的扁鹊一样，能快速地解决关键问题，完成当年绩效指标，获得更好的客户认可度，从客户那里获取更多的“粮食”。

什么叫增加土地肥力？就是现在乃至接下来的时间还能持续产粮，即保证土地有肥力。一个组织不能为了眼下的粮食就过多使用化肥，导致土地变得贫瘠，而是要让土地一直像东北的黑土地一样肥沃。

任正非曾经这样论述这两个维度的激活目标：“在公司业务边界内，成熟业务的获取分享制要优化，逐步引入追加奖励、战略奖励等措施，不仅让‘多打粮食’的工作得到当期回报，也要让‘增加土地肥力’的努力获得合理收益。追加奖励也是一种激励。另一方面，多打粮食不能以透支土地肥力为代价，对于透支土地肥力的急功近利行为，要让大家知道，建立科学的发展观更重要的是建立科学的历史观。”[99]

华为还进一步明确了“打粮食”和“土地肥力”的指标。任正非在 2015 年 1 月 16 日年度市场工作会议上的讲话是这样说的：“变革的目的就是要多产粮食（销售收入、利润、优质交付、提升效率、账实相符[100]、五个一[101]……）以及增加土地肥力（战略贡献、客户满意、有效管理风险），不能对这两个目的直接或间接做出贡献的流程制度都要逐步简化。这样才可能在以客户为中心的奋斗目标下，持续保持竞争的优势。”[102]

华为也以此为量化的考核目标。任正非在 2017 年 10 月 19 日的第四季度地区部总裁会议上的讲话中指出：“将来考核中，产粮食占

70%，以数据的真实计算；土地肥力战略占30%，可以用述职评价的方式。我们机关的高级干部也要深入前线，了解事实，避免官僚主义。”当然，这里的“产粮食”和“土地肥力”的指标权重仅是一个示意。

显然，很多企业领导都希望自己的企业既能多产粮食，也能增加土地肥力，但往往对如何激活组织活力以达到这个目标不甚了解。为此，本篇将从组织层面介绍华为激发组织活力的要义和法宝。

## 本篇要点

组织激活的核心目标是多打粮食和增加土地肥力，避免整个组织的板结，让整个组织的力量活跃起来，形成组织势能，让组织不断地对外做功，其中的核心方法是客户导向，牵引组织做强。

第一方面，经线缩短，确保战略落地，确保公司始终是一个整体，形成军团力量。什么是经线？经线就是从上到下，华为要让政令能出深圳坂田（华为总部所在地）。如果组织只是龙头动了，龙身、龙尾不能动，这个组织是没有活力的。在华为有很多方法来解决此类问题，通过战略解码、执行落地、组织保障，使整个组织的力量能够上下贯通，形成被激活的力量，确保一个组织能真正成为一个整体。

第二方面，纬线拉通，贴近客户的组织能指挥作战，成为经营的堡垒。什么是纬线？地球仪上的纬线是东西向的，我们用它来表示一个组织平行的部门或资源。如果末端指挥不动整个公司的力量来满足客户需求，再小的事情都需要中央指挥协调资源，那么这个组织众多的末端力量，就成为不了“经营堡垒”，也就没有活力。古今中外这样的例子屡见不鲜。任正非一直想实现的工作状态就是一线能够呼唤炮火，听得见炮声的人能够指挥战斗。拥有资源的部门往往是离客户、离战火很远的部门，这些部门能否听从指挥，是华为一直努力解决的问题，其中一个方法是“合同在代表处审结”。

第三方面，当纵向（经线）与横向（纬线）都编织好后，同一个节点会受到两个方向的指挥，华为还有一个方法是“拧麻花”和“多路径、多梯次、多场景”的饱和攻击，即充分地激发节点上的力量，使之不会板结。

第四方面，在向一线授权，让听得见炮声的部队指挥战斗的同时，要做好监管，防止授权一线之后业务造假或数据不真实，杜绝“放卫星”，否则整个组织的决策会出现问题。所以一个组织也要做好监管，而不是完全放权。

第五方面，系统开放，通过一杯咖啡、一桶糨糊，促使业务不断进步。

# 11

# “经线”缩短

管理大师彼得·德鲁克指出：“经理人的第一项任务是创造出一个大于其各组成部分的总和的真正的整体，创造出一个富有活力的整体，把投入其中的各项资源转化为较各项资源的总和更多的东西。可以把经理人比作一个乐队的指挥。通过乐队指挥的理解和指挥，各种乐器演奏形成了具有生命的乐章。但乐队指挥以作曲家的乐谱为蓝本，他只是一个解释者，而经理人则既是作曲家，又是乐队指挥。”

一个组织各部分的力量如果能形成一个整体就能干成大事，能在自己弱小的时候集中力量打败强大的敌人，应对巨量的客户需求。最关键的一点是，组织从上到下要有魂，成为握紧的拳头，而不是叉开的五个手指。任正非 2018 年 1 月 12 日在工程物料大数据比对系统会上的讲话指出：“要集中力量，要打歼灭战，‘十个手指捏跳蚤’捏不死。”

任正非在 2019 年 7 月 19~20 日的讲话中明确指出要建立军团作战方式：“阿根廷和哥斯达黎加代表处在早期也走弯了，层层承包，那就是倒退呀。我们要建立‘军团’作战方式……”

成为一体化的军团力量，可以避免遭遇强敌打击时因力量分散而失败。一个很好的例子是1929年12月的古田会议形成的“思想建党，政治建军”的理念和此前提出的“支部建在连上”的方法，这使工农红军真正成为一支统一指挥、执行革命任务的武装部队，而不是农民起义队伍或者军阀割据势力，也使这支部队避免成为被分散剿灭的“石达开第二”。

## 把支部建在连上

毛泽东在1927年9月的“三湾改编”中提出的“支部建在连上”的方法是革命胜利的重要保证。当时一个连有100人左右，党支部能对战士的心理与思想进行协调动员，同时团、师（旅）均有党组织，“党指挥枪”的这条经线是贯通的。这样，党对军队的领导就能从上到下真正贯彻到基层，龙头动了，龙身、龙尾都能动起来，使整个部队成为一个整体。

那么华为又是如何使各个单元变成一体化军团的呢？华为构建了无数条从上到下贯通的“经线”，如产品线、营销线、财经线、供应链、质量运作、人力资源线等，其中再细分，比如产品线分为无线、固网等，每个大产品线下面还有更多的细分产品线。这些线在基层作战单元，都有明确的部门或相应职能人员对应，这就保证了各条线都能实现上传下达、统一行动。一般认为，华为将HR组织建在“连队”上，就是形成了很好的经线，其实HR只是众多经线中的一条。

经线（很多时候也称为职能线）为什么能从上到下真正发挥作

用？因为每个员工的任职能力（任职资格）评定、全球跨部门调动与升职评定等权力，主要归职能线上的主管，即经线上的主管。这使得经线主管有能力调动人员，也对“炮弹”（如产品等）的质量、人员的能力承担责任。正是这些强大而众多的经线保证了组织上下一致，整体有力，所向披靡，有强悍的大兵团作战能力。

举一个形象的例子，华为在海外发展（如销售或研发），有一个奇特的现象：外派员工非常多。一般的跨国公司外派员工往往只是外派一个 CEO，最多再外派一个 CFO 和 HR 负责人，即几个关键职位。但华为在每一个业务发展的国家可能都外派了几十甚至上百的中方员工，即每条线都可能有中方员工，这是华为的跨国业务独有的管理模式。其用意是什么呢？这是为了让外派的中方员工在海外能承担大量承上启下的工作。由于时差的原因，他们可以晚上与机关沟通，白天与本地员工沟通。比如在巴西，晚上可能需要与深圳总部开会到凌晨，本地员工往往不愿做这个工作，所以集团开会往往是中方员工来开，中方员工与集团开会语言沟通顺畅，理解问题也到位。白天，中方的外派员工就和本地员工沟通交流，将战略落地，所以外派员工在华为历史上起了很大的作用。目前华为有两三万名外派员工，这是华为战略解码承接的一个非常重要的方面。

## 不断“折腾”战略方向

有了强劲有力的经线，还要有源源不断的内容在这个组织机器上运转，否则就是空转。华为最强有力的、周而复始的一个运转内容就是战略规划与执行。

华为做战略规划是从 2003 年开始的，那时候的战略规划叫 80X。其中的 8 是指 800 亿美元，虽然 2003 年华为实现的销售额才 317 亿元人民币，但华为的战略规划是将目标定在 800 亿美元，可见这真是战略规划！实际上华为销售收入第一次超过 800 亿美元是 2017 年（2016 年是 751 亿美元，2017 年是 925 亿美元）。X 是指第几次做战略规划。

华为“从战略到执行”的流程框架（Develop Strategy To Executive，简称 DSTE）包括三个流程：SP（Strategy Plan，战略规划流程，含五年规划）、BP（Business Plan & Budget，年度业务计划与预算流程，含年度业务计划和预算）、MEM（Manage Executive and Monitoring，管理执行与监控流程，定义了 SP 和 BP 的执行和监控过程）。这三个流程的输出就是其他流程的输入，互为起点与终点。

SP 流程由公司战略 MKT 部门（即战略市场部）牵头，每年 3 月中下旬开始，到 10 月签署并归档 SP 文件，但真正结束的标志是 11 月完成组织 KPI 方案的决策。SP 的输出，如组织 KPI 方案、年度关键业务目标、年度关键任务等，就成了 BP 流程的输入。

BP 流程由财经体系牵头，每年 9 月底启动，以 10 月和 11 月的 SP 输出为输入，开始梳理机会点到订货与收入，编制初始预算。SP 到 BP 的解码，确定了年度关键业务目标、重点工作、业务预算、人力预算，2 月底完成 BP 与述职，3 月上旬完成高管 PBC 的沟通与签署。BP 的输出，就是 MEM 的输入。

MEM 流程，由质量运作体系牵头，每年 3 月中下旬开始，对 SP

和 BP 的输出，如集成经营计划（含滚动业务计划、财务预测、人力预算）、重点工作、组织 KPI、运营绩效度量体系（metrics）、战略专题、不确定性等，都进行跟踪，每月或双月进行例行决策，每季度或半年对 BP 与预算进行审视，实行全年的滚动跟踪与闭环管理。MEM 的输出又成了 SP 和 BP 的输入。

战略规划流程由市场营销体系牵头，年度业务计划与预算由财经体系牵头，执行与监控由质量运作体系牵头，每一个动作在业务单元都有相应的部门或者接口人来执行，这是从战略到执行。

因为集团层面有战略市场部、财经部、质量运作部（属于质量与流程 IT 管理部）等一级业务部门，各一级业务部门也有战略市场部、财经部、质量运作部等二级业务部门，实际上各二级部门也可能有相应的职能部门进行承接，所以华为具有从上到下的战略解码与承接能力，也有从下到上的运作问题收集与解决、SP/BP 的总结与批准流程。一级部门做战略规划、年度规划，二级部门也要同时做，一直往下承接，集团层面的每一个部门都有手伸到最基层的一线单元，每个大动作（如战略规划和重点工作）都能落实到一线去，这是华为最了不起的地方。

我们看到很多跨国公司，母公司对某国子公司往往只有财务指标对接，根本就没有战略指标对接，而华为通过层层的战略解码，做到了无缝承接。

华为的战略规划方法主要借鉴了美世（Mercy）公司的价值驱动业务设计模型（Value Driven Business Design，缩写为 VDBD，2003 年引入）、IBM 的业务领导力模型（Business Leadership Management，缩写为 BLM，2009 年引入）和贝恩公司的情景规划方法（2014 年引入）。公司上上下下都用同样的语言、同样的方法、同样的目标结构、同样的逻辑力量（而且也一定会想得通）、同样闭环的执行管理，每年从 3 月中下旬“折腾”到第二年的 3 月中上旬。

这一套管理体系，要求从上到下的各业务单元首先分析差距，然后迅速扩大视野（“用望远镜”）进行战略设计（四大模块：市场洞察、战略意图、创新焦点、业务设计），快速理解不断变化的大局，找到战略机会点及进攻路径；最后立即缩小视野（“用放大镜”），将精力投注于马上要执行（四大模块：关键任务及相互依赖关系、正式组织、人才、氛围文化）的短期行动中去。战略与执行紧密整合，一年到头都在不断滚动实施，终年持续不断，这些大量的实际动作就是不断激活整个组织的过程。

这些都需要业务单元反复讨论，达成共识，就不在这里细述了。华为的组织结构每年都在变化，每年都有变革项目，为什么？就是因为华为及各单元每年都要汇报战略规划与执行。

这种高频、整体的战略规划与执行当然也会给很多员工带来困扰与不解。一名离职员工写出在华为的收获：“公司变革的理念不断更新，演进到最新的理论应该是热力学第二定律，华为善于变革，天天变、月月变、年年变，涉及业务、制度、流程、组织等等，感觉只能用《失控》中的蚁群效应来解读，也是任正非大智慧：方向大致正确。如果自己做企业，应该会从中受益不少。”[104] 再如，《华为人》报将心声社区网友对公司管理问题的反映进行了整理，其中第一类问题就是“组织频繁变动/设计复杂/定位不清晰”[105]。员工在心声社区上对此文章继续跟帖：“组织结构影响运作效率，现在年年都在变。”“组织结构年年变已经成了定律了，员工不知道何去何从。”其实，华为和一级部门的战略规划与年度计划每年都在搞，而且都会通过经线（一级部门、二级部门、三级部门的相应部门或接口人）来承接和落地，这是华为的一个独特管理方式。

公司层面的战略规划是“折腾”各职能线，各职能线的战略规划与执行就“折腾”从上到下的各级组织，这就是华为在组织层面的“不尽的折腾”。任正非希望方向大致正确，所以他不断要求员工仰望星空，做好战略规划，这也是未来领袖产生的必要条件。正如任正非 2017 年 8 月 7 日的讲话中指出的：“未来的价值创造来源‘以客户需求和技术创新双轮驱动’，我是同意的。商业模式创新是一个工具，目标还是满足客户需求。我们首先要保证方向大致正确，组织充满活力，就能胜出。如果方向不正确，是产生不出价值来的，组织也难以充满活力。方向正确是领袖要素。领袖要素是方向大致正确的一个保障，组织充满活力要成为方向大致正确的另一个保障。组织充满活力既要能够使大致正确的方向得以贯彻执行，也要善于自我批判，一旦方向脱离大致正确，能够及时纠偏。在知识爆炸、行业快速变化的今天，充满活力的组织要让领袖听得见来自各个层级的声音，吸收全组织的精华，以保证维持大致正确的方向。”[106]

## “大部门制”缩短决策链

经线越来越强劲，就需要越来越多的支撑，这容易导致官僚机构臃肿和活力下降。任正非在 2020 年 3 月 31 日的讲话中这样说：“如果实行中央集权，官僚机构会越来越厚重，官僚机构都是高级别的干部，这样下去，我们成本很高、流程很长，过度管理严重地伤害了公司的竞争力与活力。”

所以任正非希望将经线缩短，将经线缩短的最主要方法之一就是大部门制。所谓大部门制，就是将非作战组织的多个小部门合并为一个大部门，限制小官僚随意发文。任正非在 2018 年 6 月 22 日的讲话中指出：“坚持简化管理，精简组织，做强战斗部队，BG 机关要完成从管控到服务和支持的转变，支撑一线作战。缩短机关经线，合并小部门，限制小部门发文。实行大部门制，多角色，少官员。”[107]

大部门制就是缩小评审的层级与节点。任正非在 2016 年 1 月 18 日的讲话中指出：“要加快推行大部门制，缩小评审点，逐步增多在基层审结的范围……变革的目的就是更简单、更及时、更准确。”[108]

公司小的时候，划小行政责任能够快速响应；公司大的时侯，划小行政责任就会人为增加部门壁垒。任正非在 2012 年市场大会上讲话指出：“实行大部门制，减少流程节点，提高流程的运行速度与效率，努力建设好服务平台……我们当年创业是在没有良好管理体系支持的情况下，为了快速发展，划小了行政责任，实行小部门制，以适应快速变动的业务与发展。它为公司做出了历史性的贡献，但也产生了严重的后遗症，决策链条过长，拖了今天规范化管理的后腿。相当多的人反映，做公司内部的公关，比做外部的难了许多倍。这种严重的滞后效应，都是因为没有流程或流程没有打通，造成流程过长，决策点太多。决策点太多的原因还有授权不足，以及中高层干部当责意识不强，害怕犯错误。……我们已逐步规范化，要实行大部门制，来支持主干流程的融通和高效，不一定会官僚僵化。特别是基层的业务综合化，有利于提高决策效率。我们在新的一年中，应努力去探索合理的解决方案。”

希望整体是一个充满活力的有机体，整个身体完全受大脑中枢的指挥，成为一体化的军团，又不希望经线太长、太厚重、太官僚化，这是一个需要持续改进的难题，华为也在不断地探索。

## 第三只眼：打造军团化企业以保持方向大致正确

一个好的组织，无论多么庞大，都能汇聚成一个声音、一股力量。而我们在现实中看到，更多的企业是上行不能下效，是一盘散沙而非一个拳头，这样的组织如何能够发展壮大、基业长青呢？也有很多企业管理者拼命地塑造价值观、文化理念，但结果更多的是把口号挂在了墙上，却没有融入组织的血液里。我们不禁要问：如何才能打造出一个从上到下军团化的组织？当然，有的企业管理者又会反映：管得太死，员工、部门缺乏决策权，向上汇报和向下传达的链条太过冗长。这又产生了新的问题：一个组织怎么才能合理、高效地形成拳头呢？

本章就该问题给出了华为的回答。华为借鉴党领导下的人民军队的组织理念，强调把支部建在连上，形成军团化力量，具体包括：

第一，企业应该通过某种机制把上下紧密连接起来。在华为，就靠各条产品线、业务线，从上到下都有相应的职能部门或人员来实现。

第二，企业上下能够及时地传达、商讨、贯彻，保证组织有内容运作。一方面，经线将组织的战略、思路、目标、任务等传达到一线，让基层能够正确理解和执行组织意图；另一方面，经线将基层的意见与建议不断地向上传达，使组织高层的管理者能够听到基层的声音，考虑基层的意见。就这样，通过上上下下的民主审议、反映问题、反复调整，保证路线的持续一致性和准确性。

第三，打造军团化企业不可避免地会带来一定的额外成本和效率的降低，因此也要向简化流程但又能保证效率和质量的方向努力。华为的做法是“大部门制”，通过减少各条经线上的评审节点来缩短上传下达的距离，减少上传下达的阻隔。

打造军团化企业，意在强调黏结企业所有力量，形成一个拳头而非一盘散沙，与所谓的企业多元化、分布化并不对立，也不等于完全的集权化和中心化。在此共识的基础上，才可能形成一体化力量的大众认同。当然，如何把握其中的度也还是充满挑战：

1 如何做实而非做虚？现实中，很多企业管理者都绞尽脑汁想让基层的员工理解高层的战略、思路，尽管传达下去了，但往往收效甚微，员工可能只是将其当作“耳旁风”；反过来，员工也很想把自己的想法、建议向高层反映，虽然有所谓的“通道”，但其实还是很难实现。其中既有管理者、员工之间的问题，也有组织架构、管理机制的问题，一旦排除“命令式”的解决方案，问题就会陷入僵局。
2 企业中的“连部”应该定位在哪里？我们虽然提出“把支部建在连上”，但这只是一种形象的类比，在真实的企业中又该如何正确理解和建设这种“连部”呢？如今，很多企业的基层员工任务繁重，工作更多是服从上层安排，缺乏时间独立思考、提出建议，这种现实的困境也让组织难以建立合适的从下到上的反馈体系。

3 打造军团化企业绝非唯一的组织激活方式。其他企业如果模仿华为，一定会思考这样的问题：需要建设集中力量办大事的机制吗？需要像部队一样形成军团力量吗？这可能需要企业根据实际情况来回答了。理想的状态或许是：组织在需要一体化军团力量的时候能够迅速集中相关力量重点突破，在不需要一体化的时候，能够将相关力量分散出去，各自为战。

# 12

# “纬线”打通

第 11 章讲的经线缩短、战略落地，主要是讲集团总部怎么调动各基层单元的力量，使整个公司成为整体。但实际上组织中还面临一个问题：贴近“敌情”或者客户的“一线弹头部队”能不能指挥同层级甚至上一层级的拥有资源的其他部门？这就好比孟良崮战役中，国民党整编 74 师师长张灵甫在面对生死存亡、万分紧急的敌情时，怎样才能呼唤孟良崮东南山脚下的同级整编 83 师来支援？怎样才能呼唤孟良崮西北山头附近的同级整编 25 师来支援？

孟良崮战役，蒋介石的策略是用全部美式装备的整编 74 师（相当于 1 个军），师长张灵甫也是蒋介石嫡系中的嫡系，在孟良崮中心来牵制华东野战军 5 个纵队（相当于 5 个军）；然后再以 10 个整编师（相当于 10 个军）来打华东野战军外围 4 个纵队（相当于 4 个军）的救援。蒋介石想形成一个大圈套小圈，四面包围、中心开花的态势。但战争一打响，张灵甫不断地呼叫友军“拉兄弟一把”，10 个整编师却没有谁来帮他。其实孟良崮的东南山脚下是李天霞的整编 83 师。

李天霞曾经当过74军（即后来的整编74师）的副军长，当过军队长官的人对军队都是非常有感情的，但李天霞回答张灵甫的呼救时说“兄弟也被共军阻挡，甚急，甚急”，没有去及时支援命在旦夕的老部队。在孟良崮西北山头附近的是整编25师，黄百韬是整编25师的师长，同时是此次战役中张灵甫的直接主管，但黄百韬说自己也被共军阻挡，不能前行半步。结果在不断的“拉兄弟一把”的呼救声中，整编74师全军覆没，一代抗日名将张灵甫本人也战死在此地。

## 纬线就是“以客户为中心”

“华为这台活力引擎的轴心是客户，是否为客户创造价值是判断有序无序、熵增熵减的标准和方向。”[109] 任正非以“瓦萨”号战舰建造长达2年，结果首航10分钟就沉没的例子来告诫员工为客户创造价值。他在2014年11月6日四季度区域总裁会议上的讲话指出：“变革的目的是为了多产粮食和增加土地肥力；合理提拔、使用干部，目的是为了作战胜利。瑞典的‘瓦萨’战舰是当时世界上最大的炮舰，装修很漂亮，里面的雕塑都是艺术品，但战舰存在的目的是为了打胜仗，装饰是多余的。国王为了显示威力，又加建了一层炮塔，但船体本身没有改，结果一出海就沉了。在未来变革过程中，我们要强调，目的才是最重要的，目的就是要多产粮食、产生战略贡献和增加土地肥力，凡是不能为这两个目的服务的，都要逐步简化。变革最主要是围绕‘为客户服务，创造价值’来设立流程、制度，不能为这个中心服务的，我们都要简化。现在流程的烦琐，就是因为我们以前没有弄清楚目的到底是什么。”[110]

华为学习美军，制定了华为的“十六条军规”，其中第二条是：“如果你的声音没人重视，那是因为你离客户不够近。”[111] 其实在华为内部经常有争议，有时可能几年都争不出结论，一个很有效的方法就是利用客户的声音和力量。很多时候只有客户的声音能够统一所有人的认识，得到大家的认可。这也是任正非驱动公司的另外一个法宝。

又如《华为人》报曾完整地刊登了2010年8月5日马来西亚电信CEO向华为时任董事长孙亚芳的愤怒投诉邮件[112]，题为《TM（马来电信）对华为在马电国家宽带项目中一些问题的关注》。现将此信摘录如下：

尊敬的孙亚芳女士、主席：

今天距我们上次会面已经六个月了，在上次的会谈中，我们针对国家宽带项目，特别是IPTV部署向华为请求做特殊保障。

非常感激您的亲力赞助与大力支持，我们才得以成功在3月29日正式启动我们的新品牌（Unify）并商用新业务（Triple-Play）。这次商用仪式由马来西亚首相亲自启动与见证，非常成功！

然而，我们业务的商用并不能代表网络的成功转型，同时也并不说明我们拥有了一个充分测试、安全稳定的网络平台。从四月份开始，我们开始与华为再度努力，力争开创HSBB的未来。但非常遗憾，在过去几个月中，华为的表现并没有达到我对于一个国际大公司的专业标准的期望。……过去几个月里，多个问题引起我们管理团队的高度关注和忧虑：

（1）合同履约符合度（产品规格匹配）和交付问题：在一些合同发货中，设备与我们在合同定义、测试过程中不一致……

（2）缺乏专业的项目管理动作（方式）：在我们反复申诉中，我们刚刚看到华为在跨项目协同方面的一些努力与起色，但是在网络中，仍然存在大量缺乏风险评估的孤立变更……

（3）缺乏合同中要求的优秀的专家资源……

……

我个人非常期望能与您探讨这些紧急关键的问题；如果您能在随后的两周内到吉隆坡和我及管理团队见面，将不胜感激。

……

《华为人》报完整地报道了该事件始末：第一章《客户的失望与愤怒——CEO的投诉》，第二章《风平浪静下暗流涌动》，第三章《一步步滑向泥潭》，第四章《危机爆发》，第五章《悲剧在延续》，第六章《华为人，你如何选择？》。

当然，这仅是一个例子，说明很多时候只能以客户的声音来引发讨论和共鸣。纬线打通，听得见客户声音的人才能指挥作战，才能挟客户以令内部的八方诸侯。

## 合同在代表处审结

前面讲过，一个公司在小的时候，经营决策与调度指挥的权力可以集中在公司的顶层，但随着公司的成长，不可避免地需要下放决策权，否则不可能指挥好战争。正如任正非 2016 年 7 月 12 日在市场年中会议上的讲话指出的：“未来我们每年要碰到五千到一万场‘战争’，中央集权的管理，不适应 2000 亿美元规模的组织形式。如何在未来十年有序放权，这是我们管理的重点。”[113]

机关的职能部门，因为不能靠近一线，又想指挥一线，只能养越来越庞大的非一线队伍来收集信息，形成方案，传达指令。正如任正非在 2020 年 3 月 31 日的讲话所说：“公司越来越庞大，组织越来越庞大，如果实行中央集权，官僚机构会越来越厚重，官僚机构都是高级别的干部，这样下去，我们成本很高、流程很长，过度管理严重地伤害了公司的竞争力与活力。……我们要成功，就不能养这么庞大的机关。……军队有一个工作方法，叫一日生活制度，每天报告听到前方有啥痛点，只有建立这个生活习惯，才会知道前线作战部队的痛点，作战部队管理的方向自然就会转过来，是谁来牵引他？是一线作战部队的痛点在牵引他。”

任正非一方面希望整个华为成为一体化的军团，另一方面又希望将经营的堡垒建在一线，让一线能“牵一发而动全身”，“就近、快速”实现对客户需求的满足。任正非 2019 年 3 月 8 日在全球合同场景师大会上的讲话指出：“公司正在改革试点，逐步实现在中央集权的基础上，将代表处建设成‘村自为战，人自为战’的一线经营堡垒。”[114] 这反映了任正非的一个梦想，就是一线能成为满足客户需求的经营堡垒，不需要事事找任正非决策，事事都要机关来负总责。

任正非在 2017 年 6 月 2 日到 4 日的华为公司战略务虚会上指出：“我们始终坚持为客户创造价值的正确方向，持续激发组织活力。战略执行要闭环，经营管理要下沉。坚持导向熵减，加快优秀员工的提拔，让人才在最佳时间、以最佳角色，做出较大贡献。资金、账务、审计实行中央集权，全力服务业务，风险控制有效。下放业务经营权，让听得到炮声的人来指挥战斗。”[115] 也就是说，他希望经营管理要不断下沉，越往下沉，就越能听到炮声，就越容易激励更多的人来承担责任，堡垒越靠近前线就越容易阻挡敌人，即越容易满足客户需求，这样才能把所有人的活力都激发出来。

为了激发代表处在内外合规的前提下多打粮食，增加土地肥力，提高人均贡献的主观能动性，将代表处建设成一线经营堡垒，在2017 年和 2018 年华为拉美大区的阿根廷代表处、哥斯达黎加代表处初步试点经验的基础上，华为于 2018 年 12 月 17 日以公司文件《关于合同在代表处审结变革试点配套文件发布的通知》[116] 的形式，正式发布《“合同在代表处审结”的试点方向和改革要点（试行）》[117]，现摘录部分重点内容如下：

一、推行节奏的要求

1. 2019 年 1 月按新方案正式启动阿根廷和哥斯达黎加代表处的全面试点。

2. 现阶段试点主要聚焦试点代表处的运营商 BG 业务（其中合规和监管平台覆盖所有业务），逐步覆盖企业和终端业务。

3. 整个公司需要用五至十年来最终实现，是一个缓慢的推进过程。

4. 改革要慎重，不能冒失，宁可走得慢，也要走得稳；机关和地区部要以“试错和容错”态度，让试点代表处放下心理包袱，愿意并敢于试验。

二、试点代表处的变革方向

合同在代表处审结试点探索代表处在经营目标牵引、运营资产包和粮食包约束下，实行相对自主经营、自主运作的模式，试点代表处有合同决策权、客户选择权、产品选择权。并通过改革试点，逐步实现“机关手放开、管好钱，一线放开手、用好权”“钱要体现公司意志，权要听得见炮声”的运作优化意图。

三、试点代表处的组织运作模式

试点代表处变革后成为公司授权的全权全责的当地经营组织，以权力中心、经营中心、作战中心为分层实体，开展相对自主经营与管理，简化公司其他组织机构与试点代表处间的日常管理关系，组织运作模式如图 12.1 所示。

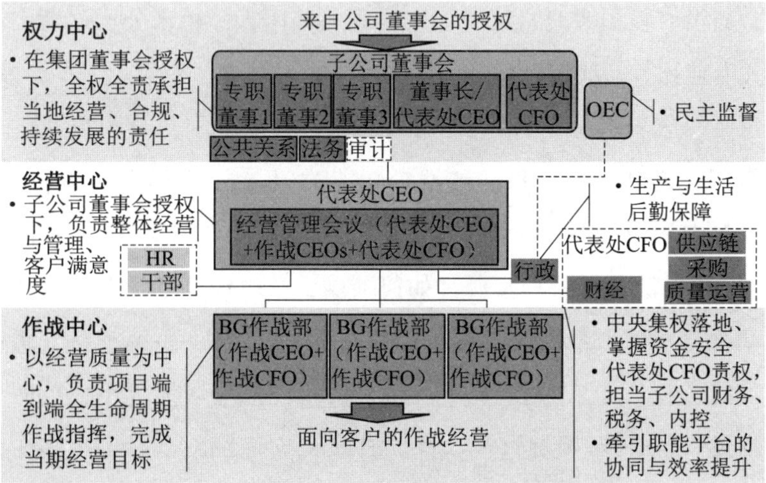


图12.1 华为试点代表处的组织运作模式

*OEC：Office of Ethics and Compliance，道德遵从办公室

## “班长的战争”

授权给代表处并使之成为“村自为战，人自为战”的经营堡垒，但绝不能允许代表处的兵越集越多，单一的堡垒越来越大就容易成为割据一方的诸侯。任正非希望“授权”，让前线有战争的指挥权，但不希望所有资源都囤积在前线，前线能够有效调动资源即可。就像“班长的战争”那样，班长能指挥战争，但班长本身并没有多少直属的兵，即授权用兵但不大量屯兵。

以前代表处屯兵很多，因为流程不畅，不屯兵则在攻山头时没有足够的人力，也得不到炮火的支援，只有屯兵才是最保险的。任正非在质量与流程 IT 管理部工作汇报会上的讲话中指出：“现在代表处之所以屯兵，因为流程不畅，所以组织对齐，什么资源都先放在代表处。有人只管‘酱油’，有人只管‘醋’，听各自老板的指示，当没有攻山头时，就可能会出现一些闲人。将来公司逐渐走向机关专业化、一线综合化，即机关有一批‘酱油’专家、一批‘醋’专家，一线安排一个人既卖‘酱油’又卖‘醋’，这样可以减少一个编制，逐渐走向精兵。这就是功能对齐，组织不对齐。将来区域是作战指挥中心，攻占山头时呼唤炮火，战略预备队协同作战，BG 提供各类兵种资源。如何准确、及时地调动资源，牵一发而动全身？整个组织的改革是系统工程，需要 IT 系统支持，否则不可能实现。如果 IT 系统不支持，前线团队‘叫天天不应，叫地地不灵’，如何呼唤炮火？六百里加急送‘鸡毛信’，那需要多少编制？又如，一线呼唤炮火‘坦克’，‘坦克’到了，但是‘油’没有到，‘炮弹’没有到，‘坦克’有什么用呢？它还要吃粮食，本来粮食就不够。”[118]

以前的战争只能靠将军来指挥，今后应该靠“班长”来指挥战争。班长本身没有多少直属的兵，但他可以呼唤千里之外的炮火和人员。任正非在2013年10月19日公司干部工作会议上的讲话中指出：“我们用了二十五年时间，在西方顾问的帮助下，经数千人力资源的职业经理与各级干部、专家的努力，基本建立了如胡厚崑所描述的金字塔式的人力资源模型，并推动公司成功达到400亿美元的销售规模……金字塔管理是适应过去机械化战争的，那时的火力配置射程较近，信息联络落后，所以必须千军万马上战场，贴身厮杀。塔顶的将军一挥手，塔底的坦克手将数千辆坦克开入战场，数万兵士冲锋去贴身厮杀，才能形成足够的火力。而现代战争，远程火力配置强大，是通过卫星、宽带、大数据与导弹群组、飞机群、航母集群……来实现。战争是发生在电磁波中，呼唤这些炮火的不一定是塔顶的将军，而是贴近前线的铁三角。千里之外的炮火支援，胜过千军万马的贴身厮杀。我们公司现在的铁三角，就是通过公司的平台，及时、准确、有效地完成了一系列调节，调动了力量。今天我们的销售、交付、服务、财务，不都是这样远程支援的吗？前线铁三角，从概算、投标、交付、财务……不是孤立一人在作战，而是后方数百人在网络平台上给予支持，这就是胡厚崑所说的‘班长的战争’。”[119]

任正非希望营长（代表处代表）、连长（系统部部长）、班长（项目经理）能够指挥一个师的资源来作战。他在2017年2月6日的讲话中指出：“就像军改以旅、营、连为基本组织一样，我们也模仿旅（大地区部、资源中心、机关资源化、资源市场化）、营（代表处作战平台）、连（代表处系统部、项目管理中心）。我们也要用现代工具减少我们的管理层级，增强一线的作战能力与现场决策权力。公司将来除资金管理、账务管理、审计与内控由中央集权外，在数据全透明的基础上，将经营决策的权下放到作战团队。团队有权、有责、有利，自己制约自己。如果一个营拥有一个师的作战能力，那么营长就是师职，少将连长就自然产生了。”[120]

任正非在2014年6月24日的讲话中指出：“你们要去研究一下美国军队变革，乔良写的一本书叫《超限战》，军队的作战单位已经开始从‘师’变成‘旅’，作战的能力却增强很厉害，而且美国还在变革，未来的方向是，作战单位有可能从‘旅’直管‘营’，去除‘团’一级，还要缩小成‘排’‘班’……。班长可能真就是‘少将’或‘少校’，因为一个班的火力配置很强（巡航导弹、飞机、航母），就没有必要大部队作战。‘班长的战争’这个理念应该这么来看，大规模人员作战很笨重，缩小作战单位，更加灵活，综合作战能力提升了，机关要更综合，决策人不能更多。让组织更轻、更灵活，是适应未来社会发展的，也是我们未来组织改革的奋斗目标。将来华为的作战方式也应该是综合性的，我们讲‘班长的战争’，强调授权以后，精化前方作战组织，缩小后方机构，加强战略机动部队的建设。划小作战单位，不是指分工很细，而是通过配备先进武器和提供重型火力支持，使小团队的作战实力大大增强。当然，授权不是一两天能完成的。”[121]

那么如何实现“班长的战争”？主要还是借鉴“军委管总、战区主战、军种主建”的人民解放军军改思想（如图12.2所示），“养兵”和“用兵”分离。

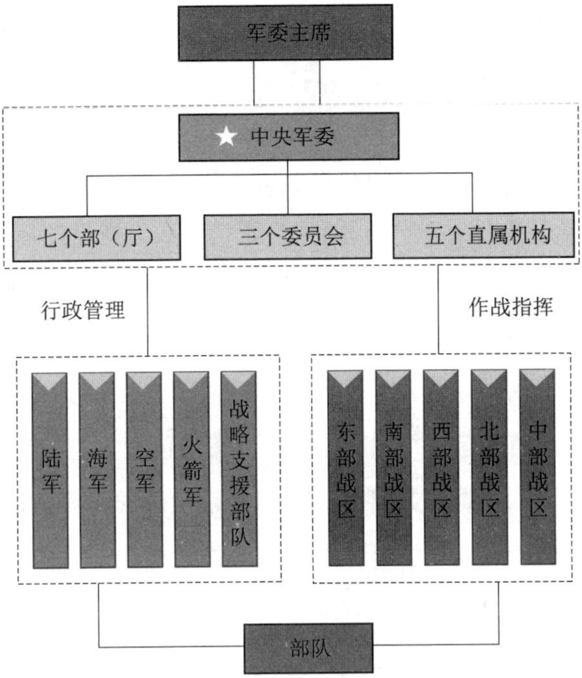


图12.2 军委管总、战区主战、军种主建

军种主建，即各军种负责单兵训练、分队训练、基础训练。军种就是要打造合格的产品，负责提供合格的部队、合格的武器装备和合格的人才。打个比方，军种就像一家工厂，战区就像用户，军种主要为战区提供合格的“产品”，这个“产品”就是部队，战区是这些部队的使用者，而军种不参与指挥作战。

战区主战，即战区是由多军种联合组成的，战区里面不光有陆军，还有海军、空军、火箭军等，联合在战区层面出现，或者在战区层面出现联合之后再往下延伸。联合的层级越低，联合的水平就越高，尤其是专司主营联合作战，能大大提高军队的联合作战水平，使联合作战逐渐向下延伸。一旦开战，战区司令是唯一的指挥官，要对作战胜败承担责任。

华为现在的变革也大致遵循这种思路：

代表处主战，对战争的结果负责。代表处能根据客户与自己的情况决定客户是谁（客户选择权）、能卖什么（产品选择权）、价格多少（合同决定权），这些权力原来都归机关或者地区部的职能部门（比如无线产品行销部、固网产品行销部）。举例来说，以前代表处针对客户的网络需求提出了解决方案，需要经过机关无线产品行销和固网产品行销的审核与批准（假设方案中包含它们的产品）。这两个产品行销部门可能互相打架，A 产品行销部门希望自己的份额高一些，价格高一些，B 产品行销部门认为自己的牺牲太大了，应该从 A 部门那里划过来一些。结果神仙打架，凡人遭殃，一个合同的产品组合、价格审批可能要持续数月。这些“神仙”并不管代表处当期的经营盈利与否，也不管后续能否盈利，它只管自己的产品小算盘能不能打得响。现在，代表处仍然对自己的成败（经营）负责，但获得了客户选择权、产品选择权、合同决定权，能够决定各产品行销的份额与价格，因而能有效制约和呼唤炮火（机关及地区部）的支援。

资源中心、能力中心主建，对炮火质量负责，类似五大军种的职能部门负责能力建设，对炮火质量负责。代表处与机关或者地区部的资源中心、能力中心的关系，是一种市场关系，通过工时或者服务工单进行结算。向资源中心或者能力中心购买“炮火”的制度，促使资源中心、能力中心提供有质量的“炮火”，也只对“炮火”质量负责。这就形成了能力中心与资源中心主建，代表处主战的组织布局。

代表处、系统部、项目组铁三角担负主战的责任，用兵与养兵分离。任正非在 2019 年 10 月 21 日的讲话中指出：“系统部铁三角、客户黏性和网络黏性岗位的精兵强将共同构成系统部作战部的弹头，不仅只有系统部部长和铁三角，弹头是要做强而不是做大；系统部需要的一些公共的、弹性的资源，可以放到资源和能力中心去。其实就是主战主建分离、养兵用兵分离，养兵平常在各资源中心、能力中心，各自训练，从难、从严、从实战出发；系统部用兵的时候就进行合成，弹头拥有作战指挥权。……代表处的主要责任是种地产粮食，大代表处的作战指挥权要进一步向系统部下沉。……代表处的主要责任是‘把地种好’，大代表处的系统部作为一个作战部，还是聚焦在‘多打粮食’。……成熟业务作战指挥权在代表处和系统部。”[122]

主战的责任，就是对客户需求进行任务式管理，有任务时就指挥人员联合作战，没有任务时就释放资源。任正非在 2014 年 9 月 23 日的讲话中指出：“‘班长的战争’不是班长一个人的战争，其核心是在组织和系统支持下实现任务式指挥，是一种组织的整体性改变。‘班长的战争’灵活、轻便和高效的组织运作，核心是在组织和系统支持下的任务式指挥，实现一线呼唤炮火。任务式指挥是通过授权和指导，支持敏捷且适应力强的下级指挥官在意图范围内发挥有纪律意识的主动性，用自己的方式最有效地实现上级指挥官的意图。实现任务式指挥，需要组织整体的改变，不是班长一个人的战争，而是需要责任、权力、组织、资源、能力、流程和信息系统等多个组织管理要素上的支撑。在责任分工方面，将战术指挥重心下沉一线，高层和机关聚焦战略制定、方向把握及资源调配；在权力授予方面，行政管理和作战指挥权力分离，基于清晰的授权规则和下属的任务准备度进行合理授权；在组织配置方面，根据作战需要，模块化地剪裁和调整一线组织；在资源布局方面，战术资源贴近一线作战部队，战略资源集中布局，快速有效响应；在能力建设方面，以战略要求为主线，开展综合性能力建设；在流程运作方面，作战流程面对复杂多变、不确定的环境，聚焦作战能力的实现，行政管理流程则严谨全面；在信息系统支撑上，通过构建互通的信息环境，使各级指挥官在任何时间、地点都能获取完成任务需要的信息，对作战环境形成共同的理解。”[123]

在 2013 年 12 月 19 日华为高层关于简化管理的座谈会上，几位领导的讨论反映了公司对项目的经营和授权思想，现摘录如下：

郭平：华为的“项目经营”本质是划小经营单元，大公司要像小公司那样有活力、不僵化，但我们的体制能否支撑？大公司怕僵化，小公司怕失控。

任正非：中国“人之初，性本善”的理论，导致中国缺少放权、监管的理论基础。西方的观念是要把所有的人在制度上都管住，缺点就是太规范，一直规范到最基层。郭平曾经讲过，放松基层的决策流程，避免西方的僵化错误。那么如何放开？在哪个节点要收回来？在那个节点下，一线可以自己指挥，但节点以上的上报一定是标准化的。我认为要放松战斗的决定权，管理战果的处置权。

郭平：我之前总结的“击毙本·拉登”事例，主要讲未来管理体系做三件事：（1）前方是项目经营：目标清晰的行动中心。24人的海豹突击队有明确的项目目标，他们的“少将班长”相当于我们的项目经理。（2）中间是被呼唤炮火、有效率的平台：在传递过程中，能使前后方信息、物资全部贯通，能呼唤无人机，是由卫星、航空母舰、通信系统等组成的服务平台。（3）后方是清晰的决策及监控中心：前方活动过程清晰透明，确保前方按业务规则进行。

梁华：其实目标和规则早已确定，后方对过程可视，如一线是按规则进行的，后方就不应该再干预，因为一线已经获得了授权。[124]

## 第三只眼：权责分明，让听得见炮火的人指挥战斗

我们在第11章虽然强调组织集权，但也明确知道需要放权，其中的重要性不再赘述。其实，我们在团队激活篇里已经讲到，华为的销售团队就有指挥后方资源的权力，即让听得到炮火的人做出正确的判断和指挥，这是一种组织的分权或放权。但是组织权力下放的依据是什么？权力下放的位置在哪里？怎么约束前方用权但不滥权？本章主要通过四个方面说明如何通过放权给一线来激活组织。

第一，正确定义集团与基层应有的权力。集团集权的重要性不言而喻，它可以保证组织方向大致正确，但是也存在一定的弊端——不接近一线，有时无法做出最正确、及时的决策。因此，集团主要

掌握战略、财务、审计等核心权力，赋予一线一定的自主权，而不是事事都要向上级汇报，等待上级决策，集团管理层更不能成为“一言堂”。

第二，组织权力下放的唯一标准是“以客户为中心”。只有在一线接触客户、能够代表客户并更好地服务客户的部门或人员才能拥有决策权和指挥权，否则便难以实现分权的初衷，甚至会得不偿失。如果权力放得太靠下，则无法实现对上级或同级的指挥；如果权力放得太靠上，则很难做出正确的指挥。

第三，组织权力下放除了让一线有权，还要让其负有全责。这其实在第 9 章已有论述，一线部门有权指挥后方资源，但也对客户需求、交付等负有全责。只有形成闭环的权责体系，才能真正做到小前端指挥大平台，才能真正实现简政放权的目标。

第四，组织权力下放只是意味着一线能够在需要的时候用权，而不是获得永久的权力，这就是华为提倡的“班长的战争”体现出的“让用兵但不让屯兵”的思想。当然，放权的同时也要保证用权的合法合规，这就需要组织对用权的监管，我们会在第 14 章专门说明。

简政放权，让听得见炮火的人来指挥战斗，似乎有很强的合理性，但是仔细思考，也有几类问题需要解决：

1 听得见炮火的人往往是战斗人员，这些战斗人员能兼任指挥人员吗？战斗人员往往做着专业、精细化的工作，并不具备也没有精力和时间去培养指挥战斗的能力，这就形成一个棘手的问题：战斗人员往往是盲人摸象，他们抵近侦察到的内容具有一定的局限性，而他们平时的工作往往也不是决策而是执行，如果硬要他们决策，这种决策的结果也只能符合他自身的预期，很难得到其他战斗人员的支持。那么，一线的指挥人员到底是谁？到底应该定位在哪里？只让听得见炮火的人及时汇报战况，后端综合多方面汇报后统筹指挥此次战斗，乃至长远规划未来战斗，或许是一种比较好的方式。

2 在一些情况下，听得见炮火的时候还来得及指挥吗？听得见炮火的人要有多优秀才能够指挥战斗甚至长期指挥战斗？此外，又有多少优秀的员工会留在一线？

3 如果让所有的一线都去直接找后端甚至具体资源部门要“炮火”，那么后端和资源部门的工作量就会大大增加，也会由于缺乏中间部门的审核、规划而出现资源不够、难以平衡等新的问题。

当然，上述问题可能存在，企业管理者需要对“让听得见炮火的人指挥战斗”进行具体分析。但是，我们也应该注意到，如今是信息化时代，越来越多的信息和行动能够无延时地抵达和发生，企业员工比以往更能够听得见、看得见。

# 13

# “拧麻花”，饱和攻击

当经线（纵向）与纬线（横向）都编织好后，同一个节点会受到两个方向的指挥，在华为还有一个方法叫“拧麻花”，即利用“多路径、多梯次、多场景”的组织路线，充分地激发节点上的力量，使之避免板结。

## 矩阵组织

我们在前面已经提到，华为主航道上的每个岗位都有两条线来管理。一条线是部门主管（或者叫业务主官），比如某员工是阿根廷代表处的员工，就由阿根廷代表处决定该员工的绩效评价、奖金评定、股票授予，这就使部门主管能对该员工下达工作目标和要求，并进行过程指导与监督。另一条线是行业线主管（或者叫专业主管），比如该员工属于阿根廷无线产品行销部门，那么机关（地区部或深圳总部）会有一个职能部门对该员工的专业技能培养、任职资格认证、全球调动等负责，这就使行业线主管能对员工下达行业线的战略要求并在基层落地。

每个人都有两个主管，这就是华为矩阵组织的基本形态。

这好像违背了等级管理的基本原则。德鲁克曾说过：“等级制原则还保证一个人只有一个上级，这也使下级得到保护。否则，下级就可能陷于两种互相冲突的命令、利益和对忠诚的要求之中。一句古老的农民谚语说：‘一个坏主人也比两个好主人好。’”

但华为公司顾问、中国人民大学的黄卫伟教授2003年在《华为人》报发表了文章《拧麻花》，非常生动地解释了任正非的“拧麻花”哲学：

> 管理着大型企业的企业家或经理人，恐怕都对把握政策的分寸深有体会。企业是一个功利组织，“天下熙熙，皆为利来；天下攘攘，皆为利往”，将这么多逐利的个体整合成一股合力，真不容易。另一方面，企业又是一个矛盾体，像扩张与控制、集权与分权、团队合作与尊重个性等。……能不能建立起一种矛盾双方既对立又相互促进的机制，避免发展的大起大落呢？……这是一种矛盾管理方式，用任正非的话来说，这叫作“拧麻花”。两股对立的力量同时作用，相反相成，就像拧麻绳一样，一个往左使劲，一个往右使劲，结果是绳子越拧越紧。任正非有一次还特别提到，当他参观埃及金字塔时，在展厅里发现一根陈列在橱窗里的四千多年前的麻绳，至今还拧得紧紧的……拧麻花可以有多种拧法。可以是前后拧，也就是增加一

> 个时间的维度，一个时期强调一种主要倾向，一张一弛，波浪式发展。也可以是左右拧，在组织中建立扩张的部门和制约的部门，你扩张，我制约，你攻城略地，我管理经营。还可以是上下拧，企业高层领导往战略方向上拧，中基层主管和员工往效率和利益上拧。更可以是里外拧，内部追求股东和员工利益，外部满足顾客和合作者利益，维护哪一方利益都必须以其他方面利益的合理实现为前提，损害哪一方利益都会损害各方面的利益。[125]

华为的矩阵组织使得同一个岗位同一个人有两个“主人”（即主管），因此可能收到两种互相冲突的要求或者命令，这就使华为的员工都非常累，可能会处于被两边挤压、疲于应付的状态中，相当于“两个主人”对同一岗位同一个人的作用力。华为在主航道上的组织，都是这种“拧麻花”的矩阵组织，拧两头挤中间。

但是这样的机制就导致了华为的组织永远是扩张的、非平衡的。举一个例子，阿根廷代表处说今年只要完成5亿美元的目标就行了，因为比去年增长了20%~30%，代表处的无线销售只要完成3.5亿美元即可达到整体绩效为A；如果无线销售还有增长空间，可以留到下一年度，让代表处明年的绩效也不会很差。此时地区部或者公司无线行销部可能就不答应了，因为他们也有自己的KPI或者战略要求，整个公司的无线销售目标是200亿美元，缺口还很大，而根据阿根廷无线行销人员平时向上汇报的销售机会点，全球无线行销部认为阿根廷无线销售机会空间可能接近6亿美元。这个时候就要找阿根廷无线行销人员拧麻花，要求阿根廷行销至少要定5亿美元的收入目标。所以，这样一个拧麻花的组织永远在扩张，不会被某一个人绑架，也不是某一个人说了算。这就是华为在 2019 年遭美国打压后还能不断增长的秘密：不断地拧，把水分挤掉，促使组织往前走，这是华为独特的拧麻花哲学。

同时，矩阵组织可以对任何一个岗位随时进行替换，任何一个人、任何一条线，都可能被取代，而不会太长期地影响业绩。与之相反，很多公司里，尤其在销售一线，如果某个主管突然被撤掉，客户关系可能就全部被带走了，再来一个主管往往要花很长的时间才能将组织建好。这样的公司就可能被某个人（如销售主官）绑架了。华为的任何一个岗位，甚至代表处代表、地区部总裁，都能说撤就撤，继任者能够在较短时间内胜任工作，因为华为的能力是建立在组织上的。平常由两条线管理，信息都是相通的。所以任何一个人都可以被替代，而组织不会被绑架或者架空，这就是华为拧麻花组织的另一个效果。

任正非在 2015 年 3 月 10 日的讲话中对矩阵组织的特点做了阐述：

> 为什么在主航道要坚持矩阵化管理？如何让矩阵变形，不断适应公司发展的新要求？
>
> 公司主航道业务需要面对内外商业环境、客户需求和产业的快速变化。为了抓住机会，打造领先优势，我们的作战队伍要在任何情况下，产生适应性变化，但作战队列不能乱，这就是流程与矩阵。随着环境的变化，阵列会变化，但队列之间的相互关系不能变化，否则就丧失作战能力。这就是矩阵管理的特点。我们用矩阵管理，就是这个目的。所谓矩阵，就是一个

个方形格子，队列十分整齐。如果要求稳定，方形格子就不要变形，例如建筑物的钢筋网。但我们要随机变化的。矩阵管理的优势是大平台，经验、技能和各类资源都充分复用共享，但其代价是内部管理关系比较复杂，就是郭平说的双责任制，管理成本高。但为了千军万马站上上甘岭，我们不得不只对大部队这么做。

但公司发展不可能这么稳定，稳定也只是相对一个短时间的，它会随着商业环境、交易质量、人的素质……发生变形。因此矩阵管理在稳定基础上要进行“变形”，不断适应业务需求的变化。矩阵怎么“变形”呢？

就拿矩阵中的人员激励来说，为了激发组织向上的力量，应优先破格提拔优秀人员，把网的“纲”提起来，使网格向上，向正能量变形。矩阵的规则是事先确定的，这些相互关系也是相对固定的，以牵制队形不乱。如，蛇的头不断摆动，身子不断跟随摆动，蛇身不乱。任何条件下仍要保持队列的结构和作战力，而且总是力求恢复规则，恢复到新的矩阵状态，在“纲”发生“变形”后，矩阵也会拖动其他人员的进步，达到新的平衡状态，纲举目张。这样通过不断地打破平衡，不断地向前变形来牵引组织的前行和活力的焕发，从而推动公司不断走向新的成功。那又为什么要淘汰落后呢？因为你不随先进变形，就拖住矩阵扭曲了。公司的主航道部门，就是在使用这种管理。[126]

任正非在2015年3月18日的讲话对矩阵组织的稳定与变化关系进一步做了形象的解释：

> 主航道部队实行矩阵管理，目的是产生更高的效益，在主航道更快地选拔优秀干部。……矩阵就是方格子，一块块矩阵就是一个个方格子阵列。我们把修房子的钢筋一根根捆起来，它也是一个矩阵。如果我们要求公司稳定不变，就把你们当成钢筋，用混凝土灌进去，形成稳定的结构。房子需要稳定，所以钢筋之间的关系不能发生变化。矩阵管理是用来考核主航道部队，关系着几万、十几万人的前进，主航道部队一定要贯彻严格的制度和作战方案，不能随心所欲。这个矩阵是不断变化的，这样才有生命力，但节点之间的相互关系是不变的，不管你怎么变，都保持合理的队列，形成战斗力。[127]

其实任正非在20世纪90年代就已经形成了矩阵组织的思想与具体实践，这可能就是华为无论人员怎么变换，组织经受多大困难，都能坚不可摧的根本原因。任正非在1997年5月30日与上海邮电管理局的研讨中汇报说："华为公司组织的特点还在它的矩阵结构和求助网络上。组织平台建立起来以后，如果你只是按照自上而下的纵向指挥系统、计划系统、预算系统来分配资源和目标，那么这个系统很可能就僵了。它不能计划出变化来，变化是发生在计划实施的过程中的，它是不可测的，许多变化是不可测的。机会是很难预测的，计划可以预测资源，可以预测项目，但是很难预测机会。华为横向的管理是业务流程，其关键不在于区别职权大小，而在于如何合理地控制流程的运转。在流程前沿的往往都是基层干部，他们十分敏感，由于流程流过他那一段，他就有授权，可以去解决问题。但由于任何执行人的能力都有限，不可能事事都懂，因此需要求助，向相关资源求助。纵向职能系统在运行过程中怎么灵活应变呢？资源怎么动态地合理配置呢？这么大的平台怎么运作呢？就是靠这个矩阵网络和求助网络，这是华为公司一个非常大的特色。矩阵网络就是从最基层的、最贴近客户、最贴近开发前沿的员工身上，从基层主管身上，捕捉机会、捕捉变化，他们对机会和变化是最敏感的。那么一旦发现了机会以后，怎么办呢？就是向资源求助，直接向上求助，获得处理问题的授权。这是灵活调配资源，向机会上聚集资源，集中配置资源。要做一件事决不是像我们以前似的，像国有企业似的，开会决定这是什么事情，你是负责哪个部门的，你去做，我最后去检查。不是这样的，这是绝对不够的。”[128]

任正非 1996 年 6 月 30 日的讲话谈到了矩阵组织的试点，就像用兵与养兵相互分离的试点：“我们正在试验实施行政管理与业务管理相分离，推动有序的分层管理组织与业务信息网络矩阵管理相互兼容。建立多层、多级、多专业的责任中心，通过有限授权，将推动业务运行的权力与责任下放到对事情最明白的机构和人的手里去。建立开放的多层、多级专业管理平台，确保公司经营活动的迅速展开。每一个平面的责任中心，分工明确，责任清晰。通过多级责任中心的协调配合，建立起开放的管理平台。无论何时何地，任何级别的员工都能及时、直接、快捷地得到支持，使工作流程缩短，支持准确度增加，工作效率大幅度提高。支持是对事，而不是视人的级别决定的，以保证直线经营业务活动能够及时地做出有效的决策，实现各行政系统的工作目标与总体目标。换句话说，直线行政指挥系统，将充分利用多级业务管理平台，以及由秘书管理系统手拉手结成的网状业务信息桥，有效地对经营目标与利益分配进行管理。

行政系统管理是纲，业务管理是目，纲举目张。这种管理体系上的创新，将在根本上克服过去管理过程因信息不畅、失真而产生的瓶颈与失效，并且使责任到位、分工明确，有利于对各机构与各员工做出客观公正的评价，形成强有力的制约机制，从而获得管理上的进一步开放，大大提高工作的正确性与成效。”[129]

现在看来，任正非在20世纪90年代就试行的矩阵组织思想，是多么具有前瞻性！

## 多路径、多梯次、多场景

### 资源有限时孤注一掷

前面我们提到，在1998—2000年，华为因为财力、物力、人力都有限，在进行3G产品开发时押赌WCDMA制式，错过了2000年联通CDMA的发展机会，也错过了2000—2004年电信小灵通的发展机会，在WCDMA开发上花的几十亿元在国内不能进行商业变现，被逼到国外发展，遭遇了前所未有的冬天。

如果华为当年的资金能像现在一样稍微腾挪得开，那么当时的WCDMA制式要研发，CDMA制式也要研发，小灵通也会开发，后来的TD-CDMA制式也敢于上马，从不同的路径进行研发，总会找出一个最有利于华为发展的产品路径来，那就不会出现华为的冬天，也不会出现任正非的抑郁与痛苦。但现在来看，当时任正非的选择是成功的。尽管这个过程给他本人和公司都带来了极大的痛苦，但幸好他和华为都挺过了冬天。

2019 年 8 月 20 日，任正非接受美联社的采访，谈到了为什么不选小灵通及相关压力，也谈了导致自己抑郁自杀的事。下面节选部分相关内容：

美联社记者乔·麦克唐纳（以下简称“麦克唐纳”）问：有没有例子说明华为在解决问题的过程中所体现的华为战略？之前有人提过小灵通的例子来体现华为的战略，华为当时就是否做小灵通进行了决策。您如何看待对小灵通这个业务？

任正非回答说：小灵通的出现在中国是一个“怪胎”，这个“怪胎”是体制形成的，不是自然成长出来的。因为中国的 1800M 频率，富余 55M，这 55M 频率完全可以分给电信，电信可以上 GSM，完全没有必要上小灵通。但是这 55M 就不分给电信，电信要找到一个不受频率管辖的产品，正好小灵通的频率信号很弱，本身就是家庭电话，他们增强一下，就做社会电话。小灵通是临时性产品，因为电信没有无线，就用来替代无线。我认为，战略是要从长远来看问题，到底这个社会的需求是什么，这点是很重要的。小灵通是一个没有前途的产品，会消耗大量精力，将来怎么把战略力量聚焦到有希望的领域？

麦克唐纳：我们也从其他地方了解到，在小灵通这件事情上，内部还是有很多争议的，甚至因为这件事情造成了内部分裂。您能讲一讲当时的情况吗？

任正非：外部的压力，我们一点都不害怕，反正坚决不做；

内部的压力，如果说不做，万一华为公司真的由于我判断失误栽跟头，死掉了怎么办？当时华为公司处于很大的生存压力中，在那种情况下，我们还是聚焦做3GPP标准的产品。这个过程经历了八年，内部有很多人都在写报告要做小灵通，他们是想多赚一点钱，觉得小灵通很简单，完全可以上的。我每看到一次报告，就是一次内心的纠结折磨，痛苦得无以复加，可能抑郁症也是那个时候变得严重的。直到八年以后，中国确定放3G牌照，我们的心才真正放下来。

麦克唐纳：您刚才提到抑郁。您之前曾告诉过员工，您在2000年前后面临着巨大的压力，经常晚上突然惊醒，想着怎么给员工发工资，甚至有自杀的念头。我想确认一下这是不是真的？如果是真的，您能不能讲一下当时的情形？

任正非：这种痛苦的事情就不讲了，他们的传说是真的。

肯·莫里茨古（时任美联社北京分社社长）：能否问一下，您从这一痛苦的经历中学到了什么？对您有何改变？您最后是如何克服这一挑战的？

任正非：那个事情学不到什么，因为痛苦并没有什么收获。如果我们“东一榔头西一棒槌”，注定是要失败的，应该坚定不移地朝一个正确方向去努力，才有可能成功。后来我们把奋斗目标叫作“方向大致正确”，绝对正确的方向不存在，大致正确就可以了。另外，组织要充满活力，对准一个地方。这是在科学技术上押赌，有可能赌错。幸亏赌对了，压力就释放了，后来就不想自杀了。

麦克唐纳：如果把当前危机和2000年小灵通经历的痛苦相

比，怎么看待现在的危机？

任正非：今天的危机应该只有那时 1/10 的压力，因为现在我们对度过危机充满信心，那时的危机是不可知的恐惧。现在我不恐惧，那时恐惧到精神受到极大的折磨，才产生抑郁症。现在我们一步步在补“洞”，从 5G 到核心网这条线的“洞”全补完了，现在要补终端的“洞”，终端的“洞”就一两个，我们有信心用两三年时间完成。所以，我们现在还是很有信心，那时是没有信心的；此外，现在我们也有钱，那时人心不齐，还没有钱。[130]

2019 年 7 月 23 日任正非接受英国广播公司（BBC）“故事工场”纪录片的采访，也谈到了华为为什么没有抓住中国联通 CDMA 的机会，因为当年华为选择了 3G 标准的 CDMA2000，而市场投标的是 2G 标准 CDMA 制式的 IS-95。任正非再一次谈了 2000—2008 年的痛苦选择导致他个人的精神折磨，以及华为被逼到海外的艰辛历程。下面用当事人的原话来再现当时的事实：

BBC“故事工场”纪录片制作人尼古拉·艾略特：当时，由于华为没有选择投资 CDMA 技术，失去了很多机会。CDMA 技术后来成为中国市场的主流技术之一。如果现在回头来选择，华为会做出不同的选择吗？你们会投资 CDMA 吗？

任正非：这是一段历史。从 2000 年开始，中国在无线通信标准（CDMA、GSM 等）的选择上，都是处在矛盾之中。由于当时国家不给中国电信发无线牌照，他们就把在日本淘汰的

PHS技术，在中国做成了小灵通。我们当时判断小灵通可能会赚很多钱，但是没有前景，就没有做。CDMA我们做了，但是没有做IS-95这个落后体系，我们做的是1X。但是中国市场招标只要IS-95，不要1X，所以我们落选了，没有获得中国市场的选择。这两个对我们来说是挫折。

从2000年到2008年国家决定上3G，这八年期间，我们决定无线的路线时，我个人精神很痛苦，几近崩溃。因为我坚定不移走3GPP、GSM、UMTS道路，不走那两条路。我不怕来自外面的压力，外面怎么压我，我都不怕，还是坚定走下去。我害怕来自内部的压力，内部不断有高层写信、写报告给我："你这个决策错了，会葬送华为公司的。"那八年，我是度日如年，这个决策没有其他人承担责任，必须要我自己承担选择的责任。那八年看到别人赚大钱，我们不能赚钱，看到我们自己比别人困难得多，外面大量文章都是讽刺挖苦我们的，万一我真的错了怎么办？八年以后，中国终于发放3G牌照，一下子把我们的能量释放出来了。当时，并没有觉得我们胜了，只是压力减轻了，我们的设备可以用了。

当时我们在中国市场没有机会，就把大量精力投到海外，开始进入海外市场的很多年，都见不到客户，更不要说合同了，挣不到钱。那时正是中国各种日用品卖到俄罗斯去的时候，俄罗斯邮电部长说了一句话："中国有什么高科技？除了假货，什么都没有。"我们背负着自己的产品，还要和中国卖假货的人混在一起，让客户认同我们，这个时期很难。但是如果不打开海外市场，我们在中国又没有市场机会，就会面临更加困难的情况。当时我个人长年累月在非洲、拉丁美洲出差，家庭往来和联系非常少。对这段历史我很懊悔，因为小孩正在成长时期，希望爸爸带着玩游戏、躲猫猫，我没有做。我好不容易从海外回来，累得喘不过气来，就躺在床上睡觉。所以，我与小孩没有好好交流，但这是为了生存，为了活下来。

2000年左右，海外才开始有人买我们一点点设备，给我们一点点合同，才有机会体现华为的服务精神，慢慢客户就接受我们了。那时我们谈不上“优良”两个字，我们还达不到和西方公司一起竞争的水平。非洲为什么能接受我们？因为战争，西方公司全跑光了，非洲要设备，我们就可以卖给非洲，还因为瘟疫、极端环境……我们能卖一些产品，积累了一些海外的成功经验。今天我们提拔干部，都是要求在非洲等海外艰苦地区工作过，用的是美国军队对军官的考核标准“上过战场、开过枪、受过伤”，来确定干部有没有被提拔的资格，海外成功经验必须是一个指标。否则海外的人艰苦奋斗回来,都让在“花前月下”的高素质干部把官职夺走了，这样的价值评价体系不行。这种循环虽然不一定最好地使用了优秀人才，但是构建了第一批坚强的队伍。所以，今天我们的队伍很坚强，美国这么强的打击，我们公司不仅不垮，还士气高涨。

失去中国市场机会的这段时间，我们走向海外，但是回来以后，中国又走向新的发展阶段，我们又具备了从海外调一些优秀将领来“杀回马枪”的机会，又在中国重新获得成功。[131]

2016年2月27日任正非在巴展（即巴塞罗那世界移动通信大

会）和乌克兰企业的谈话中也讲到了华为为什么没有及时上 TD-SCDMA："领袖的作用是方向感，不在于你是否扛锄头、挖战壕，而在于你是否能领导大家走出困境，找到前进的方向。方向感就是要在多种不确定性中给出确定的判断，尤其是资源有限的情况下。当然也包括模糊的判断，引领大家走出混沌。我们原来是跟随世界，将来你要领导世界了，你怎么办？当年为了一个小灵通，一个 TD，差点把我的命都给搞掉了，为什么？八年啊，看到人家小灵通轰轰烈烈，大家写报告，说 3 个月就能做出来，做不做；还有 TD，到底上不上。你说那八年，我咋过来的？领导好难做啊！不做，错了如何办；做了，在非战略机会点上，消耗了战略竞争力量，会有今天吗？现在轮到你们来领导世界了，你才会感到是把你放在炉子上烤。做领导者是艰难的，我们要做领导者了，得改革了，不改革我们的体系，我们领导不了这个世界。我们一定要做领导，华为不能僵化。"[132]

以上几篇纪要可以说是弥足珍贵的原始资料，从任正非的口述中，我们了解了最重要的战略选择背后的决策心理和痛苦现实。

## 资源充足时饱和攻击

华为大概从 2013 年开始就已经走到通信领域的第一，也不再是小公司，进入了无人区，前面已经没有人带路，需要自己从不确定性中探索出一条道路。这个时候需要改变研发指导原则，不再像小公司那样对未来的技术方向进行押注式的赌运气，更需要对多种技术方向进行尝试，即便是选定一条路线，也要采取红蓝军的方式进行重复投资，谁能够更快开发出来，就用谁的方案。这一方面体现了厚积薄发的研发理念，另一方面也是激发各团队的活力，让各团队永远有危机和压力。

任正非 2015 年 7 月 2 日讲话指出：

> 对于产业趋势，不能只赌一种机会，在研究与创新阶段要对未来目标的实现形式有多种假设、多条进攻路径和多种技术方案，多梯次进攻。大公司要使用密集投资来缩短探索方向的时间。
>
> 大数据流量时代，没人知道未来的流量到底会有多大，固网将发挥重要作用，有巨大的市场机会。既然我们确定了大军滚滚向前的方向，就要把实现目标的多重机会都当成对目标进攻的方式。不能只赌一种机会，那是小公司资金不够的做法。
>
> 我们是大公司，有足够的资金支持，要敢于投资，在研究与创新阶段，可从多个进攻路径、以多种技术方案、多梯次地向目标进攻。在主航道里用多种方式划船，这不是多元化投资，不叫背离主航道。
>
> 现在的世界变化太快，别赌博，只赌一条路的公司都很难成功。因为一旦战略方向错误，损失就会巨大。[133]

华为提倡将技术战略的喇叭口做大，包含各种技术、路线和方向，落后的也要包容进来，同时采取红蓝军的竞争机制。任正非 2016 年 10 月 18 日在与白俄罗斯科学院会谈时指出：“技术的喇叭口要做大，足够充分开放合作，加强全球协同。未来公司有两大战略，一个是客户战略，一个是技术战略，技术的喇叭口要足够大，把各种技术、路线、方向都包容进来，落后的也要包容进来，落后的地方可能是暂时的，不是永远，未来它可能会变得更先进。同一个研究方向，我们可以在不同地方重复投资。以前是分红军和蓝军，现在大家都是蓝军，谁赢了谁是红军。我们的合作是开放的，我们给科学家投资，不谋求其论文、专利的成果，只要一个知情权，知道问题怎么解决，或者知道失败的教训。等成果出来再实践太慢，我们要从理论开始就同步考虑工程应用。合作伙伴不一定要成功，失败的教训也是成功。像灯塔一样，既可以照亮我，也可以照亮别人，灯塔还是你们的，不影响你自己产业化。”[134]

任正非在2015年7月2日的讲话中明确地提出蓝军的作用：“蓝军要充分发挥作用，红军司令应该从蓝军中选拔。蓝军司令能找到打破红军的东西，说明动了脑筋；如果找不到，就说明蓝军落后了，原来是‘少将’，可以调到‘炊事班’做‘中校班长’，换个明白人继续冲锋。如果蓝军不去正面反对，如何能看到一颗将星在闪耀呢？心声社区有一篇批评SDN（软件定义网络）的文章，我不在乎他的意见是否正确，在我们公司，能够有站出来反对的声音，这就是伟大。你们红军也可以写文章，蓝军先攻，红军再守，进行博弈，意见多了就会产生思想井喷。现在SDN没有实践过，也没有在网络上竞争过，听取一下反对的声音，也许有助于我们的产品做出来是健康的。”[135]

2016年2月27日任正非在巴展和乌克兰谈话时明确提到，要多路径、多梯次，以饱和攻击方式进行开发，不能出现技术开发的突发新方向（黑天鹅），即使有，也要让黑天鹅飞在我们的咖啡杯中：

大家不要把主航道理解成唯一航道，多路径是朝着一个目标和方向，这不叫背离主航道。我们公司在奔向无人区的前进中，只要多路径，就不会出现僵化；只要多梯次，就不会出现怠惰。因为每一个梯次在冲锋的时候，他的视野已经聚焦在那个山头上了，所有的外围东西他都看不见，他都不想了，一心只想攻上“上甘岭”；第二梯队就是广阔视野，关注星空，扫清外围，第一梯队攻破城墙口，已经消耗殆尽了，就应该第二梯队上去了。所以只要保留多路径、多梯次，我们就不会僵化怠惰，就能在大信息流量传送这个问题上攻进无人区。

软件 + 专用芯片的这条路我们一定要坚定不移地走，这点不要动摇。我们还要有多路径研究开发，将来多模块叠加、并联，无非是体积大一点，但是流量大到一定程度，使得单模块被冲掉的时候，我们还有应对方案。当然时延也大了。如果说将来某单模块就是时代潮流，多模块培养的人才也可以过来加入，所以我们一定要多路径。多模块会有大时延，咋办？

徐直军说，我们围绕管道战略加大投入，战略上不会错，方法上要多种方法，不要排斥。不要只赌一种方法，小公司才会赌一种方法，因为他投资不够，赌对了就赢了，大公司资金充足，为何不采用多种路径？某一种路径“失败”了，也给我们培养了很多人，而且这些人是带着丙种球蛋白来加入主航道的，和主航道的思想有很多不一致，这种异化也可能使正确更加正确。只要我们坚持多路径的方向，就不会僵化的，互相都在攻击，怎么会僵化呢？

这样我们就形成“黑天鹅”梯队、预备梯队、能工巧匠梯队……“黑天鹅”是可能出现的，但是希望出现在我们的“咖啡杯”中。我们要开放，要支持同方向的科学家，要支持理解歪瓜裂枣……。“黑天鹅”到我们公司里来飞，我们允许你飞，自己颠覆自己。

蓝军要实体化，也有它的假设、思想、理论……完整的一套，不是仅仅写两篇批判文章就可以的。大量的梯队可以在蓝军里面，蓝军应该是一个跟红军差不多相同的队伍。比如，有六个梯队是红军，其实红军是一个，其余均为蓝军。红军坚定不移走专用芯片 + 软件这条路，蓝军就准备将来的路比这条路还要宽 10 倍、20 倍时怎么办；多模块叠加起来，时延如何办；传送图像的要害是成本，怎么办。没有低成本，4K 就不能广泛应用。没有低时延，AI（人工智能）、AR（增强现实）、VR（虚拟现实）就难大规模地在线。我们要确定下来，蓝军只是研究团队，不包括开发。开发是确定性工作，重心在交付。英特尔用通用计算 + 软件来改变管道基础设施，其实就是蓝军，我们也要关注。

任正非 2018 年 10 月 17 日在上研所的讲话，对多路径、多梯次、多场景做了形象的解释：

什么是多梯次？我们研发从科学实验与验证，到科学样机、商业样机、多场景化样机、全简化样机，循环优化。对科学实验，我们要大胆地失败，成功太快是保守。A 梯队只搞科学样机，不管样机赚不赚钱，无论是用“钻石”还是“黄金”做支架都可以，它是论证理论的可行性，不可行也是成功的，不以成败论英雄，要大胆探索。B梯队负责在科学样机的基础上发展商业样机，要研究它的适用性，高质量、易生产、易交付、好维护。C梯队要面向多场景，按客户需求，多场景化的产品是合理、适用、节约的产品，有利于用户的建造成本、运维成本的降低。就像你们做的Rural Star农网产品一样，就是场景化的一种。D梯队研究容差设计和普通的零部件，做出最好的产品来。最优质量，最易使用、安装生产和维护，最低的成本架构。挑战极大，你们的“刺刀”对准的是自己的胸口，大胆试验，勇于创新，革自己的命，就是革整个网络的命。比如，日本电视机的设计就是容差设计，他们并不是每个元器件都是最优的，但整体却是最优的。我们5G基站为什么不能达到电视机的水平？容差设计就是合理成本架构。

我们要多梯次，保持战略的领先地位，保持长久的人力迭代，前赴后继。人力资源部要制订考核模型，对A、B、C、D四个梯队采取不同的考核方式，不是所有梯队都要承担极大的交付压力，有些梯队就是要释放压力，轻装上阵才能激发想象力。A梯队、D梯队，失败了就涨工资，成功了就涨级。我们充分估计到他们的难度，失败了，只要讲清路径，也是成功，“不以成败论英雄”就是这个意思。

多路径，就是技术上探讨多条可实现形式，不要轻言否决。当然，也可以研究全球化的路径、区域性的路径，我们都可能会走。我们要坚持全球标准，原因是我们本来就是全球化公司，但也要随时准备应对各国的要求。世界在变化，我们有可能改变这个变化吗？改变不了，我们只能顺应，用多种路径应对。同时，我们自立必须要有实力，要有能力解决替代问题。我十年前讲，要按照极端情况备战，打造备胎，当时绝大部分人不相信。我说这个世界上最大的备胎就是原子弹，什么时候打过核战争？一次也没打过。我们就要坚持用双版本，80% 左右的时候都用主流版本，但替代版本也有 20% 左右的适用空间，保持这种动态备胎状态。

多场景解决网络问题，降低建造成本和运维成本。多场景化的组网很复杂，我们可以通过 AI 来解决。我们现在只解决了产品问题，没有解决网络问题。未来 5G 大流量在全球铺开，网络一定会拥塞，我们提前在国内的几个研究所成立理论部，研究网络流量的疏导问题。目前俄罗斯研究所已有成功疏导网络流量的方法，可以让俄罗斯研究所辅导各个理论部，陆续解决 4G 的流量问题，到 5G 网络流量拥塞，疏导就有了经验。另外，上海研究所也可以招收一部分数学、物理、神经学等博士，从反诈骗软件研究开始。在理论研究上，我们还要有梯次，我们和很多教授合作，也要列出清单看看教授下面有多少博士在和我们合作。我们也招一些博士，再派过去和教授合作，研究成果是教授的，我们只是应用，十年以后迭代梯次就建立了。

在基础研究方面，我们要更重视，加大投入。比如，太赫兹可能是未来，我提议能不能推荐刘盛纲教授为“太赫兹之父”，当然不是对世界，而是对我们。我们要多支持像刘盛纲、李小文这类伟大的科学家，他们就是灯塔。[136]

任正非在2018年11月21日日本研究所的讲话，进一步对“多路径、多梯次”的研发投入量做了形象比喻：

在日本，你们已经取得了一定的成功，研究走在世界前沿的时候，再往前走，我们要鼓励失败。失败了，大家一起讨论，看看失败有没有道理，有道理一鼓掌，就涨工资，大家都去尝试，就算大多数失败了，人才也培养出来了。总会有一个成功，一旦成功，所有的失败者往成功路上去的时候，带来了通过失败增加的知识、能力、经验，汇聚到成功的管道上，就会更成功。这不是单一的方法，而是多个方法的汇聚，这就是多路径前进。

现在你们从事科学研究，首先不要管它有没有用，你们只是对一个奥秘不断探索、往前走，失败的人也要正确评价。正如我在上海研究所讲的，科学实验A团队做科学样机，B团队做商业样机，C团队就做多场景化应用，D团队做人类最优秀又最便宜、最简单的产品，循环起来。在离我们有10亿光年的地方，至少投一个芝麻；离我们200光年的地方，投一个苹果；离我们5公里的地方，投入范弗里特弹药量。我们不要担负起引领世界的责任，我们引领不了，但是在最前沿的地方给一些资助是可以的，这边给芝麻，这边给苹果，这边用范弗里特弹药量全力投入。在投入的过程中鼓励失败，不要老鼓励成功，鼓励成功眼光会看得太近，鼓励失败，在失败中找到成功的机会和可能性，科学家也会很高兴，失败了还能发奖金，其实科学家也很想失败，他们的理想都很远大的。

各种技术创新，本身就不可能绝对正确，失败了，这个路径你讲清楚，边界充分论证，告诉我边界在哪里，到了这个边界，走不通了，就是成功。比如说石油工业，石油几千万年来不断地聚集在这个窟窿里面，如果我们打油打到这个窟窿上，那是顶呱呱的水平，但是地下能搞得准吗？电磁波也穿不透，我们打到这个地方，发现没油，后来又打了那个地方也没有油，再后来打到这个地方有点油了，难道打早的那两点就不算成绩，三年就不能涨工资？早打的两个点就告诉你这个油层的边界在哪里，根据这个边界和油层厚度就能算出储量。打一次是很难打到油的，就多打几次，不能认为打在边上的都没有功劳，只有打到油的才有功劳，那中国石油工业就没有了。所以不成功的科学研究也是一种成功。[137]

这里简单解释一下范弗里特弹药量。朝鲜战争中，美军第八集团军司令詹姆斯·范弗里特以猛烈火力对付志愿军的有生力量，他使用的弹药量是美军作战规定限额的5倍以上。所谓范弗里特弹药量，是指不计成本地投入庞大的弹药量进行密集轰炸和炮击，对敌实施强力压制和毁灭性的打击，意在迅速歼灭敌方有生力量，使其难以组织有效的防御，最大限度地减少我方人员的伤亡。

总之，多路径、多梯次、多场景的组织路线，以及红蓝军机制，也是任正非激发组织活力的“拧麻花”方式，即每个路径、每个梯队、每个场景中的人必须活跃起来，因为任何一个路径、任何一个梯次、任何一个场景都不是稳如泰山的地位，谁领先就用谁，谁赢了谁就是红军，谁攻下了上甘岭谁就立下更大的功劳。说白了，就是一种竞争机制，是一种让大型组织的业务单元居安思危、战战兢兢、勇于冲锋的创新激活方式。

大型公司往往都采用这种方法，否则很难激活。如腾讯微信的开发就是这种模式。2010年新浪微博发展起来后，QQ空间的活跃客户日益减少，腾讯为了解决这个问题，打算研发一款手机社交网络应用。立项后，腾讯内部有三个团队同时在做，都叫微信，分别是电脑QQ团队、手机QQ团队和QQ邮箱团队，谁赢了就上谁的。最后广州研发部张小龙带领的QQ邮箱团队赢了，成都的团队很失望，他们只晚做出来一个月。腾讯公司在同一类型产品上往往有多个团队在同时开发，在很多人看来是极大的资源浪费，成王败寇，但不失为一种激活庞大组织的可选方法。

另外一个多路径开发的例子是iPhone的研发过程。苹果公司改变整个世界的产品是iPhone。其实从2000年开始，全球都在做3G，但一直不温不火，世界上就没有找到一个能够真正把3G点燃的杀手级应用，大家不知道3G的高带宽、大容量能够用来做什么。直到有了iPhone，才真正诞生了移动互联网，我们从功能手机时代进入智能手机时代，3G才真正有了用武之地。但大家知道，苹果的乔布斯做iPhone时，也有两批人在竞争，一批人基于将iPod变大的开发路径，一批人基于将Mac变小的开发路径。iPod团队和Mac团队之间“掀起了一场全面的宗教战争”，相互竞争，看谁能够更快做出乔布斯想要的手机，结果后者获胜，iPhone拥有了移动计算机的能力，开启了一个新的时代——智能手机和3G通信。

我们想通过这些案例说明：多路径、多梯次、多场景的饱和攻击，以及矩阵组织，是激发组织活力的最重要的方法！

## 第三只眼：避免组织的板结

我们在第 11 章和第 12 章分别讲了组织集权和分权对激发组织活力的意义和方法，但这就像两个不可调和的冲突点，用通俗的话讲就是“一管就紧，一放就松”。那么，组织如何才能调和这些矛盾并避免板结呢？这就涉及组织的经线层、纬线层、业务层等。

我们认为，华为的有效做法是建立矩阵组织，让两个甚至多个冲突能在组织内部合理碰撞但又不会水火不容。华为的矩阵组织或拧麻花的哲学很难阐释到位，我们试图用通俗的语言进行解读：（1）假设组织里存在两个相互冲突但都具有合理性的行为 A 和 B；（2）此时组织绝不是做单项选择题，只要 A 或只要 B，而是都要，让 A 和 B 相互牵制；（3）当 A 或 B 中的一方变得强大的时候，组织就要扶持另一方与之抗衡，让它们各自在合理的区间里运行。

其实我们在集权和分权部分已经阐释了华为的很多避免板结的方法和思想（例如，强调整个组织要集权也要分权，强调让一线有权但不能滥用）。在本章，我们认为华为避免组织板结的另一个体现便是“多路径、多梯次、多场景”的组织行为。简言之：组织有主航道，但绝不一条道走到黑；组织有战略目标，但绝不也不寄希望于一次或用一种方式达到。

同样，矩阵形式对组织激活有一定的积极意义，但也绝不是任何情境下都适用，它也存在一些不足：

1　项目负责人的责任大于权力。没有足够的激励手段与惩治手段，项目负责人很难指挥好来自各个部门的项目组成员。

2 项目组成员有责无权，受到两个维度的挤压，工作压力较大且没有太多话语权，加上任务结束后仍要回原单位，容易产生临时观念，影响工作责任心。

3 项目组成员的能力在组织中的作用不再像直线制那样有相对较大的影响，矩阵组织中更强调“众人拾柴火焰高”，这种机制让员工都成为运转的机器零部件而缺乏差异化。

4 矩阵组织往往适用于大企业的复杂场景，这需要企业高超的管理水平，是对企业各方面能力的极大考验。

5 类似的，华为能够发起“多路径、多梯次、多场景”的饱和攻击，也是因为有足够实力，并不是任何企业都能做到的，很多企业为了生存也许只能“一条道走到黑”。

# 14

# 加强监管，确保业务真实，防止腐败

向一线授权的同时要做好监管，防止授权之后出现业务造假、数据不真实的情况。如果业务数据有假，依据这样的数据进行决策时就会出现问题。正如任正非所说："这就是管理变革，既要给前方赋权也要夺权。"

赋权与夺权，授权与监管，必须同时进行，否则授权就会使前方成为独立王国，使得整个组织板结。

## 三层防线

公司发展越快，就越需要向下授权，让一线的各个业务单元成为经营的堡垒，而且发展越快，堡垒应该越多，否则每天成百上千的客户选择、产品选择、合同审结等战斗决策都让机关来做，会使机关资源短缺甚至崩溃。但是，公司发展越快，往往管理覆盖就越不足，短期的漏洞也会越多，就越不敢向下授权，因为授权多了，漏洞可能越捅越大，“跑冒滴漏”就会越严重。

因此，向下授权后要做好监管，保证业务和数据的真实性，保证决策的科学性，防止腐败，确保利出一孔。我们不是为了监管而监管，而是为了千军万马上战场，内外合规，多打粮食。

任正非2013年12月30日在大规模消灭腐败进展汇报会上的讲话把监管相关的责任关系做了一个大致的界定：

> 这几年华为发生了很大变化，跟审计、监控、稽查……做出了很大努力是相关的，这一点应该感谢你们，也谢谢你们的家人！如果公司任由腐败发生，不在制度上做更多改进和强化教育，公司就会走向灭亡。因此这些年在反腐上，你们的贡献很大，而且担负了一定压力，你们还需要上战场、拼刺刀，对个人是有风险的。我不会给你们发很多奖金，因为如果按项目来发奖金，你们可能会出现冤假错案。但我对人力资源委员会讲过，在任职资格个人级别方面，要关怀到你们！
>
> 一、坚持推行流程责任制，业务主管和流程owner（负责人）要真正承担起监管的责任。
>
> 坚定不移地推行流程化建设，同时加强流程责任制。要从流程遵从走向流程责任，业务主管和流程owner要真正承担起监管的责任。以前讲的流程遵从，你顺着这个流程做就可以了。而流程责任制，要比流程遵从提升一步，你在这个地方签了字，出了事情就要承担责任。现在我们说很多领导要签背书，背书就要承担责任。

业务主管要真正承担起教育、内控的管理责任。抹不开面子的主管要转入业务操作岗位。做好员工教育，包括本地主管做好本地员工教育；落实“干部三管”，做好典型高风险岗位权责适配；落实终端、交付、销售、企业业务等关键内控，有效提升内控成熟度。关键过程行为用于选拔干部，特别是高级干部，反腐是重要的考核指标。只要在反腐问题上不坚决，就只是普通的职业经理人，选拔高级干部的过程中要强调这个要求。内控改进持续不力的高风险领域流程责任人及业务主管要向审计委员会述职，对内控作假及内控不作为的管理者直接弹劾。

目前销售领域有稽查盲区，要提升合同质量，有必要建立针对销售合同的稽查组织。稽查作为第二层防线，要担负起方法论的推广，对一层防线的业务主管进行内控赋能，工程稽查要成为全公司的总稽查，逐步成为流程 owner 的顾问、审计的向导。这样，公司在未来几年达到一定规模时，依然是健康的！

二、加强司法威慑，问责标准逐年收紧。

加强司法威慑，问责标准要逐年收紧，三年达到与法律标准对齐。威慑还是要多利用司法力量，只要掌握了 30% 左右的证据，是确实可以司法处理的，这个人的态度愿意“竹筒倒豆子”，那我们就接受，否则就移交司法。司法调查进去以后，无论他说不说，我们都形成威慑作用了。

持续加强对高风险领域及海外重点国家的查处力度和司法威慑，特别是终端、泛采购、交付、行政业务的高风险领域及海外重点国家的舞弊调查。并且，要加大海外重点国家的司法威慑及查处威慑的及时性。对司法环境较差、司法成本高的国家，提高法律遵从性，HR要结合当地劳工法的要求，建立员工问责政策程序，通过聆讯等方式及时开除舞弊员工，严重的移交司法处理。针对"商业贿赂罪"不适用于私企雇员或司法实践有争议的国家，以及司法环境效率低、操作难的国家，避免本地员工担任重要经济岗位，要考虑中方外派人员承担，出问题在中国进行法律追溯。

任正非在2014年市场大会上的讲话突出了业务主管的第一层防线作用："作为第一层防线的各业务主管，在业务运作中控制风险，是最重要的防线。要杜绝腐败，最主要的监管还是在流程中。"[138]

任正非在2016年12月1日的监管体系座谈会讲话中更加系统地描述了内部控制的三层防线，确保公司不因为腐败而不发展，也不因为发展而宽容腐败："第一层防线是内控的第一责任人，在流程中建立内控意识和能力，不仅要做到流程的环节遵从，还要做到流程的实质遵从。流程的实质遵从，就是行权质量。落实流程责任制，流程owner或业务管理者要真正承担内控和风险监管的责任，95%的风险要在流程化作业中解决。第二层防线是内控及风险监管的行业部门，针对跨流程、跨领域的高风险事项进行拉通管理，既要负责方法论的建设及推广，也要做好各个层级的赋能。稽查体系是要帮助业务主管成熟地管理好自己的业务，发现问题，推动问题改进，有效闭环解决问题。稽查和内控的作用是在帮助业务完成流程化作业的过程中实现监管。内控的责任不是在稽查部，也不是在内控部，这点要明确。第三层防线是内部审计部，这是'司法部队'，通过独立评估和事后调查建立威慑。”

其实华为历史上的三层防线也是一个不断变化的过程，目前来看比较一致的三层防线划分如下：

第一层防线：（1）BG/区域/业务主管，对关键控制点、职责分离、行权责任、业务真实性负责；（2）流程 owner，对流程的设计与优化、执行与监控负责；（3）账务部，对数据真实性、指令合规性负责；（4）子公司董事，代表公司在一线进行实地监督、综合督战。

第二层防线：（1）风险控制部，对内控方法论建设与赋能负责，对跨流程、跨领域的风险拉通管理；（2）业务稽查部，帮助业务部门对正在发生的事情进行稽查，发现问题并改进，对业务主管负责；（3）道德遵从委员会，对员工进行思想教育（学习公司文件及腐败案例，发现好人，提供腐败线索），对干部进行监督管理，聚焦在“场”的建设与监督。

第三层防线是审计部，对业务内控现状进行独立评估、稽查，对舞弊进行调查。

这里补充一下第二层防线中提到的道德遵从办公室（Office of Ethics and Compliance，简称 OEC）和道德遵从委员会（Commitment of Ethics and Compliance，简称 CEC）在监管中的作用。任正非在 2017 年 4 月 24 日的讲话中指出：“道德遵从委员会是一个自下而上产生的组织，但也是一个目标明确的组织，我们的目标是‘多产粮食，增加土地肥力’。”[139]

实际上 OEC（业务单元层面）和 CEC（公司层面）就是一个代表普通员工的组织，类似于军队中的士兵委员会，其成员由员工投票选举产生。但是任正非又赋予了道德遵从委员会这个体系发现好人（评选“明日之星”）和评议干部（干部任命时都要让代表普通员工的 OEC 反馈意见）的权力，这两种权力由贴近业务的普通员工来行使，而不是由业务主管或者管理团队来行使，实际上就广泛地建立了一个“场”的监管力量。

任正非在 2015 年 10 月 23 日项目管理论坛上的讲话中阐述了“明日之星”的意义：“华为正处在大浪淘沙、英雄倍出的时代，‘六亿神州尽舜尧’，毛泽东说六亿人都能当皇帝，咱们十几万人怎么都不能当英雄呢？当然我们没有毛泽东那种气概，那么打个折，让 25% 的人当英雄难道不行吗？所以，公司每年有 25% 以上的人员能获得‘明日之星’、金牌奖。有人曾对金牌奖的评选结果有意见，说‘这是管理团队评出来的，我长期评不上，是他们对我的看法有偏向’。那么‘明日之星’是全体员工民主选举出来的，也没被评上，群众的看法也有偏向？你什么奖都没得，那你告诉我，你这些年做出了什么成绩？你这几年没涨工资、奖金拿得少，你要反思一下该怎么办。”[140]

华为的“明日之星”评选是由业务单元的 OEC 来组织全体员工投票，这是任正非在 2014 年 11 月 4 日的讲话中明确提出的要求。他说：

道德遵从委员会组织民主选举“明日之星”，按公司总人数 20% 左右的比例评选。

公司已经授权道德遵从委员会组织民主选举出 20% 的英雄，你们订出一个评选规则来。我们先把这 20% 的人表彰了，心声社区和《华为人》报进行报道，相信两三年后我们这支队伍一定会嗷嗷叫。

第一，评选形式：可以民主推荐，民主选举。每年由道德遵从委员会启动评选，各级道德遵从办公室与行政管理团队，要很好地协商合作。各OEC组织部门员工全员投票，一人一票，评选产生“明日之星”。评选结果由本部门OEC在部门内公示。对结果有异议的，反馈给OEC。

群众的眼睛是雪亮的，群众说选谁就选谁。让选出来的人去挤压没被选上的人，这样就能调整改进风气。群众也可能选出一些老好人，没有关系，我们的标准就是要作战，要出成绩。一两年后，大家逐渐就会评选了，把负能量变成正能量。

第二，评选比例：按地域概念，英雄不用横向与别的部门比较，按你所在单位人数的比例评选就行。我们要的不是含金量，而是千军万马上战场。在这个区域里，每100人就产生20名“明日之星”，各个区域的评选比例可以有差别。比如艰苦地区，英雄比例可以高一些。绩效持续优秀的团队，优秀比例也可以高一点。

行政管理团队将来会评选5%~10%的金牌奖，这是两种不同的评选方式。你们与人力资源委员会去磋商。

第三，评选导向及标准：你们可以在心声社区开设一个讨论专栏，让大家都来发表意见，民主讨论出一个评选标准。评选标准不能僵化，也可以“一国一制”，前三年让各地各自制订标准，评选方案及实施应当符合当地法律法规要求，尊重当地的文化习俗。慢慢地聚合成一个指导提纲，也别太细了、太死了，让一些有缺点的勇士总评不上。评“明日之星”，我们应该把未来会产生贡献作为重要因素，也应该把是否努力学习作为重要因素。而且对历史上的员工也要重新评估，有些人可能在某个历史时期没有得到认同，走到今天，才发现他是真英雄。有些不被基层领导认可的人，不一定就不是英雄，通过民主选举，让认同观多了一个面，大家感到更公平一点。

民主选举不能与行政管理团队形成对立系统，“明日之星”的候选名单，群众可以推荐，行政管理团队也可以推荐。

第四，排他条件：（1）赌博、从事第二职业的人员，没有参与评选的资格。凡是发现有赌博行为的人，不用去做他的思想工作，反正把他劝退或者不续签合同；有些人在从事第二职业，就让他在法律框架下去创业吧，再诞生一个比尔·盖茨，有啥不好呢？不奋斗的干部、专家，不是公司的宝贵财富。当然，那些因公受伤的除外。（2）年度有BCG违规及其他诚信档案负向记录。[141]

此外，任正非在2016年市场工作大会上的讲话中又一次强调：“道德遵从委员会甚至可以一票否决干部。”[142]华为每一个干部在正式任命之前，都要组织全方位的民意调查，其中普通员工的意见反馈是由OEC来组织的，所以拥有一票否决权。本书笔者之一徐光国做过地区部人力资源部部长，负责过地区部部分干部的任命流程，曾经不止一次体验过拟任命干部被OEC否决的事件，但因为隐私保护的关系，就不在这里举例了。

这两种权力（组织评选“明日之星”和组织干部任命的周边调查）

由贴近业务的普通员工来行使，而不是由业务主管或者管理团队来行使，实际上就广泛地建立了一个“舆论场”的监管力量。总结起来，三层防线的核心目的是确保向下授权后公司不因腐败而不发展，也不因发展而宽容腐败。

## 平行监管

有了良好的监管，授权才不会混乱。前面提到，子公司董事会和账务部门就是监管的最主要体现，它们属于三层防线中的第一层，而且它们的监管属于与业务平行的监管，即不是像业务主管一样融入业务流程的监管。

华为在海外或者国内各城市的子公司原来也有董事，但这些董事往往是公司总部的领导兼职担任，且一般都是常驻深圳，他们往往仅是名义上的董事，实际上很少对当地子公司的业务进行实际的监督管理。

华为的变革就是将子公司董事会逐步变成子公司监督型董事会，其中一般有 5 个专职董事。这些专职董事都曾经是代表处或地区部的业务一把手，对业务和主管的心态都是非常清楚的，但其主要权力与责任都不体现在业务的日常流程中，即不直接指挥打仗，不直接否决业务的方案。他们只是代表公司在一线进行观察，进行风险提示，所以叫平行监管。虽然他们对业务的权力不体现在流程中，但对干部有选拔权和弹劾权。

任正非的系列讲话反映了这种变革历程。他在 2014 年 1 月 22

日董事赋能研讨会上与候选专职董事的交流讲话中很好地解释了平行监管的含义："子公司董事会站在流程外看流程，抓内外合规管理，负责事前提醒和事后管理。"

他也在2014年4月9日与华为巴西代表处及巴供中心座谈时提出，子公司董事会运作的首要责任是控制风险，同时可有对干部的选拔权和弹劾权，具体讲道：

> 子公司董事会的运作首先就是控制风险，进行合规管理。同时在选拔干部上要积极有为。李柯（巴西经营最高负责人）你给他们传个话，这个地方具有很大的挑战，子公司董事会在这里是大有作为的。离公司那么远，我就只有授权给他们。授什么权？经营团队有作战权，后方管理平台以及子公司董事会，有战果管理的参与权。你打这个仗，打9发炮弹还是8发炮弹，你说了算，打完以后我们来数弹壳。第一点，合同签订是合同确认，这是作战系统，这个授权给你们了。但是合同签订以后的事后管理，并不是急迫的呀！打胜了，合同的批准要经过授权系统，后方可以参与管理。我们认为在磨合期中，我们还不知道我们该怎么做，所以刘琦（巴西子公司专职董事）他们呢，就要充分发挥作用，这是第一条。第二个，因为他们本来是地区部总裁级的干部，以前的干部就是他们提拔的，现在你们想提拔新干部，让他们考察一下，让他们评议一下，有啥不可以呢？所以子公司董事会是有很大权力的。子公司董事会都是有经验的人组成的，你们是有现代化的作战方法，但是他们是老将领啊，粟裕毕竟打过大仗啊。汇报一下现代化战争咋打，他

还是可以做出贡献的。这样，华为公司进入新的作战方法，和过去的作战方法结合起来，五年以后你知道华为会有多厉害？班长的战争就是要把作战权授予基层作战部队，子公司董事会要加强监管。[143]

结合任正非的多次讲话，我们将华为子公司董事会作为综合治理平台的要点总结如下：

1. 目的

将来华为的业务规模可能超过 2000 亿美元甚至更高，公司一定要走向综合治理。只有建立 100 多个子公司董事会的综合治理平台，才能及时响应、满足客户需求，才敢给作战部队授权，否则就不可能再扩大规模。具体而言，华为规划未来用 3~5 年时间把管理变革全部落地，先达到西方管理水平；5~10 年后把作战权力下放到听得见炮声的团队。授权体系下去后，综合平台一定要起到很大作用，同时还要加强财务治理。

2. 组成方式

目前华为主要以一两个国家代表处为试点，真正建立起子公司董事会，从试点中总结经验。子公司董事会由 5 名华为员工担任专职董事（补充真正懂法律的人员做拐杖），然后再加 3 个左右业务主管，再加 2~3 个外部董事共同组成。通过试点，真正把这个国家解剖透彻，然后再把这 5 名专职董事拆开，到其他几个国家担任董事，以点带面，点面结合，才能做好这件事情。有了流动的基础，人员就不断循环起来了。这种循环锻炼成长是实现代表处、地区部经营职能转换的一个很重要的环节，要学会如何去转换。

3. 权责及考核方式

对董事会要不断授权。子公司董事会现在先做合规管理，同时对干部有提议权、评议权和弹劾权，但没有审批权。考核子公司董事会干得好与不好的重要标准，就是它管的这个子公司是否持续有效增长。考核很简单，如果不产粮食，就要被否定了。

我们在这里举一个本书笔者之一徐光国亲身经历过的例子来阐述子公司监督型董事会的作用。2011 年徐光国在审计部工作时曾担任某国的审计项目经理，经过审计发现该国子公司给出了远超当地劳动法要求的年休假福利。具体地说，法律规定工作 1 年可以享受 18 个工作日的年休假，而华为给了 24 天年休假。但是当地子公司要将高福利调整到与法律一致的水平又很难，正如前文所说，福利一旦上去了，就很难下来，如果下来了，就会让大家不满意。结果一直拖着没有整改。2016 年，当地有了专职的子公司董事，这些人的眼光够敏锐，发现了这个问题，并且影响力也足够大，使得当地在 2017 年马上将这项福利调整为与法律一致。

## 非接触性监管

监管的目的不是为了给业务上枷锁，而是为了多打粮食，增加土地肥力，因此要防止过度监管，不能由于监管而降低业务效率或提升监管成本。任正非特别不希望华为公司三层防线的监管体系影响业务，他的理想是“非接触性监管”，就像高铁的运行那样。

他在 2018 年 10 月 19 日的四季度工作会议上指出：“公司强调

财务、资金、内审三项中央集权管理，但是各级业务主管要对业务真实性负责……因为财经不可能审查业务的真实性，他们对指令的合规性负责，他们提供真实的收支、真实的账务。收入的确认，到账了他就通报，对数字承担责任；支出对命令的符合承担责任。命令人要对业务的真实性承担责任。只要预定指令符合了，就必须发射。所以，业务与中央集权的关系，就是‘高铁运行模式’。高铁从北京开到广州，至少途经成千上万个审查点，都是快速通行，其实就是无接触的监管，也是我们提倡的，减少沟通成本。”

任正非对一层防线的业务主管也提出要学习高铁模式的监管。他 2018 年 3 月 6 日在监管体系干部座谈会上的讲话指出：“业务主管要聚焦业务结果，精简过程性和路径性监控，更多走向非接触性监管。过去我们主要是对冲锋路径管理，总要求汇报‘到哪儿了’，前面有个水塘没有，进稻田穿水鞋没有，极大地增加了运作成本，又没有达到监管的效果。举一个例子，过去我曾听说研发文员下班要写工作日志，主管明明就坐在他身边办公，还要求他写出来用于考核，是否多余？……在监管过程中，越来越需要走向更多非接触性监管，让业务快速、安全通行；深圳到北京往返的高铁，沿途至少几千个监管点，虽然感觉不到高铁谁在管理，但是肯定有大量安全运行的监管，这就叫‘非接触性监管’。我们要研究怎么在技术发展的时期跟上进步。”

可以说，非接触性监管一直是任正非的希望与梦想。所谓非接触性监管，指监管要更多融于业务，业务人员虽然感觉不到监管的存在，但监管的效果又肯定存在。即监管与业务不是两张皮，监管服务于业务，不因监管而影响业务的效率，也不因追求效率而放弃监管。

## 第三只眼：把监管做成激活

在组织中，一定的规则、规范或者监管必不可少。但在很多组织中，这种规则、规范及监管却严重地束缚了员工的手脚，事无巨细的汇报、凡事亲力亲为的审批让员工和管理者都疲惫不堪，而真正的业务却进展缓慢。监管没有错，但如何能够实现有效、导向激活的监管呢？

与第 13 章华为避免组织板结的激活思想一样，华为也强调合理监管。一方面，组织需要建立健全监管机制，让一切可能出现漏洞的地方都得到监管，例如华为建立的三层防线、子公司董事会；另一方面，华为也强调避免监管的过度、频繁、复杂化，希望监管不要影响业务，实现“非接触性监管”。当然，就像前面讲到的“拧麻花”，要调和这种矛盾，也需要付出很大的努力。

# 15

# “一桶糨糊，一杯咖啡”

一个独立的个体和封闭的系统，一定要开放，要吸引宇宙的能量，才能增加自身可使用的能量。这就像华为提倡的：“华为这 28 年来，坚持做一个开放的群体，始终没有停止过开放。我们以开放为中心，和世界进行能量交换。只有开放，才有今天的华为。”[144]

本章主要讲解两个方面的开放，一是管理者的开放（尤其是最高层管理者的开放心态，就是能黏合员工的“糨糊”），二是企业对外的开放（尤其是研发体系的开放心态，就是能吸收宇宙能量的“咖啡”）。

## 一桶糨糊黏结华为力量

作为拥有近 20 万名高素质人才的大公司，华为能够凝聚这么多人的力量且取得显著的成绩，何其难也！

任正非将管理者的自我批判定位为吸收全组织的精华、保持组织活力很重要的工具："组织充满活力，既要能够使得大致正确的方向得以贯彻执行，也要善于自我批判，使得一旦方向脱离大致正确后，能够及时纠偏。在知识爆炸、行业快速变化的今天，充满活力的组织要让领袖听得见来自各个层级的声音，吸收全组织的精华，以保证持续维持大致正确的方向。"[145]

管理者的自我批判就是华为提倡的"一桶糨糊黏结华为力量"。自我批判是深入华为骨髓的基因，有各种各样的体现形态，就不再赘述。本章唯一要重点提的是华为的心声社区，它可以说在自我批判方面功不可没，当然，本书也引用了大量来自心声社区的内容。

华为2008年开始搞心声社区，最初与校园BBS（网络论坛）一样，但是没有想到，发展了十多年后，从现在来看，有很多重大的公司问题、干部问题都是通过心声社区暴露和揭发出来的，原来非常火爆的天涯社区华为专区反而不再像以前那样受华为员工和网民的关注了。作为"黏结华为力量"的重要平台，心声社区体现了华为吸收员工的精华与智慧、激发组织活力的多个方面：

1. 心声社区的定位是让员工充分阐述自己观点的罗马广场

任正非在2010年11月25日的讲话中提到了心声社区的来历及原则："大家看不看天涯网？天涯网说的话比我们自己说错话还要厉害一点对不对？既然那么厉害的话挂在网上，我们都不在乎，我们的员工实事求是地说两句错话有啥了不起？我们以前对宣传就是堵，能堵得住千万人的嘴吗？要适应，要顺流，不要担心木筏会碰上湍流。当时公司开放心声社区，我内心也很有压力，反对的人也很多，我们还是坚持心声社区开放。我不明白为什么家丑不可外扬，员工只要坚持实事求是，事情是亲历、亲为，有不对的地方，为什么不可以外扬？我们最近在离职员工管理上，已删除了‘维护公司的声誉’这一条，维护不行的，只有改好才行。要允许员工讲话，其实绝大多数员工偏离实事求是只是一点点，不会是黑白颠倒。心声社区开放以后，我们内部实际上好多了。”

他将心声社区定位为华为的罗马广场。罗马广场是古代民众广泛参与公共生活和大众监督的很好的典范，他希望员工们在华为的罗马广场上也可以畅所欲言。2016 年 5 月与 Fellow（院士）的多次座谈会讲话中，他对罗马广场的来源和与心声社区的关系做了说明：“公元 1 世纪至 5 世纪是人类文明繁荣的历史时期，那时没有互联网，没有电话，但是不要认为很落后，民主制度、雅典法典、罗马法典、议会制度……都来源于那个时候，因为每个人都可以站在罗马广场上阐述自己的观点，天才成批来。心声社区就是一个‘罗马广场’……心声社区总体是很健康的，让大家免费免责提意见，使华为文化得到普及理解。虽然大家在上面‘胡说八道’，针对我们说的，有很多人来评头论足，但这些跟帖就是未来将星在闪耀。我不需要知道马甲背后是谁，但是我知道华为有人才。”[146]

心声社区虽然是华为的内网，但任何一个人以游客身份在外网都可以访问。心声社区有对很多重大问题的讨论，一个热点有十万百万的点击量，华为内部的很多问题也通过心声社区暴露出来。心声社区首页可以清楚地看到“华为的罗马广场”的标志，如图 15.1 所示。显然，任正非希望员工们在华为的罗马广场上可以畅所欲言。

图15.1 华为心声社区的界面

2. 心声社区代表着充满活力的华为、实事求是的华为

心声社区是充满活力的华为的一个表现，这是任正非对它的评价。任正非2019年8月15日接受英国天空新闻电视台记者车德明的采访，他说：“华为公司可以看到处处生机勃勃，心声社区上员工也可以骂我、骂公司。骂的人不一定是坏人，人力资源部要看他骂得好不好、对不对，如果骂得挺对的，去调查他前三年的表现好不好，如果业务绩效也好，就把他调上来参加机关工作半年，然后再放下去，这就构成了内部很有弹性的文化基础。外面以为我们一盘混乱，但是你看不到混乱，看到的都是大家兢兢业业在干活。这种宽松的环境，使得大家即使有怨气也释放掉了。”[147]

心声社区是真实华为的体现，这也是任正非对它的评价。2019年5月21日中国《每日经济新闻》记者向任正非求证：“现在很多文章都是‘华为震惊体’，华为震惊了全球。”任正非回答说：“我们公司员工都是傻傻的，一个都没有被吓到，我们觉得很平常。网上文章一般很夸大，就像网上说英飞凌不给我们供货了，哪有这回事？这是有人编的。所以，如果真想了解华为的事情，就请看我们的心声社区。在心声社区上，即使骂公司的帖子也不会被封，反而是人力资源部要去看看他骂得怎么样，如果骂得很对，就开始调查，再看看前三年他的业绩，业绩也很好的话，就调到公司秘书处来，帮助处理一些具体问题，培训他、锻炼他，也就是给他一个到总参谋部来‘洗澡’的机会，半年以后把他放下去，这些种子将来迟早是要当领袖的。总说我们好的人，反而是麻痹我们，因为没有内容。心声社区骂我们的内容都是很具体的，我们要具体去分析。如果没有自我批判精神，我们就不可能活到今天。”[148]

只要发帖人以事实为依据，遵守心声社区管理规定，华为官方就不会删帖，哪怕这个帖子只是一面之词。2019 年下半年，有一位姓胡的 HR 在心声社区上实名发了一个帖子，讲自己因为替员工着想而遭到主管打压的事件，后来还被传到了外网，引发广大员工及社会网友的围观与跟帖，造成了很大的影响。华为是怎么处理的呢？首先把心声社区上的原帖和跟帖整理成一个 Word 文件，共计 1439 页，405180 字（原帖 5608 字，4 页，其余的都是心声网友的回帖与评论，可见有多火爆），在心声社区向全社会开放（游客身份即可见），让全社会都可以来评价，可见华为的胸怀。其次，华为官方在公开的同时还做了如下评论：

1. 实名投诉是公司管理民主的一个好现象，我们要支持保护当事人，当事人要坚持实事求是。心声社区是罗马广场，大家可以充分表达不同意见，就事论事，基于事实和证据，不能臆想和猜想，也要注意保护被投诉人与公司业务无关的隐私。员工讨论应集中在内部社区，不要输出到外部社区去干扰社会，人家也要生产。

2. 三十年来公司从一文不名发展到今天走向世界前列，我们的员工，特别是研发员工，都是干得非常好的；我们干部和 HR 也是非常努力的，这是基础。蓝军只攻其一点，红军要统筹全局，顾及方方面面，又要进攻又要防御，要困难得多。例如，给 19.4 万人发工资、评奖金、配股票、调整职级、进行分类分级的考核，是一件很难的事情，当然也有不尽公平的情况，我们要换位思考一下。发现一件事、一个人的不合理是容易的事，解决全局平衡的红军要动许多脑筋。大家要互相宽容、互相理解，协商沟通调整。

3. 我们的干部、HR 也要虚怀若谷，闻过则喜，注意方法。战时时期不宜大风大浪、大起大落、波涛滚滚，改革要静水潜流。[149]

### 3. 心声社区就是糨糊，水多了加面，面多了加水，不求绝对正确

心声社区就是糨糊，不追求 100% 的正确，这也是任正非的定位。我们同样借任正非的几次讲话内容来进行说明。任正非在 2015 年 9 月 23 日在公共关系部的讲话中指出："身份的证明，就是'水多了加面，面多了加水'，保证主航道正面评价有 60%~70%，负面评价有 30%~40%，才是正确的。如果说我们很清晰地宣传'华为就是一个主航道'，招来的其实是对立。我们要允许边上流一些

木屑、旋涡，所以宣传的声音不一定要整齐划一，我们现在的宣传就做得很好。你们看，社会上的评价一会儿说我们好，一会儿说我们不好，但大多数都聚焦在主航道上，已经承认了我们的价值观……这就像心声社区中的争论，尽管争得一塌糊涂，但员工开始辩论起来，就会最后达成一个结果，其实大多数观点还是偏正确的。我们公司允许员工说错话，60% 说对就行了，说对是指个人的真实感受。现在国际媒体 70% 对我们是负面的，30% 有一点灰色了，虽然不是很正面，但对我们友好。因此员工说话即使 40% 是错的，也会帮我们把一些黑的地方变灰，这是好事情。”

任正非也容忍心声社区对他本人的批评，这就是“提着一桶糨糊能黏合 20 万人”的一个很好例子。任正非 2019 年 7 月 17 日接受美国《雅虎财经》记者藤田明子的采访，他说：“公司内部是比较开放的，允许各种思想、各种言论。我们有一个心声社区网站，骂我的话什么都有，其中蓝军部司令发了一篇《任正非十宗罪》，不是十个错误，而是十宗罪，全公司都在学习。有错就改，改了就能前进，所以我们内部是开放民主的。你们既然来了，其实可以任意采访，在食堂随便采访一个人，建议还可以到他的宿舍看一看，看他的钥匙能不能开他的门，是不是真的华为员工。如果钥匙打不开门，说明是假冒的。这样可以获得很多真实信息。”[150]

4. 允许“批评的声音”在心声社区上有效发酵，推进有序民主

华为的心声社区是开放的，由于任正非天天看，所以业务主管也很关注民意，这使得心声社区越来越开放，越来越真实。如果某部门的问题在心声社区被实名或者匿名披露了，任正非都已经关注到了，而业务主管还不知道，这位主管就会很担忧。如果主管看

到本部门的问题被披露，想提前了解并予以解决，往往会找心声社区的版主，看能否探知发帖人的信息。心声社区虽然有很多实名爆料，但也有很多是匿名暴露问题的，心声社区版主绝不会将发帖人的真实信息告诉被投诉部门的主管，这也是华为员工愿意在心声社区发表“心声”的真正原因：不会被“穿小鞋”。任正非就是通过华为的心声社区，从一线了解到很多真实情况，这比古代的微服私访或者密折专奏的效果要好得多。

任正非就用这样的“糨糊”，黏结了20万华为力量，既保证了方向大致正确，又使组织充满活力。他在2020年2月17日关于员工思想教育座谈会上的讲话中非常形象地对心声社区的作用做了总结：“民主就是拿着刀子在身上削伤疤，但是不能把头给割了，因此我们要在控制有效的情况下发挥民主。心声社区这些年做得比较好，还是按照过去的原则：第一，不要去阻挠批评公司、组织的人，即使言语很激烈的帖子，也不要去删，让它发酵；第二，对于人身攻击等其他情况，决不允许利用网络平台，提倡先走道德遵从委员会等组织途径，不允许直接走网络途径，避免误伤，网络环境总体是一个‘弱者强势’的环境，不能在网上泄愤。……我们心声社区相当于是在酿‘茅台’酒，但要和外界隔离开，外界只能看‘茅台’，不能发言。我们内部什么‘细菌’都可以说，不寻求公司太纯洁、太干净，有一点‘毒气’，并无害处，还可能强身健体，有效的发酵有利于公司的成长。”

华为内部流传一句话：“任总是‘心声’治司。”心声社区是自我批判的体现，更是华为活力的体现！

## 一杯咖啡吸收宇宙能量

任正非用“一杯咖啡吸收宇宙能量”来说明华为的开放精神。2017年12月11日他在喀麦隆代表处的讲话对“一杯咖啡吸收宇宙能量”做了定义性的解释：

> 一杯咖啡吸收宇宙能量，并不是咖啡因有什么神奇作用，而是利用西方的一些习惯，表述开放、沟通与交流。你们维护的普遍客户关系，投标前的预案讨论、交付后的复盘、饭厅的交头接耳……我都认为是在交流，吸收外界的能量，在优化自己。形式不重要，重要的是精神的交流。咖啡厅也只是一个交流场所，无论何时何地，都是交流的机会与场所，不要狭隘地理解形式。
>
> 法国的花神咖啡馆是几百年来文人作家的交流场所，摩洛哥里克咖啡馆是二战期间各国间谍的交流场所，不是有《北非谍影》吗？老舍茶馆、成都的宽窄巷子……是用品味吸引人们去交流。你约不到人，咖啡馆就可能被动获得机会的邂逅，不仅仅是学术。
>
> 我强调公司要开放，见识比知识还重要，交流常常会使你获得一些启发。
>
> 我觉得你们年纪轻轻就走出国门，就到了艰苦地区，不要自闭于代表处，自闭于首都，要大胆融入当地社会，更重要的是要融入当地的上层社会，市场的机会、格局的形成，都在他们手里。西方人好运动，你们固守在“闺房”中，如何交朋友？打

球去，滑雪去，水上运动去，一切运动都是接近客户的机会。没咖啡，胜似咖啡。[151]

任正非认为“一杯咖啡吸收宇宙能量”不是将科学家变成华为的自有员工，而是要建立以吸收思想为主的合作关系。他在 2016 年 2 月 27 日的讲话中指出：“‘一杯咖啡吸收宇宙能量’，不是把人装进去，主要是吸收思想。将来能不能以 Fellow 为中心成立一个思想研究院？ Fellow 要多交叉，跨领域，多碰撞，多产生思想火花。这个研究院的宗旨就是思想和方向研究，而不仅仅是研究实现技术。……在我们‘一杯咖啡’的咖啡杯边界内的科学家，都要囊括进来合作，不一定局限在华为员工，合作、支持、沟通……都应该在我们这个体系里面。”[152]

任正非认为伟大的战略一定源自吸收宇宙能量的思想家。他在 2014 年 4 月 24 日的讲话中指出：“昨天在上研所召开了高级专家座谈会，我希望上海这些高级专家能担负起成为思想家的任务。上研所有很多 Fellow，为什么总是关在上研所门槛里去打上下班卡？是否敢于参加国际会议，和世界级人才喝咖啡？一杯咖啡吸收宇宙能量。是否敢于在各个大学演讲？演讲有可能涉及华为机密，但思想没有机密和疆界。能否与博士、准博士交朋友？……我们要站在更高的视野看世界。就像一百多年前，我们的先辈挖掘巴拿马运河、苏伊士运河一样，在那种历史条件下，设想出挖这两条运河，是何等伟大的视野和战略决策！……未来整个战略高地上如何认识和提高修养？不能要求你们重新读数学博士，也不现实，但是诺曼底登陆需要战略领袖，需要战役指挥能力。如果我们也能产生这么伟大的思想家，如果我们也有诺曼底登陆的指挥能力，抢占世界大数据流量的机会点怎么可能不行？但是，现在离我们要求的目标还很远。”[153]

任正非认为，只有仰望星空，吸收宇宙能量的人才能成为思想家、战略家。2014 年 5 月 27 日，他在海外子公司董事会推行工作汇报会上的讲话指出：“华为公司缺少战略家和思想家，因为我们都是来自‘上甘岭’，喜欢一手拿枪，一手握稿，喜欢手里握有权，眼睛总是往下看，不喜欢当思想家。我们要求有一些人望星空，一杯咖啡吸收宇宙能量，然后产生思想家、战略家。我们需要站在公司角度去思考整体资产、架构管理的人，这就是领袖。”[154]

于是任正非得出了从咖啡到战略的完整逻辑：“仰望星空，用一杯咖啡吸收宇宙能量，才能形成正确的假设；有了正确的假设，才有正确的思想；有了正确的思想，才有正确的方向；有了正确的方向，才有正确的理论；有了正确的理论，才有正确的战略。”[155]

任正非讲“一杯咖啡吸收宇宙能量”的时候并不仅仅针对研发人员，交付人员也需要，销售人员也需要，基层项目也需要。以下就从“开放企业架构”（企业层面的开放）、“炸开人才金字塔”（人才层面的开放）两个维度，讲述一些具体的案例。

## 开放企业架构

关于华为企业层面的开放，主要从管理架构的开放、技术架构的开放两个方面来阐述。

1. 管理架构的开放

华为的管理主要是学习美国，前面我们提到，华为做了大量的变革，咨询公司主要是IBM、埃森哲、普华永道等美国公司，甚至有媒体夸张地说："华为是美国扶植起来的，反过来要摘美国的苹果。"

其实任正非本人也说过类似的话："我们虽然支付了昂贵的咨询费给IBM，但IBM教会了我们如何爬树，我们爬到树上摘到了苹果，这就是老师发挥了作用。老师不可能教得天衣无缝，他交给你一把钥匙去开门。其实以前IBM教IPD时，我们根本没有读序言，就直接使用别人的流程。我们今天会操作了，很多人说不需要埃森哲了，要把模块变成现实，还是老师最厉害，我们对细节的理解很差。"[156]

这么多的管理变革，源于任正非的一次美国"喝咖啡"之旅："1997年岁末，在西方圣诞节前一周，匆匆忙忙地访问了美国休斯公司、IBM公司、贝尔实验室与惠普公司。美国人都在准备休假，我们却要在这么短的时间，横跨美国大陆从东向西访问。这些大公司的许多高级人员都等着我们，给予了我们热情真诚的接待，着重介绍了他们的管理，我们得到了许多收获。"[157]

一杯咖啡吸收宇宙能量，任正非从自身做起，也要求干部、研发、交付等所有的业务人员与管理者要开放与创新。正是因为管理架构的开放，华为才逐步成长起来，有了与美国抗衡之力，才能成为通信行业的领导者，服务全球30亿以上的人口。

2. 技术架构的开放

华为积极加入各种技术性组织。华为2019年年报显示："截至2019年底，华为加入了400多个标准组织、产业联盟和开源社区，担任超过400个重要职位，在3GPP、IETF、IIC、IEEE-SA、Linux Foundation、BBF、ETSI、TMF、WFA、WWRF、CNCF、Open Stack、LFN、LFDL、IFAA、GP、CCSA、AII、CUVA和VRIF等组织担任董事会或执行委员会成员，累计提交标准提案超过60000篇，华为就是这样持续加强与重要国际标准组织和产业组织合作，共同促进全球产业升级。”

华为在5G领域是领导者，所提出的极化码成了5G的一个重要标准，实际上这个标准是华为与土耳其教授合作的成果。经过2G、3G、4G无线通信技术的演进，人类踏入5G时代。极化码的发现者、土耳其的埃尔多尔·艾利坎教授2008年发表了论文，开拓了信道编码的新方向，是世界上第一类能够被严格证明达到香农极限的信道编码方法，能够大大提高5G编码性能，减低设计复杂度，确保业务质量。早在2010年，华为就看到了极化码作为优秀信道编码技术的潜力，在艾利坎教授的研究基础上投入了进一步研究，经过数年努力，在极化码的核心原创技术上取得了多项突破，并促成了它从学术研究到产业应用的蜕变。2016年，极化码成为3GPP 5G NR eMBB控制信道编码。2018年7月26日，华为在深圳总部举行隆重的颁奖仪式，为艾利坎教授颁发特别奖项，表彰他为人类通信事业发展所做出的突出贡献。[158]

2019年5月16日，华为遭到美国的严酷打压，被禁止使用美国技术含量占25%以上的芯片等组件或技术，2020年5月15日，华为被禁止使用美国芯片及相关半导体技术。在这种情况下，很多人说华为的“备胎”（或称之为“武器”）会催生出中国和美国的两套世界标准，整个世界在技术发展上越来越面临冷战式互相封闭与隔离的风险。但华为，特别是任正非，一直强调“绝对不会关起门来做武器”，其核心观点和意图总结如下：

1 华为最初自己做芯片是为了提高对未来技术的理解力。任正非2019年5月24日接受彭博电视采访时说：“我们做芯片的目的，不是要替代别人形成一个封闭的系统，而是要提高自己对未来技术的理解能力。因此，我们并没有准备完全替代美国公司的芯片，而是和美国公司长期保持友好。所以，不是说什么时候拿出来替代，而是一直在使用自己研发的芯片。”[159]

2 现在及今后应该不会出现两个技术世界。2019年9月26日美国消费者新闻与商业频道（CNBC）《管理亚洲》主播克里斯蒂娜·丹提问：“假设真的出现了两个技术世界，产生了脱钩，谁会在这次技术竞赛中获胜？”任正非的回答是：“全球分裂产生两个生态的可能性应该不存在。第一，虽然隔离了我们与美国的科学家和教授往来，但是教授总要发表论文，论文发表后我们总会看到的。土耳其教授论文发表，我们第二个月就看见了，美国论文发表，我们可能在第三年看见，总会看见的，就会对我们的科技发生影响。理论创新到工程创新有一个时间差，我们努力跑也会赶上来的。尽管美国可能跑在前面一点，我们跑在后面一点，但是来自‘喜马拉雅山’的‘雪水’可能还是一样的。美国在世界上是最领先的，是世界上最强大的国家，有最强大的科技，就像喜马拉雅山顶上的雪水一样。如果科技脱离，喜马拉雅山顶的雪水不流到下面来，下面庄稼干死了，上面的雪水也没有得到什么利益。应该是上面的雪水浇灌下面的庄稼，从庄稼里面分取利益，这就是世界走向全球化的目标。美国做了很多好东西，不卖，怎么使美国繁荣富强？如果没有水，庄稼活不了，就要想办法打井来浇灌庄稼。因此，发展中国家得不到供给时，就会寻找替代。但是山上的雪水不能流下来，山上很冷，冻得很僵。科学家要吃饭，工人也要吃饭，科学技术不能变成商业，不能变成商品，不能占领全球市场，经济就会萎缩。客观事物迫使哪一家都不可能脱离世界，哪一家都不可能重建一个区域性的环境，只是实现的形式比较坎坷。”[160]

3 华为在最困难的时候也要坚持全球化。2019 年 10 月 15 日任正非接受瑞典《工商业日报》记者约翰·尼兰德采访时说：“首先，我们不希望世界去全球化，应该坚持全球化的道路走下去。我们现在的一些做法是迫不得已，美国不卖器件给我们，我们再不使用自己的器件，那我们就会死亡。我们还不想死亡，所以在这个时候自己提供了更多自己研制的器件。但是我们认为，这个世界最终还是要全球化才会给人类创造更大财富，这一点，我们的态度是坚定不移的。中国会不会有一些企业成长起来？有可能，但是我们现在没有寄希望于中国企业成长起来替代美国。我认为，美国在世界上还是最厉害的，并没有说要去美国化、脱离美国。当美国不卖给我们的时候，我们会有一些权宜措施。”[161]

4 华为甚至希望将自己最领先的 5G 技术开放给美国，培养竞争对手来激活自己。任正非在多个场合公开提出，要将 5G 相关技术许可给美国的一家公司，包括技术和工艺，一次付清知识产权费，获得永久使用权。他说：“我们是真心诚意地想做这个技术许可，我们不会留后手和秘密。我们对被许可方开放透明，不是我们傻，而是以此让华为公司19万员工面对一个强大的竞争对手，谁也不敢睡懒觉。……现在，督促华为公司进步的鞭子在我手里；未来，我将把这个鞭子转交给美国公司，美国公司进步成为强大的竞争对手，逼着我们19万人心惊胆战地努力前进。”[162]

任正非坚信，华为的技术架构和系统架构要向美国、全世界开放，防止产业脱钩，引领产业发展，做大产业空间。因为作为一个独立的系统和个体，只有开放才能吸收能量，才能让华为“不可使用的能量”相对越来越少，“可使用的能量”相对越来越多。

## 炸开人才金字塔

华为的人才机制原来是金字塔结构。金字塔是封闭的系统，限制了组织模型和薪酬天花板。炸开人才金字塔，就是形成开放的人才系统和组织架构，这样才能容纳世界级的人才，打开各类人才的上升通道。

任正非在2016年5月30日全国科技创新大会上发言指出：“华为过去是一个封闭的人才金字塔结构，我们已炸开金字塔尖，开放地吸取‘宇宙’能量，要加强与全世界科学家的对话与合作，支持同方向的科学家的研究，积极地参加各种国际产业与标准组织，各种学术讨论随着突破越来越复杂，跨界合作越来越重要，组织边界要模糊化，专业边界也要模糊化，培育突破的土壤。”[163]

“炸开人才金字塔”具体是什么意思呢？任正非认为，不用某个国家或某类人才的标准来衡量华为在不同国家不同领域的人才，就是炸开金字塔，这样就容易招到全世界每个领域的优秀人才。他2014年6月5日在德国的一次讲话中指出：“公司以前发布了一个稳定的人才金字塔模型。这个模型的缺点在于使得公司就一个人才标准，就是电子工程师。我们每个岗位都去对着电子工程师进行比较，去称重量。事实上，我们公司是多元化需求的公司，人才也应该是多元化的组成，这个结构就比较僵化。我们这次干部大会提出来，这个金字塔模型要异化，要歪一歪，不要那么整齐。为什么要歪一歪呢？比如，全世界电子制造最好的就是日本和德国。好，我们的制造就对齐日本，把日本技师招到我们公司来，让他们也搞一条生产线。中国技师就向日本看齐，如果你达到这个标准，那你就拿日本工资好了。我们现在市场和研发的骨干人员的工资标准是向美国看齐，制造的骨干人员的工资标准是要向日本看齐。这样我们每一个模块都能找到自己的对标对象。”[164]

最近十多年，华为引进了很多业界的优秀人才。这里以华为无线5G首席科学家童文对华为无线的带动作用为例。

童文，1984年本科毕业于南京工学院无线电工程系（现东南大学信息科学与工程学院），并继续在该校攻读通信与信息系统学科硕士，1989年赴加拿大深造并获博士学位。加入华为之前，他在全球电信及互联网领域曾经市值最大的公司加拿大北电网络担任资深科学家和Nortel Fellow。2009年北电网络在互联网的泡沫中申请破产，几家通信巨头都向已经是IEEE Fellow、加拿大皇家工程院院士的童文伸出橄榄枝，他最终在2009年3月加入华为。2011年9月，童文被授予华为首批Fellow特级专家称号，现为华为无线CTO

（首席技术官）兼5G首席科学家。

2016年11月17日，国际无线标准化机构3GPP的RAN1（无线物理层）87次会议在美国拉斯维加斯召开，就5G短码方案进行讨论。此次会议足以载入中国通信行业的史册——中国华为主推的Polar Code（极化码）方案从美国高通主推的LDPC方案、法国主推的Turbo2.0方案中胜出，童文和他的团队为中国在5G时代拿下了话语权！为此，童文被评为“2016中国科学年度新闻人物”。

2018年12月，IEEE宣布授予华为无线通信首席科学家童文博士“2018年杰出行业领袖奖”（2018 Distinguished Industry Leader Award），以表彰他对移动通信产业的领先技术贡献和领导力，以及在5G移动通信技术中的创新。IEEE即国际电气与电子工程师协会，是电子电气信息科技领域最权威的学术组织，也是目前全球最大的非营利性专业技术学会，会员人数超过40万人，遍布160多个国家和地区。一年一度的IEEE杰出行业领袖奖可以看作通信行业的“奥斯卡”，但和奥斯卡有所不同的是，每年仅有一人能获此殊荣，评选标准也极为严格。在“宁缺毋滥”的评奖原则下，该奖项过去十年间曾出现三次空缺，而童文是第二位获此殊荣的华人。正是因为童文这样金字塔顶端人才的加入，华为才可能在5G领域成为领导者，才使美国感到其掌控的科技制高点受到威胁而招致严酷的打击。

除了吸引优秀人才加盟，华为也努力地吸收国内外重要专家的经验，加强合作，取得了显著的成功。前面我们提到的5G极化码的发现者艾利坎教授对华为的帮助就是一个典型例子。其实这样的合作在华为还有很多，比如2013年6月，德国国家工程院院士约瑟夫·诺塞克教授与华为的合作研究“高速光传输系统中的高效均衡器设计”告一段落，诺塞克教授向华为交付了供当时最新光传送产品使用的算法，不仅解决了100G波分产品核心芯片的功耗问题，还大大节省了ASIC设计资源，让横跨太平洋的海缆传输成为可能。合作成果成功地运用于华为100G产品第二代芯片中，而且占据了前沿技术探索和专利布局的制高点。[165]

如今，华为提倡开放创新，不是盲目追求为我所有，而是多层次构建为我所知、为我所用、为我所有的能力组合。任正非也具体阐释过这种思想：“举例来说，在产品、解决方案及服务技术能力上，重在为我所用，但在关键控制点上要为我所有；在基础技术能力上，侧重为我所用，但在核心技术上要为我所有；在基础理论能力上，做到为我所知、为我所用就可以了。比如建立制造实验室，我们是要掌握精密制造的能力，这个能力要为我所有，促进我们自己发展高精生产。别人的制造能力也能达到我们的水平，可以允许外包给这些先进公司。迫不得已时，我们才自己制造。但是，不是所有公司都能赶上我们的进步的。我们要有准备自己智能制造，不要偏离了主航道。”[166]

华为原来很多产品研发主要与海外教授合作，今后也将加强与国内大学的合作。2018年11月19日，任正非在与中科大校长的座谈会上指出：“早些年华为开始在全球的研究布局，这十多年，欧洲、日本、加拿大都是我们的重点。华为在欧洲的研究投入取得了很大的成果。同时，我们也在全球聚集了三四千名业界的科学家和专家。接下来，我们要加强与国内大学的合作，用20年时间，资助中国的要素的创造发展。把实验室搬到全世界有条件的大学附近，共同推动基础研究与实验，实现自己掌握一部分核心要素的局面。”[167] 回头再看如今美国对华为的打压，可见转向中国要素的创造发展也成了必然。

## 第三只眼：开放系统中的“吸星大法”

我们可以看到，华为的组织活力激发思想曲曲折折，并不是马上就能学会并灵活应用的。无数的企业在学华为，但很少有企业能学会，乃至成为下一个华为；同时，也有不少声音质疑华为：下一个倒下的会不会是华为？华为经过的地方寸草不生？华为的员工何其辛苦！

作为华为组织活力激发的结束章节，我们认为，正是华为的包容和开放促进了华为的不断成长。一方面，华为是包容的。任正非提出的“一桶糨糊”，就是水多了加面，面多了加水，让整个华为上上下下允许存在错误、批判、不同方向，但又能在整体上表现出巨大的军团力量。另一方面，华为是开放的。华为强调狼性文化，但与外界还是连通的。华为是谦虚的，是积极参与的，是求贤若渴的，企业内外是交融在一起的。

“组织的包容与开放”说起来容易，做起来难。有多少管理者愿意接受下属褒贬不一的声音，把辛苦赚来的钱分给员工、投入研发？有多少管理者能求贤若渴、“三顾茅庐”？又有多少企业敢于把自己的核心技术与外界分享？华为的包容与开放，如果其他企业能够学到，即使不一定走向成功，但也必然有积极意义。华为可能不是组织活力最好的企业，但一定走在激发活力的最前沿。让我们持续跟进、理性学习、深刻理解华为！

# IV

# 激活讨论篇

华为激发组织活力的实践令人深思，如果我们以成败论英雄，华为无疑是最懂激发组织活力的企业之一。我们已经对华为激发组织活力的实践进行了全面的回顾和总结，相信企业家和管理者们一定能够从中汲取值得借鉴的宝贵经验。

但是，我们也清醒地知道，华为也是在一步步试错中走到了今天，华为的“活力引擎模型”也仅是一家之言。读者也许会有疑问，例如：

1 坚持“抽打”还是走向无为而治？“抽打”消失了怎么办？“抽打”错了怎么办？华为坚定地以热力学第二定律为组织活力激发的基本假设，认为只有通过“人力资源水泵”的抽打才能让组织充满活力，这既给以任正非为代表的管理者带来繁重工作的挑战，也给华为员工带来“无尽的痛苦”。那么组织活力激发的理想状态或方法是什么呢？是让管理者与员工时刻接受“抽打”，还是让管理者从繁杂的管理工作中解脱出来，实现“无为而治”，让员工从“被抽打”中解脱出来，实现主动成长？

2 个体是否一定都是走向“熵增”的？如何培养走向“熵减”的内生动力？人与客观的物理世界还是存在一定差别，或许人的热量会在自然状态下耗散，但人性不一定是完全符合“熵增”的。现实生活中，有些人就喜欢“熵减”（例如，他们喜欢收拾整齐，喜欢把工作理得清清楚楚，尽管外界并没有要求他们这样做）。或许，组织活力激发的重点不仅是避免个体或组织的“熵增”，还要支持和充分释放人们喜欢“熵减”的那一面。

3 需要远离平衡时刻吗？这是激活的唯一钥匙吗？现实生活中我们能看到，很多学校的老教授或企业中尽职尽责的老员工长期孜孜不倦、兢兢业业，他们似乎能够主动、热情地工作，与工作达成一种“和解”（长期保持某种平衡状态），而并没有受到单位的严格考核和督促。我们相信，这样的平衡态也是一种活力的体现。我们在第 1 章讲过，在一个范式的周期中，需要打破平衡，找到下一范式的发展路径，但在范式的成长期和成熟期，可能更需要一种稳定的运行状态。或许，远离平衡只适用于部分情境，而有些情境则更需要建立平衡。企业组织活力的激发，既需要快速打破平衡，又要能快速建立平衡。

基于此，我们已经在以上三篇的结尾部分进行了一定的理论探讨，也为读者提供了更多的思考空间。事实上，类似于“下一个倒下的会不会是华为”的言论不绝于耳，比华为生存更为长久的企业也有很多。为此，我们将在接下来的内容中整合激发组织活力的

“百家之言”，探寻在非线性时代激发组织活力的根本抓手和普适方法。总之，我们认为：华为激发组织活力的方法都是有其合理性的，与华为所处的境况也有极大的关系。我们总结出的华为激发个体、团队、组织活力的方法不能“包治百病”，读者既要真正地去揣摩和理解其背后的逻辑和原理，也要结合自身所处情境，成功地开发出属于自己组织的激活之法！

# 16

# 组织属性与个体属性

管理学大师彼得·德鲁克在其《变动世界的经营者》中讲道：“古往今来，人的本性基本上不会改变。但是人们的技能和知识、工作和岗位、期望值，以及寿命和健康状况却发生了翻天覆地的变化……记住，人是我们唯一的资源。”诚然，人是构成组织的最小单元，人性及其所处的环境决定着人的需求和行为。

作为组织中的个体，人有与生俱来的自然属性（也就是人的动物性，例如，饿了想进食，困了想睡觉，渴了想喝水），也有后天形成的社会属性（它包括人的价值取向和价值体现，例如，我们大多数人所认可的社会道德标准）。毋庸置疑，信息技术的飞速发展对企业管理模式产生了深远的影响，改变了人们的行为方式和工作方式。环境的剧烈变化，迫使组织变革的频率提高，更加关注人本身的属性。好的组织，一定是“以人为本”的，当然这并不意味着完全放任和遵从人性。

要全面、科学、有效地激发组织活力，既需要了解个体的一般社会属性，也需要了解个体在组织中的属性以及组织作为社会组成部分的属性。本章试图从个体和群体两个维度，剖析和总结组织及其中个体的不同属性，为组织活力激发找准抓手和落脚点。

## 非线性时代的组织

我们在第 2 章讲过华为的“活力引擎模型”，可以认为，其核心方法直指人的天性。但我们在此前也总结了非线性时代的典型特征，当下乃至未来的组织都不得不适应非线性时代的成长和竞争环境，这使得组织中个体和团队的角色、需求及其相互关系也处在动态变化中，这就为组织中的个体属性赋予了新的内涵。

为了把握新时期的组织属性和个体属性，我们首先根据非线性时代的特征总结了当前及未来的组织可能具有的发展趋势，具体阐释如下：

1 中小型新兴企业不断增长。从企业体量上来看，企业规模逐渐扩大是基本趋势，但我们也看到了更多中小型企业的显著增长和贡献，是它们在不断地“钻活”传统市场、开拓新兴市场。对大企业来讲，不得不应对中小企业的竞争，而中小企业不得不思考如何与大企业竞争并成长为大企业。此外，科技企业也在不断创新和升级，迭代速度超乎想象，而且很多技术具有相当程度的颠覆作用，可能会把以前的很多做法彻底推翻。现在，留给企业家思考和调整的时间窗口变得越来越小。这种竞争环境下，无论何种规模的企业，都更加需要以小企业般敏捷的洞察力和反应能力来适应非线性时代。

2 组织的形式趋于多元化。当前没有一个标准的组织定义、组织理论和组织结构。组织构建的方式越来越多样化，不同组织有不同目标、不同工作类型、不同的人和不同的文化。组织的这些特征不是趋于同质化，而恰恰相反，是结合了所处环境而体现出的差异化的价值和诉求。

3 竞争越来越趋于全球化。无论一个组织是否实施全球化战略、开展全球化业务，都不得不迎接全球化的竞争。组织各方面的战略也应该是全球化的，更多的跨国、跨文化的分工和合作将会出现。

4 组织分工趋于精细化。随着新一代信息技术的不断深入，各产业链、创新链逐渐趋于完备，具体任务与工作会逐步细化。一方面，企业的冗员、非核心业务会越来越少；另一方面，各企业专注的技术、产品和市场都会精细化，分工越来越细，“大而全”会逐渐被“小而精”代替。

5 组织的诉求趋向自主知识化。当前，客户需求呈现出更加多元化和个性化的趋势，这是企业需要关注的，因为我们需要认真思考和研究，发挥自身优势，聚焦细分客户群体，为客户创造价值。在工业化时代，企业通过销售产品和服务将“所有权”卖给客户。在今天这个数字化时代，很大程度上谈的是客户和企业怎么“黏”在一起，怎么分享更多价值，产品和服务是否真的能给客户带来价值。在此背景下，将组织比喻为“机器”

的思维已经过时，今天的组织更像是一个“有机体”。自动化、智能化时代，更多需要的是知识型人才和组织，而非劳动密集型组织。如果组织或员工只是作为一种固定的生产力，则意义变得极小。对于企业，更重要的是维系人才、集结人才、留住人才；对于员工，更重要的是成为塑造组织文化和价值的参与者，而非简单的指令执行者。

6 组织所处的环境充满风险和动荡。非线性时代也许不是一个仁慈的环境，但这是一个人性化的环境。传统企业中僵化的“纪律”已经成为历史，取而代之的是一个充满动荡、挑战的世界。例如，员工换工作、组织招新人的频次可能会增加，乃至成为常态，原本到了退休年龄的员工可能会有终身事业。

7 组织的社会责任愈加受到重视。当前，以“三重底线”为基础的企业责任得到延伸，且在社会和环境方面的责任愈加重要。例如，2019 年 8 月，181 家美国顶级公司的首席执行官在华盛顿召开的美国商业组织“商业圆桌会议”上联合签署了《公司宗旨宣言书》。这份文件重新定义了公司运营的宗旨，宣称股东利益不再是一个公司最重要的目标，公司的首要任务是创造一个更美好的社会。这是企业组织转型的一个重要信号，更加强调其社会属性。

8 组织管理从集中式走向平台化、网络化。以往，组织与其他相关方的界限比较明确，组织内的成员也多为企业的雇员。而如今，随着新一代信息技术的不断发展和分工合作模式的不断创新，组织管理会产生颠覆性的变化。一方面，企业组织逐渐变成网络化的社会体，而非雇员的社会体，企业和员工以及其他相关方更多的是社会层面的合作关系（例如，联盟、合资、少量参股、合作、技术和市场营销协议等）。在这些关系下，没有人施加控制和发布命令，这些关系更多地建立在对任务、政策和战略的共同理解上，建立在团队合作上，建立在共同的信仰上。另一方面，未来的组织不只是管理，还要赋能，为员工提供舞台。传统的雇佣关系变得更灵活、更不紧密、依赖度更低，进而形成一种新的工作契约，未来的组织与员工或相关方建立的合作关系可能更类似与客户的关系。

9 组织运营和管理逐渐走向数字化。毋庸置疑，我们已进入数字化时代，组织运营和管理的思维方式也要逐渐走向数字化，即数字思维。这种思维包括总体性思维（得益于数据收集、处理、存储和分析技术的突破性发展，企业可以方便快捷地获得研究对象的相关数据）、容错性思维（企业拥有海量即时数据时，绝对的精准不再是我们追求的主要目标，适当忽略微观层面上的精确度，允许一定程度的误差，可以在宏观层面有更好的认知度）、相关性思维（分析事物之间显性或隐性的关联，能使我们获得更多洞见，捕捉现在，预测未来）和智能化思维（借助新一代信息技术，企业的“大脑”可以像人脑一样主动、有逻辑地分析数据并做出判断，具有更智能化的思维和预测能力）。这种数字思维不是仅停留在理论层面，大量企业正在应用的数字工具（如钉钉、飞书等）早已成为组织运营和管理中不可或缺的重要资源。

## 个体的一般社会属性

任何一个普通的人都具有一定的社会属性。在非线性时代的背景下，我们可以简单地总结出以下几条：

1 每个个体都有不同层次的需求。人的行为是动机驱动的，而动机与人的需求密切相关。早在 1943 年，亚伯拉罕 · 马斯洛就提出了人的需求层次模型，其基本内容是将人的需求从低到高依次分为生理需求、安全需求、社交需求、尊重需求和自我实现需求，这客观地反映了个体不同层次的需求。在这些需求的驱动下，每个个体会形成相应的行动策略。

2 随着需求的满足，个体会逐渐趋于稳定。尽管个体有不同层次需求，但某些需求得到一定程度的满足后，会产生安于现状的思想。例如我们前文举过的巴西桥假的例子，就体现出人们喜欢安逸享乐的天性。我们想想，如果桥假发生在自己身上，是否也会特别开心呢？

3 个体在不同阶段有不同层次的需求，在低层次需求得到满足的情况下，对高层次的需求才更迫切。此处，我们从丹尼尔 · 平克的《驱动力》一书中也能获得一些满足个体需求的逻辑。他认为驱动力 1.0 是满足人的生物驱动需求；驱动力 2.0 是满足人的获得奖励需求和避免处罚需求；驱动力 3.0 是为那些有才华、有真正追求的人提供有意义的平台，让他们聚焦专业，自主做事。可以看到，不同个体在不同阶段是有不同层次需求的。

可以看到，人的需求有不同层次，从基本物质需求到更高的精神需求。今天是一个大众创业、万众创新的时代，人们的物质需求得到基本满足，同时个体实现理想的技术和途径越来越多，更多的个体有了更高层次的需求。这可以认为是非线性时代个体需求的一个显著变化，对企业、管理者、员工乃至用户的行为都带来了新的影响。

## 群体中的个体属性

我们知道，个体形成了群体，每个人都有一定的社会身份，而其自身的属性又不可避免地受到所在群体的影响。企业组织作为一种社会群体，还有其独特的群体属性，本节便着重对这些方面进行探讨。

### 社会身份与社会表现

个体有一定的社会身份，人们习惯于用“他们”或“我们”的眼光来看世界，希望从属于某个群体。社会表现指群体所共有的信念和文化使人们在社会生活中做出的判断和行动。显然，任何个体都会有这两种心理机制：社会身份（“他们”和“我们”）和社会表现（别人眼里你怎么样，你自己认为自己怎么样）。一方面，由于社会身份的不同，不同群体间很容易形成对立和竞争；另一方面，将自己归属于某个群体，会让自己为之骄傲，更具成就感，如果这个群体无法给个体带来这种收获，个体就会变得消极乃至想离开。在此基础上，群体中的个体会有以下属性：

1 个体不喜欢落单或被忽视，希望得到尊重与认可。个体努力与否，除了取决于自身能否获得利益，也会受到他人或组织的影响。具有群体性的个体都会受到外界的评论，无论自身好与坏，人们都希望将自己包装起来，建立和维护自身的良好形象。

2 个体会认可、服从、维护一定的群体规范。由于隶属于一个群体，且较为认同自身的社会身份，个体的社会表现是基于一定的群体规范的。群体规范是群体最核心、最重要的价值观，能起到约束个体的作用，同时个体也会竭力维护，这就形成了群体凝聚力和共识。

3 组织内的个体间存在利益冲突和权力斗争。个体之间、管理者与下属之间，都会由于某些利益或权力冲突而发生竞争或合作，团队之间也是如此。

4 个体会带有时代、地域、文化、民族等标签。不同时代、地域、文化、民族中的个体会表现出不同的社会属性。例如，在欧美国家，社会底层的人往往被迫勤奋工作，而社会上层则有更舒适的生活方式和更多的休闲时间，所以社会下层的人更希望变成“绅士”。而在日本，勤奋工作是一种普遍的追求，任何阶层都希望能够勤奋工作，不以享乐为目标，而是期望为企业、为大家的利益做出贡献。在激发组织活力时，我们有必要考虑这些情境的独特性。

以上四方面所述的都是群体中的个体属性。事实上，随着个体的不断成长，群体也会形成某种属性，例如，有的企业文化偏激进，有的偏保守。可以看到，这是群体内的所有个体共同缔造的，也是基于每个个体的不同属性的。

## 不同角色的个体属性

由于本书以企业组织的活力激发为主要研究内容，我们在这里对组织中不同角色的属性进行剖析，如表16.1所示。这里需要说明的是，我们无法总结出不同角色的所有属性，但所列举的情况能够为组织活力激发提供一定的参考和借鉴。以减少加班和工作量为例，在外界看来，华为似乎提倡艰苦奋斗，以加班为常态，其实我们也是承认人的天性的。任正非在2013年11月11日的讲话中指出："……所以我们要未来5~10年不断改革，只有管理接近西方公司的先进水平，才能达到我们期望的目标：工作没那么繁重，效益还很高，挣钱还不少。这样不当将军也可以了，当将军就挣得更多……"[168]

表16.1 企业组织中不同角色的属性

| 角色 | 角色属性 |
| --- | --- |
| 管理者 | a. 希望相较于普通个体有更大的权威和优越感<br>b. 希望下属忠诚、努力地完成自己部署的任务<br>c. 希望能够带领组织或团队取得显著的成绩，得到组织和下属的认可<br>d. …… |

（续表）

| 角色 | 角色属性 |
| --- | --- |
| 员工 | a. 希望得到更高的工资、更大的权力、更多的晋升，不希望承担太多的工作量、任务和责任<br>b. 希望得到企业的培训、辅导，支持其实现自我价值，希望能与组织在目标、需求上共赢而不相悖<br>c. 希望工作能和生活、其他追求相平衡，不愿过多加班、过度工作<br>d. 存在竞争心理，希望至少不要成为组织中的“差等生”<br>e. …… |
| 客户 | a. 希望得到企业的尊重、支持，满足自己的个性化需求<br>b. 希望以更低的价格获取更高价值的产品或服务<br>c. …… |

## 不同属性的破与立

我们在上文中探讨了一般状态下和群体中的个体属性，可以看到，它们都具有两面性，这也给组织活力激发提供了两方面相互交融的启发——打破消极属性，引导积极属性。

### 打破熵增的铁律

个体的某些天性是不利于组织活力激发的，即我们在前面章节提到过的“熵增原理”。个体天然地趋向贪婪懒惰、安逸享乐，缺乏使命感和责任感，这就导致个体的工作状态停滞甚至下滑，明显是不利于组织发展的。同样，如果整个企业也一直在熵增，这个企业就会走向组织懈怠、流程僵化、技术创新乏力、业务固定守成。这方面的例子数不胜数，例如：企业可能会满足于当下的利润和绩效而不愿创新，产生惰性甚至腐败，最终走向衰落；企业日积月累的运营模式可能早已不合时宜，但由于流程僵化的问题而无法快速改变。显然，为了激发组织活力，必须打破这种组织熵增的铁律，才能激发个体活力，促进组织持续成长。

## 释放熵减的潜力

个体的某些属性是需要尊重、认可和积极引导的，这样才能从本质上激发组织活力，这往往是组织容易忽略或难以做到的。华为洞察了组织的熵增现象，其组织激活的主要方式似乎体现出与人的天性对抗的倾向，其实这并不完整。现在提倡的“以人为本”或“人性化”的管理思想，更注重对人的向上、向善的天性的积极引导，通过合理的方法来激发个体的主观能动性。组织如能实现对个体的积极属性的尊重、认可和引导，那么一定会呈现这样的场景：从竞争对手角度看，活力强的组织能做到对手做不到的事情；从客户角度看，活力强的组织，客户体验好；从员工角度看，活力强的组织，员工工作积极、成长进步快、不计较眼前得失……

## 破与立的平衡

组织活力的激发，既要打破消极属性的阻碍，也要释放积极属性的潜力，好的激发方法一定能够在两者之间取得平衡。我们将其中的要点总结如下：

1 没有严格定义的“消极”或“积极”的属性，只有确定了具体情境，才能判断其会给个体和组织带来怎样的影响。
2 打破消极属性的阻碍，即合理减少其给个体或组织成长带来的负面影响。例如，部分员工对自身工作状态、收入、自我实现都相对满意了，活力有所减弱，这可能会对组织绩效产生一定负面影响，但此时的激活不是严苛地将其工作收入和其他收益全部降低，而是恰当地增加新的“饥饿感”。再如，某银行为了促使员工完成交叉销售业绩，一度不惜以解雇和终结员工职业生涯为威胁，这看似有助于激发活力，但是缺乏温情和恰当方法，很难达到预期的效果。
3 释放积极属性的潜力，就是帮助个体和组织发掘、培养有利于自身成长的积极因素。例如，员工长时间地工作、全身心地投入事业，必然有助于个体和组织的成长，这种积极的因素需要提倡和引导，但也要把握其中的度，这一方面意味着，这种积极性必然存在一定的最大值，如员工的工作时间；另一方面意味着，相应的激活方法所起到的效果也有一个最大值。好的激活方法应该能够引导个体和组织健康地进入下一个发展阶段。

总之，对组织和个体属性的破与立就是将机械组织变成有机组织。机械组织通常具有严格的结构层次和固定的职责，组织形式相对僵硬，不够灵活；而有机组织则会产生更多新的“神经单元”，使组织不仅能够感知变化，还能根据需要迅速地做出调整。

现在很流行一个概念——中台，这一概念最早由手游公司Supercell提出。这家公司在芬兰创立，各地都有分公司，它的团队是国际化的，由来自30多个国家的人员组成，但总共只有86人。它的CEO说："团队很小，迫使员工只能专注于最必要的事情。"通过支持极小的技术中台来支持极小团队进行游戏研发，Supercell最终实现了惊人的创造力和利润。2016年，腾讯收购了这家手游公司，这是腾讯当年最大的一笔收购案。

Supercell的CEO曾说"We killed 14"，指的是公司为了成就最受欢迎的4款游戏，"杀死"了其他的14款。这个例子说明，我们事先无法知道哪条路是正确的，因此企业必须有充分的活力去试错、容错。他们公司经常举杯庆祝一个游戏被淘汰了，为失败而庆祝，这种逻辑和以前完全不一样，由此产生的新的组织活力也就和以前大不相同。Supercell的组织活力，正是来源于它由两三个人组成的开发小组（所以叫"cell"，即细胞）。这种小组不仅能快速开发各种各样的小游戏，还能在中台的支持下开发复杂的游戏。开发流程也非常简单：公司提供基础设施框架、工具以及大量的资源，小组在通用资产的基础上，加上自己独特的创意，快速迭代。这种方式正在逐渐成为越来越重要的、和以前大不相同的商业竞争模式，这就是中台战略的本质。

当然，各种不同的组织会有不同的做法。我们在实践篇提到的华为的"铁三角"，就是由解决方案专家、交付专家和客户经理构成一个"铁三角"，背后有强大的后台支撑。阿里的组织是典型的大中台、小前台，类似美军的作战体系，在这种中台系统的支持下，前台非常贴近用户，以实现和用户的有效沟通。这种活力就不再是单个工作小组的活力，而是用开放系统对接了强大的中台和后台，是资源赋能情况下的强大组织活力。腾讯的组织是“大三层，小三层”的结构，大三层主要关注组织活力，强调业务部门和职能部门的协同，小三层则是对员工个人的激活体系，它们共同构成了组织的支持系统，使得组织形式相较过去发生了很大的变化。海尔提出“人单合一”的模式，形成了6000多个小微组织，这些小微组织能不能获得平台和中台的支持呢？前期是没有的，后来一点点演化，现在变成了更加有效率的组织形式，这是一种信任体系。

总的来看，总部要把资源结合起来，并通过授权给下属赋能。资源共享是通过专业化的平台实现的，这种专业化的平台能够调用一线团队，一线团队也可以迅速调用平台的能力和资源。这种体系是过去没有的，而现在越来越多的组织使用了这样的体系。这种体系能够使企业更加快速地发掘、适应客户需求，在强大的中台和后台支持下，发展出大大超过以往的能力，我们也将这种体系的产生视为一场管理的革命。

# 17

# 从必然王国到自由王国

必然王国和自由王国是指人类在客观世界中所处的两种不同的社会活动状态。必然王国是指人们在认识和实践活动中，对客观事物及其规律还没有形成真正的认识，因而不能自觉地支配自己和外部世界的一种社会状态；自由王国则指人们在认识和实践活动中，认识了客观事物及其规律，并自觉依照这一认识来支配自己和外部世界的一种社会状态。按照马克思主义哲学的观点，人类的历史就是从必然王国向自由王国发展的历史，是从盲目、受自己所创造的社会关系的奴役和支配的社会状态向自由、能够自觉地创造自己历史的社会状态转变的过程。

事实上，企业的生产、经营活动也是人类创造社会状态的重要体现，而组织变革也正是企业从必然王国走向自由王国的积极探索。同样，激发组织活力的理想路径便是从必然王国走向自由王国。本章在第 16 章的基础上，尝试探讨开放系统中组织活力激发的核心引擎。

## 组织激活的基本问题

企业组织有着不同于其他社会群体的独有特征，从促进企业持续成长的角度，我们将组织激活的基本问题总结如下：

1 组织活力是什么？很多学者都对组织活力进行了描述或定义，他们认为：组织的经济实力、智力、创造力等的增长情况决定了组织的活力，较高活力的组织才能生存下来，实现增长，取得高的绩效。组织活力也有不同方面，例如组织的运行、智力、情感、精神等方面的活力。学习、创新、柔性和企业家精神是获得并维持组织活力的主要支柱。我们在前文讲过，几个典型的大企业案例证明，企业无法保证自身的发展方向和战略永远正确，要想活下去乃至基业长青，组织活力才是其中最为关键的引擎。综上，我们尝试在此给出组织活力的定义：组织活力就是驱动组织上下朝着既定目标开展活动并取得预期绩效的一种内生力量。这与通常的“人才是第一生产力”的认识不太相同。人才要具有正确、足够的活力，才能形成第一生产力，这种活力的外在表现就是组织中的个体和团队敢于拼搏、善于拼搏，能够保证组织的生存和发展。

2 组织活力激发是什么？我们将组织活力定义为一种内生力量，组织活力激发就是让这种力量从无到有、从少变多、从无用到有用的单向过程，以使组织从上到下、从内到外都能满足自身生存和发展的需求。这不是指企业全部的人数或力量有多大，而是指有助于企业生存和发展的人数和力量有多大。

3 组织活力激发的抓手是什么？我们在第16章讲过，为实现组织活力激发，要打破个体的消极属性，引导积极属性。这既会给个体带来不适（因为部分活力的激发是有悖人的天性的），也会给其带来幸福（因为部分活力的激发能够帮助人的天性得到解放，走向自由）。所以，对不同个体属性的破与立是组织活力激发的核心抓手。

4 组织活力激发的核心方法是什么？组织活力激发的核心方法是组织的坚定信念和二元性。一方面，组织活力激发的内在条件是培养坚如磐石的信念，个体认同组织信念并能够持之以恒地为之努力；另一方面，组织活力激发的外在条件是组织的二元性，企业各层级既能主动打破平衡态，又能快速建立平衡态，其中包括组织文化二元性、资源获取二元性、激励机制二元性、评价标准二元性等，我们会在下文中具体阐述。

5 组织活力激发的效果如何鉴定？尽管存在不同的激活对象，考核和评判原则也存在差异，但鉴定组织活力激发效果的唯一标准便是结果。当然，此处的结果既包括企业短期的绩效，也包括长远的绩效。这就是组织激活的本质，不是指组织成员多努力，而是指组织最终能取得何种绩效。在该原则下，两个很常见的企业管理问题就有了清晰的答案。第一，组织的考核、评比不是目的，管理重心不是区分评价、营造竞争，一切瞄准的都是实现组织目标。第二，“以客户为中心”不是空话、大话，而是组织活力激发的重要指引。我们面临的是买方市场，企业经营的核心是更好地服务客户，只有客户才能决定企业走向、员工去留，而不是管理者。

6 组织活力激发有普适的方法吗？组织活力激发没有统一的方法和标准，均需根据具体情境灵活实施。首先，企业所处的技术范式期和内外部环境都会影响组织活力激发的具体策略。例如，企业试图“活下去”与试图“争第一”，二者的激活方法显然不同。其次，企业不同层级的具体情况以及层级间的相互关系也会影响组织活力激发的具体策略。总而言之，没有普适的激活方法，只有适合组织自身的激活方法。组织活力激发应首先分析具体情况，然后再做决策。例如，企业需要明确自身的市场位置和当前技术范式所处的阶段，才能制定合适的激活战略。

## 组织激活的一般模型

通过对非线性时代及其中的组织的特征分析，我们可以很明确地知道，越来越多的企业都在做不确定的事情，而唯一走向成功的道路便是对组织活力的全面、持续激发。我们在上一节讲过，除了建立强大的必胜信念（往往从上向下传达），开放系统中的组织二元性（主动打破平衡与快速建立平衡）也是组织活力激发的法宝。在这一前提下，组织活力激发需要从两个维度展开（如图 17.1 所示）：

一方面，组织活力是一个长久需要的生产要素，如果不能保持，便会让企业失去竞争力，最终出现绩效滑坡，而且，前期培养出的活力对企业后期成长有着重要影响。因此，需要在时间维度上进行持续激活，而且要保证活力的持续递增、方法的与时俱进。其中，范式转变期的激活尤为重要，是组织跨越断层或拐点的重要工作。

另一方面，良好的组织也需要上上下下都充满活力。组织激活首先应在企业层面贯彻激活理念和策略；之后是团队的激活，因为团队是执行组织任务的主体；最后是个体的激活，这是激活的基本单元。这种次序也是华为“尊重人才但不迁就人才”理念的体现。只有企业层面的激活有效且正确，才能激活团队乃至个体。当然，这不意味着任何组织都要从上到下地开展活力激发，也可针对不同团队、个体进行小范围的活力激发。此外，高层面的激活有赖于低层面的激活。在获取效果方面，反而是从个体到团队都被激活，才能形成企业完整、全面的活力，使整个组织表现出强大的竞争力和生命力。

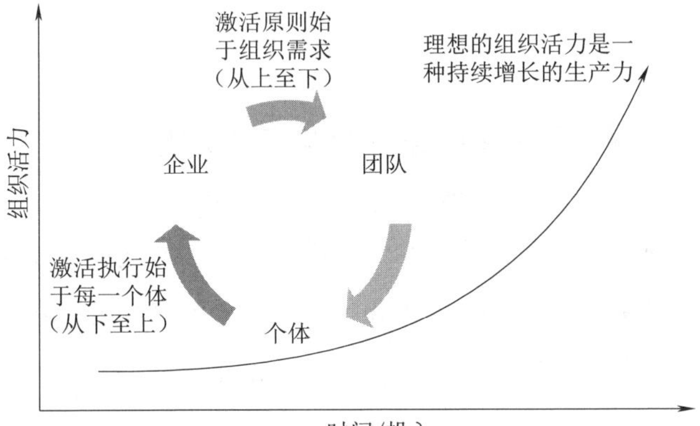


图17.1　组织活力持续、全面激发的基本内涵

组织活力持续、全面激发的一般模型主要包括三个方面：首先，

组织需要建立科学的组织文化；然后，在这种文化的指导下引入有效的管理方法；最后，要建立共赢的分享机制，对员工、团队及管理层进行考核并兑现。此外，还要根据结果不断巩固或变革组织的文化，从而形成一个闭环的激活模型（如图17.2所示）。在此模型的指引下，我们在最后三节分别对这三方面进行阐释。

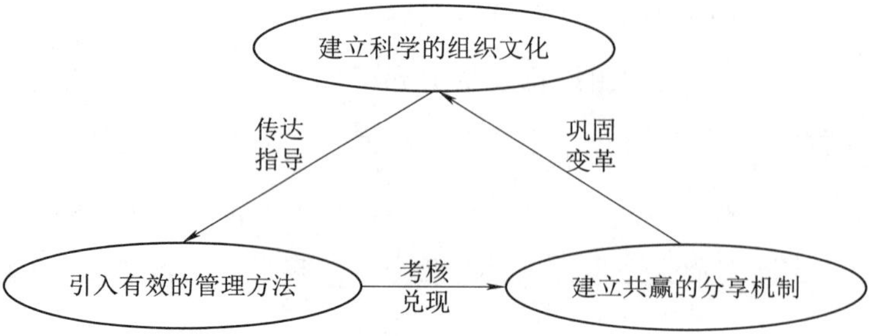


图17.2 组织活力持续、全面激发的一般模型

## 组织文化是科学与艺术的结合

组织文化是利用认知价值、观念、信仰、规范、礼节等指引组织活动的系列共识。科学的组织文化是组织激活并走向持续成长的最核心、最基础的隐形力量。组织文化源于企业创始人或管理者树立的价值观与领导力，它的传递是从上向下的，这个传递过程也是培养组织中个体的强大信念和力量的过程。每家企业都有其独特的文化，我们在本书中无法全部涵盖，但是希望从以下三方面总结出任何组织为了保持活力而必须具备的文化特征。只要创造出一种能

带给人希望的、明确的、每个人都能理解的文化，营造一种开放、安全、有保障的环境，组织活力激发的方向才不会出错，才能有的放矢。

## 专注与忘却

非线性时代的组织应处理好坚持和变革的平衡，既要保持一定的专注，又能忘掉不合时宜的做法。

1 企业需要专注于长远看来正确的事。这很容易理解，例如：不管组织处于什么阶段，都要求员工勤奋工作、艰苦奋斗，当然主要指精神上的持续艰苦而非物质条件上不必要的艰苦；专注于用户需求、技术、产品和市场；专注于合法合规；坚持学习，既要探索性学习（指学习与组织已有知识存在较大差异的内容，即更具前瞻性、实验性、原创性的知识），也要利用性学习（指学习与组织已有知识相近的、更能服务于组织当前业务的知识）；企业核心能力是绝对不可以外包的，必须专注于研发和创新；长期坚持以客户为中心。这种专注能够指导组织长期做正确的事，也能检验组织行为正确与否。

2 企业需要忘却长远看来不正确的事。从第 1 章所述的案例中可以看到，一个过往发展、市场占有率及各项财务指标都很好的企业，会突然发现，技术条件、产品功能及实现途径，甚至消费模式都发生了变化，自己的核心竞争力在短时间内荡然无存，甚至成了转型的阻力。因此，组织不能囿于当下的利益和绩效，更重要的是创建一个更为灵活、可持续的发展模式。特别是在范式转变期，组织不能被旧的技术范式所影响，正如很多学者和企业管理者提出的，此时要忘却学习，聚焦断层管理。

忘却学习是一种重要的企业管理理论，它与一般意义的“学习”概念并不是反义词。从学习本身的特点来看，学习过程会产生锁定现象，企业容易对已经形成的学习轨迹产生依赖，已有知识带来的成功经验和探索新领域带来的失败经历会在企业中一直延续。但是在技术范式转变期，组织面临的“游戏规则”、标准和基础都发生了变化，很难用历史经验做出解释，大量知识的过时使组织对知识的运用迷失了方向，这时必须忘却过去的行事方式，这就是忘却学习。那些认为不需要忘却学习的组织会面临坠入“能力陷阱”的风险。所以，组织二元性中的一项重要内容，就是要在坚持学习的同时忘却学习，尤其是当企业处于周期转换的脱节、混乱和危机等非线性动态变化中时。显然，既要学习（专注）又要忘却学习，看似矛盾，实质上取决于组织的学习模式是否适应当前环境。

## 求稳与求变

当今时代，唯一不变的就是变化。企业面对的是一个变化得越来越快的世界，变化是常态，更是机会。曾经“以不变应万变”的观点也变得不合时宜，停滞不前就是后退。因此，非线性时代的组织应把变革、不确定性当成常态，要拥抱而非回避，以自身的确定性拥抱外部的不确定性。

一方面，企业需要构建自身的确定性体质来应对不确定性。他人和外部环境总会有不确定性，企业唯一能做的就是管理好自己，这是确定的。为了应对变革和不确定性，企业必须具有化危为机的意识和能力，加强预见和准备，居安思危，主动预防而不是被动救火。此处需说明的是，尽管企业不能预测到一切，但还是可以为未来收集情报，做出分析和判断，不是说不确定就不能假设。当然，构建确定性组织体质的方法有很多，例如：以贴近客户需求应对不确定的环境，以规则的确定性应对市场的不确定性，以遵纪守法的确定性应对国际环境的不确定性，以加大研发投入的高成本应对高不确定性，以使命感和奋斗精神来增强信心以应对不确定性等。

另一方面，企业需要构建柔性、动态的能力来应对不确定性。企业当然不希望遭遇危机，但这不以个人意志为转移。一个组织应该在发展中不断进行改革，不断打破自身的稳定状态。主动拥抱内外部变革与不确定性，可能让企业喘不过气，但也是换种方式呼吸的机会。企业的核心技术优势可以通过外部获取、内部融合，或者知识再加工的方式来构建，而可持续的竞争优势则更多地依赖于它应对非线性变化的环境的能力。因此，在面临危机或不确定情况时，大企业要能够像小公司一样行动，摸着石头过河，极快响应，不一定能一次做好，但可以竭尽全力挽救。所以，为了实现变革和快速应对，企业需要加强战略柔性与动态能力，克服刚性，既能有前瞻性地应对，又能快速反应。以组织结构为例，要以服务好客户、满足客户需求为落脚点来建立组织结构，而不能僵化地遵从职能划分，要以最大化激活为目标来指引流程重组、业务再造。

动态能力理论也是一种重要的企业管理理论。20 世纪 80 年代以来，企业能力理论的发展使人们将寻找企业竞争优势的目光从企业外部转向企业内部，核心能力理论发展起来了。但由于核心刚性的存在，核心能力无法适应环境的变化，这体现出核心能力理论的局限性。在战略资源观的基础上，大卫·蒂斯等人于 1994 年提出了动态能力理论，并在 1997 年提出了动态能力理论框架。动态能力能够克服企业的“核心刚性”，适应动态环境，这就弥补了核心能力理论的不足。不同时期，企业需要保持不同的动态能力。在范式内技术演进期，企业的动态能力应是：管理或组织过程相对复杂而缓慢，资产组合发生线性变化，在既有的路径上进行战略微调。而在范式转换期，企业的动态能力应是：管理或组织过程简单迅速，资产组合发生非线性变化，选定新的战略路径。

同样，战略柔性也被用来解决类似的问题。战略柔性是以环境日趋动态化和复杂化所导致的战略不确定性为前提，用内部结构的可调整性和变革性应对环境变化以实现高速发展的一种特殊竞争能力。在市场及技术环境可预期的情况下，因为不大需要对外部环境进行快速灵活的适应，较低的反应型战略柔性即可满足要求。当环境难以预测时，较高的反应型战略柔性就会给企业带来明显的高绩效，因为高的反应型战略柔性可以增强企业的调适能力，并降低不可预期的外部环境所带来的风险。高的反应型战略柔性意味着企业能更灵敏地察觉环境变化可能带来的机遇，并能比竞争对手更快地配置资源以开发新的产品来应对市场。

## 开放包容与有限闭环

非线性时代的组织应该是有限开放的包容系统，既要开放，又能够有限地闭环管理。

1 企业需要开放自己的组织系统。如第16章所述，现在的组织边界逐渐模糊，企业与外界的关系也日趋复杂。因此，企业不得不开放自己的组织系统。第一，要通过全员协同来实现共赢，培育积极的参与式人际关系和更广泛的团体，放下自我，走出企业，走进其他企业观摩学习。要拓宽视野，放大格局，在开放的社会网络中赢得竞争优势，有能力的情况下还可以做到国际化、多元化。第二，吐故纳新，加强流动，这既包括知识也包括人员。例如，对新事物、新技术和新方法持开放、宽容的态度。但需注意的是，在当今信息爆炸的时代，做到去伪存真很重要，不能人云亦云。第三，加强可预知的、有实质内容的沟通，通过及时畅通的对话，保证全公司对紧迫业务需求的了解，通过行动来建立组织内外的信任和一致性。

2 企业也需要有限地闭环，而不是无原则地开放。第一，加强自我批判、反思和自我净化，通过持续地内外监督、讨论来发现问题和解决问题。第二，加强自我保护意识。虽然开放的竞争环境强调共同创造价值、共同享受价值，但也不得不构筑自身的强健防御体系。以华为为例，假如没有预见性的防范和技术准备，则很容易被美国的打压击垮。第三，非线性时代更要把鸡蛋放在不同的篮子里，组织应拓宽自己的业务领域和商业模式。当然，也要有一条主航道，不能盲目追逐他人。

## 激活要有方法

除了科学的组织文化，组织激活还有一项非常重要的工作，就是协调员工、团队以最有效率的方式完成任务，即激活中的管理方法——让激活依靠组织制度而非主观意识。如前所述，激发组织活力的基本方法是组织的二元性。当然这里的二元性有很多维度，例如：做好顶级管理的准备，既要打造充满活力的现任领导和管理者，也要培养充满活力的继承人和协助者；激励创新也要包容失败；保持个体与群体的平衡，正如互依性理论强调的，不是剥削和压迫，而是以义务来匹配义务，通过承担各自的义务来取得各自的成就；既要明确员工的规定动作（效率），又要包容个性化动作（看结果，放松过程）。我们无法将所有有助于激活的管理方法全部论及，但简言之，组织活力激发主要表现在制定规则并能够落实规则。

### 集权与分权

上文提到过，与员工和团队分享权力也是一种精神激励。本节主要从促进员工和团队高效完成任务的角度，讨论集权与分权的重要意义。

首先，组织从上到下应有一定的权力掌控，既能不过度影响下属或下属单位的正常工作，又能将组织的战略、目标、愿景、任务等传达到位，让整个组织沿着主航道前行，而不是上层无法控制下层。也就是说，上层的声音要能够传达到位并被严格执行。

其次，为支持下属或下属单位高效完成任务，应赋予其相应的权责，既要完全承担相关责任，也要能行使足够的权力，保证不被过分约束或掣肘。即下层的声音能够传达到上层，下层也能根据岗位特征做得了主，指挥得了其他后方资源。

最后，集权与分权一直是一个存在争议的话题，任何组织都需要根据所处情境进行专门的研究和设置。简单地说，当企业或业务足够大的时候，分权相对而言会使下属或下属单位更容易开展工作，企业制度和资源也能较好地保障分权的合理实施；反之，当企业或业务还不够大的时候，集权相对而言会更容易集中力量重点突破相关工作。

## 管理者激活

我们在企业中可以发现，普通员工主要是按部就班地完成工作任务，只要给予其相应的激励，一般就能实现激活。相对而言，一个好的管理者起到的作用更为重要。如果一个企业能够激活中层和高层的管理者，可以想象，整个组织的绩效不会差，普通员工的活力也不会差。那么我们就要问：什么样的人才能当领导？怎么才能让员工成为卓有成效的管理者？

一般来说，管理学教科书往往强调“管理他人”，也就是通过他人来完成公司的任务，这样的思维与做法比比皆是，可是效果不佳，而且每况愈下。过去之所以管用，是因为大部分情况下管理者面对的都是体力工作者或简单工作任务，命令似乎比沟通更快速、更有效。如今面对一群知识型员工，这种命令式的管理方法就不大管用了，甚至有时会逼走有见识、有才华的人，最终付出高昂的代价。因此，非线性时代的管理者要做到：

1. 具备企业家精神、领导力和愿景。如果说普通员工是为了满足低层次的需求来参与工作的，那么管理者应更加关注个体和组织的高层次需求，否则很难为自己树立长期坚持的信念，更难带领下属走向胜利。
2. 懂得激活下属，找准激活员工或团队的方法。管理者很大程度地承担了激活员工或团队的任务，本书涉及的大量激活理念及实践都更适合管理者去学习及应用。激活员工或团队，不仅能够感召他们长期坚持做正确的事，而且能够支持他们实现多层次的社会需求（包括但不限于工资、职位、机会等）。
3. 保持清廉、诚信，以身作则。管理者和普通员工一样，也是组织行为的参与者，而且更加受到下属的关注。好的管理者应该抵近一线，以身作则。对员工来说，不论是诱之以利，还是动之以情晓之以理，都远不如以身作则更为有效。
4. 能承担责任，也要有一定独立决策权。管理者承担了组织的一定任务，也有一定的决策权。好的管理者既要能够承担责任，遇到问题不推诿，也要把握好决策权的使用，不能受制于下属或外部环境。

## 团队层激活

当前，单兵作战式的业务发展方式在市场竞争中暴露出越来越多的缺陷，组织更多以团队为基础进行业务实施。团队作为非线性时代的重要作战单元，对组织的成长至关重要，所以激发团队活力是重中之重。

团队有自己的生命周期，包括组成（熟悉和依赖）、动荡（冲突和协调）、规范（凝聚和交流）、执行（解决问题）乃至最终解散等阶段。团队有不同的类型（例如，生产/服务型团队、行动/谈判型团队、项目/开发型团队、建议/顾问型团队），不同类型团队的工作方式和生命周期不尽相同。团队也有不同的角色和分工，例如，主席、修正者、具体执行者、提出创意者、资源调查者、监控者/评估者、协同工作者、完成者/结束者等，当然某个具体团队的角色不一定这么详细，但这里主要强调团队区别于其他群体工作的特定流程，体现出的是团队成员的相互影响。

团队激活就是使团队形成关注“我们”而不是“我”的整体观念。这里涉及单个团队及团队间的激活，一些激活方法是对两者都适用的，主要包括以下几点：

1 要求每个团队都有明确的责任感。这就需要在任务开始时建立合理的机制，清晰界定问题、任务、目标、责任、分工等，让团队集中精力解决问题，而不被无谓的事情耗散活力。其中的指导原则是“以客户为中心”，怎么能够快速、高质量地满足客户需求，团队的这些要素就怎么来配置和行动。

2 要群策群力，既要包容群体思维也要重视个体思维，既要包容分析性思维也要重视创造性思维。激活团队不是吸引多少优秀人才，而是让人才都能够朝着团队目标形成最大合力，最有效地完成任务。所以团队不是个人任务、程序性任务导向的，而是团队任务、协同工作导向的。其中不存在单干，而是每个成员承担团队任务下的各自责任。

3 要加强合作，引导团队成员互相帮助，共同完成团队任务，从而获得成功，避免团队成员间的恶性竞争。

4 团队作为一个整体，也需要一步步成长，组织应给予相应的培养和支持，一旦成功，应该将其作为样板，输送到更大的舞台，发挥更大的作用。

5 组织资源充沛的情况下，应该构建同类型的不同团队（例如华为的 ABCD 团队），让它们相互竞争、制约和监督，保证组织能够成功地达到预期目的。

## 共赢的分享

科学的组织文化主要为组织行为提供指导，有效的管理方法主要为组织激活提供策略，但二者还不足以从根源上激发组织的各个层级主动遵从组织意愿而奋斗。显然，构建共赢的分享机制才是推动组织各层级主动奋斗的根本方法。

## 人企合一

传统管理方式所隐含的假设是，员工需要调整自身来适应组织的需要，员工一旦追求个人目标就会使组织陷入混乱。遵循这一假设的管理实践必然会忽视甚至漠视员工的个人目标，通过正式的组织控制手段“自上而下”地强调组织目标的合法性和重要性。然而，这似乎是一种“心灵的监狱”，很大程度上限制了员工的自由发展和思考，员工基本上只能服从组织。

事实上，人的行为是动机驱动的，个人目标是学习和工作动机形成的基础，个人与组织的协调发展在近些年引起越来越多的重视。理想的状况下，企业与个体应该是共赢的，即所谓的“人企合一”。促进员工与企业的共同发展，也是构建共赢的分享机制的根本原则。“人企合一”就是贯彻以人为本的管理理念，凝聚以知识工作者为主体的全体员工，运用多种激励手段，充分发挥他们的创造性与积极性，融育人与用人为一体的企业发展理念。具体而言，“人企合一”主要表现在以下几个方面：

1 员工的需求和目标、组织的需求和目标之间能够平衡、共赢。
2 组织能够极大程度地培养员工，员工通过独立自主地工作，成长为专业人士，让自己在组织中更成功。
3 员工能够适应组织，为组织做出应有的贡献，对组织保持忠诚，遵守双方契约。当然，非线性时代中一个员工的工作经历不再局限于某一个组织内部。
4 员工能够提高工作和生活质量，使工作和生活达到合理的平衡。

## 双轮驱动

事实上，我们在华为实践篇的多个章节已经阐释过，组织需要通过物质文明（分享利益）和精神文明（分享权力和机会）双轮驱动来引导员工和团队卓有成效地为组织奋斗。在此，我们主要以正面激励为例，阐述双轮驱动的要义。当然，反过来也是成立的，对那些价值创造不佳的员工或团队给予物质或精神上的惩罚也是一种激活。我们将这两方面的关系总结如下：

1 物质激励主要用于满足员工（团队）的低层次需求，精神激励主要用于满足员工（团队）的高层次需求。其中，精神激励包括引导员工（团队）相信愿景，赋予员工权力和责任，提供更好的锻炼、培训等机会，使员工愿意奋斗、甘于贡献，做有长远意义的事情，取得更大的成就。

2 物质激励和精神激励没有严格的界限，二者的作用也取决于具体的场景。如果是用于激励员工（团队）做长远的事，那么即使给予的是物质奖励，实质上也是一种精神激励，因为这能为员工和团队积极的自我评价提供来源。

3 无论物质激励还是精神激励，都需要强调差异化，要按照员工（团队）的实际贡献、价值创造来分配，否则就起不到激励的作用。这也是给员工（团队）一个信号——你只能靠自己，或许会因此失去安全感，但能获得自由和成长。

4 由俭入奢易，由奢入俭难。组织对员工（团队）的物质激励和精神激励都需要把握适当的尺度，如果对员工（团队）的激励水平普遍较高，就会失去激活的效果，这也是华为“仅保证法律底线的普遍福利”的用意。

5 无论是物质激励还是精神激励，表面上看，似乎是对员工的考核和绩效分配，但实质上还是为了激发活力，而不仅仅是区分评价和营造竞争氛围。因此，组织要从最有利于激活的角度，采取合适的方法激励员工。

# 注 释

## 第 1 章

1 来源:《任正非接受中央电视台董倩专访纪要》，华为心声社区，2019.05.30，http://xinsheng.huawei.com/cn/index.php?app=forum&mod=Detail&act=index&id=4313163&search_result=1.

## 第 2 章

2 来源:《华为之熵 光明之矢》，电邮其他【2017】003 号，2017.01.06，http://xinsheng.huawei.com/cn/index.php?app=forum&mod=Detail&act=index&id=3321867&search_result=6.

3 来源:《任总在公司质量工作汇报会上的讲话》，电邮讲话【2015】067 号，2015.08.11，http://xinsheng.huawei.com/cn/index.php?app=forum&mod=Detail&act=index&id=2550321&search_result=1.

4 来源:《任正非采访实录 2019.01-2019.05》，p314、p324.

5 来源:《任正非采访实录 2019.01-2019.05》，p40.

6 来源：《任正非采访实录 2019.01-201905》，p.368.

7 一种面向未来并将不断强化的前沿创新投资转化为竞争优势的华为研发组织。

8 来源：《任总与 2012 实验室座谈会纪要》，电邮文号【2012】35 号，2012.08.21，http://xinsheng.huawei.com/cn/index.php?app=forum&mod=Detail&act=index&id=4507637&search_result=1.

## I 华为个体激活篇

9 来源：《用乌龟精神，追上龙飞船——任正非在公司 2013 年度干部工作会议的讲话》，电邮文号【2013】255 号，2013.12.30，http://xinsheng.huawei.com/cn/index.php?app=forum&mod=Detail&act=index&id=1716735&pid=17320463&p=1.

### 第 3 章

10 来源：《与任正非的一次花园谈话》，电邮讲话【2015】098 号，2015.10.13，http://xinsheng.huawei.com/cn/index.php?app=forum&mod=Detail&act=index&id=2631233&search_result=1.

11 来源：《华为之熵 光明之矢》，电邮其他【2017】003 号，2017.01.06，http://xinsheng.huawei.com/cn/index.php?app=forum&mod=Detail&act=index&id=3321867&search_result=6.

12 来源：《任总在 EMT“20 分钟”的讲话》，电邮讲话【2019】061 号，2019.06.27，http://xinsheng.huawei.com/cn/index.php?app=forum&mod=Detail&act=index&id=4343641&p=1.（备注：为加强公司管理层与员工的沟通与交流，鼓励员工客观展示自己的工作成绩，促进优秀人才脱颖而出，经 2018 年 3 月 29 日 EMT 办公会议讨论，决定在每月例行召开的 EMT 办公会议上设立

"20 分钟"议题，鼓励员工分享工作成就与心得。）

13 来源:《拖着世界往前走，华为面向全球招募"天才少年"》，华为粤港澳招聘，2020.03.15，https://mp.weixin.qq.com/s/Ov3F2xsaDMtP3REQqN-4lg.

14 来源:《央视新闻面对面丨华为 5G 助力火神山》，华为心声社区，2020.03.11，https://mp.weixin.qq.com/s/1Te9Jitj0FtQshxr2xXSBA.

15 来源:《战场需要我》，华为心声社区，2017.01.16, http://app.huawei.com/paper/newspaper/newsPaperPage.do?method=showNewHwrPaperInfo&sortId=1&newsInfo=34563&commentLanguage=1&commentId=268112&search_result=8.

16 来源:《华为 2000 名研发将士出征一线》,《华为人》报，第 327 期，2016.11.11, http://app.huawei.com/paper/newspaper/newsPaperPage.do?method=showSelNewsInfo&cateId=10988&pageId=14202&infoId=33857&sortId=1&commentLanguage=1&commentId=262656&search_result=1.

## 第 4 章

17 来源:《任总与中国地区部代表及主管座谈纪要》，电邮讲话【2017】058 号，2017.06.21, http://xinsheng.huawei.com/cn/index.php?app=forum&mod=Detail&act=index&id=3542395&p=1.

18 来源:《无为而治》,《华为人》报，第 101 期，2000.03.20, http://app.huawei.com/paper/newspaper/newsPaperPage.do?method=showSelNewsInfo&cateId=3581&pageId=4144&infoId=7310&sortId=1&commentLanguage=1&search_result=1.

19 来源:《一个职业管理者的责任和使命——任总在高级副总裁以上干部就〈华为人〉报一篇短文〈无为而治〉，以公司治理为题作文考试前的讲话》,《华为人》报，第 101 期，2000.03.20, http://app.huawei.com/paper/newspaper/newsPaperPage.do?method=showSelNewsInfo&cateId=3581&pageId=4141&infoId=7284&sortId=1&commentLanguage=1&search_result=1.

20 来源：转发《任正非：一个职业管理者的责任和使命》，电邮讲话【2019】

047 号，2019.05.05, http://xinsheng.huawei.com/cn/index.php?app=forum&mod=Detail&act=index&id=4280845.

21 来源:《呼唤英雄——任总在公司研究试验系统先进事迹汇报大会上的讲话》,《华为人》报，第 054 期，1997.06.26, http://app.huawei.com/paper/newspaper/newsPaperPage.do?method=showSelNewsInfo&cateId=9384&pageId=12106&infoId=26857&sortId=1&commentLanguage=1&search_result=1.

22 来源:《任总与 2012 实验室座谈会纪要》，电邮文号【2012】35 号，2012.08.21, http://xinsheng.huawei.com/cn/index.php?app=forum&mod=Detail&act=index&id=4507637&search_result=1.

23 来源:《“单板王” 杨勇：但凡经我手的单板从没出过问题》,《华为人》报，2017.07.03, http://xinsheng.huawei.com/cn/index.php?app=forum&mod=Detail&act=index&id=3926559&search_result=4.

24 来源:《寂寞的英雄是伟大的英雄，我们要鼓励新旧循环——任总在西安研究所业务汇报会上的讲话》，电邮讲话【2018】127 号，2018.12.13, http://xinsheng.huawei.com/cn/index.php?app=forum&mod=Detail&act=index&id=4116377&search_result=3.

25 来源:《任总在干部管理研讨会上的讲话》，电邮讲话【2019】007 号，2019.01.19, http://xinsheng.huawei.com/cn/index.php?app=forum&mod=Detail&act=index&id=4153137&search_result=2.

26 来源:《华为的红旗到底能打多久——向中国电信调研团的汇报以及在联通总部与处以上干部座谈会上的发言》，任正非,《华为人》报，第 071 期，1998.07.27, http://app.huawei.com/paper/newspaper/newsPaperPage.do?method=showSelNewsInfo&cateId=3682&pageId=4245&infoId=7524&sortId=1&commentLanguage=1&search_result=1.

27 来源:《小改进，大奖励——任总在公司品管圈（QCC）活动成果汇报暨颁奖会上的讲话》,《华为人》报，第 070 期，1998.07.16, http://app.huawei.com/paper/newspaper/newsPaperPage.do?method=showSelNewsInfo&cateId=3683&pageId=4247&infoId=7543&sortId=1&commentLanguage=1&search_result=1.

28 来源:《还能改进吗? 还能改进吗?》,《管理优化》报，第 140 期，2000.10.31.

29 来源：旧报重温:《还能改进吗? 还能改进吗?》,《华为人》报，第 229 期，2010.11.09, http://app.huawei.com/paper/newspaper/newsPaperPage.do?method=showSelNewsInfo&cateId=2201&pageId=2584&infoId=4727&sortId=1&commentLanguage=1&search_result=3.

30 来源:《亚马孙河流经的沃土——记南美南区域子公司董事会运作与合规监督》,《华为人》报，第 309 期，2015.09.29, http://app.huawei.com/paper/newspaper/newsPaperPage.do?method=showSelNewsInfo&cateId=9165&pageId=11600&infoId=21414&sortId=1&commentLanguage=1&search_result=1.

31 来源:《任总与巴西代表处及巴供中心座谈纪要》，电邮讲话【2014】050 号，2014.07.11, http://xinsheng.huawei.com/cn/index.php?app=forum&mod=Detail&act=index&id=2007465&search_result=1.

32 来源:《任总与巴西代表处及巴供中心座谈纪要》，电邮讲话【2014】050 号，2014.07.11, http://xinsheng.huawei.com/cn/index.php?app=forum&mod=Detail&act=index&id=2007465&search_result=1.

33 来源:《做谦虚的领导者——任总在 2014 年市场大会上的讲话》，电邮讲话【2014】014 号，2014.03.03, http://xinsheng.huawei.com/cn/index.php?app=forum&mod=Detail&act=index&id=1829367&search_result=2.

34 来源:《雄关漫道真如铁，而今迈步从头越——巴西代表处实现“历史累计利润转正”》，华为心声社区，2019.01.08, http://xinsheng.huawei.com/cn/index.php?app=forum&mod=Detail&act=index&id=4141531&search_result=1.

35 来源:《任总在英国代表处的讲话》，电邮讲话【2017】094 号，2017.09.20. http://xinsheng.huawei.com/cn/index.php?app=forum&mod=Detail&act=index&id=3638381&search_result=4.

36 来源:《任总在捷克代表处讲话》，电邮讲话【2017】095 号，2017.09.21. https://xinsheng.huawei.com/cn/index.php?app=forum&mod=Detail&act=index&id=3639111&search_result=1.

37 来源:《要坚持真实，华为才能更充实》，电邮其他【2017】087 号，

2017.09.04. https://xinsheng.huawei.com/cn/index.php?app=forum&mod=Detail&act=index&id=3621241&search_result=1.

38 来源:《我们要紧紧揪住优秀人物的贡献，紧紧盯住他的优点，学习他的榜样。这要成为一种文化，这就是哲学》，电邮其他【2017】090 号，2017.09.06. https://xinsheng.huawei.com/cn/index.php?app=forum&mod=Detail&act=index&id=3623639&search_result=1.

39 来源:《抓住机遇，调整机制，迎接挑战——上海邮电—深圳华为管理研讨会上的汇报》，管理优化报，第 3 期，1997.06.14.

40 来源:《坚定打造 HMS 生态，领先智慧全场景 实现战略转折性胜利——致华为消费者业务全体员工 2020 新年信》，余承东，华为心声社区，2020.01.01, https://mp.weixin.qq.com/s/2gP9Xi6-M2VBWPmVybwYPg.

41 来源:《任总关于〈人力资源管理纲要 2.0〉修订与研讨的讲话纪要》，电邮讲话【2018】022 号，2018.03.12, http://xinsheng.huawei.com/cn/index.php?app=forum&mod=Detail&act=index&id=3802593&search_result=3.

## 第 5 章

42 来源:《任总在外派伙食补助汇报会上的讲话》，电邮讲话【2014】032 号，2014.04.25, http://xinsheng.huawei.com/cn/index.php?app=forum&mod=Detail&act=index&id=1897797&search_result=1.

43 来源:《看莫斯科保卫战有感——任总在埃及代表处的讲话纪要》，管理优化报，第 306 期，2008.04.15.

## 第 6 章

44 来源:《华为的红旗到底能打多久——向中国电信调研团的汇报以及在联通总部与处以上干部座谈会上的发言》，任正非，《华为人》报，第 071 期，1998.07.27, http://app.huawei.com/paper/newspaper/newsPaperPage.do?method=showSelNewsInfo&cateId=3682&pageId=4245&infoId=7524&sortId=1&commentLanguage=1&search_result=1.

45 来源:《任总在干部管理工作汇报会议上的讲话》，电邮讲话【2019】088 号，2019.08.30, http://xinsheng.huawei.com/cn/index.php?app=forum&mod=Detail&act=index&id=4412095&search_result=1.

46 来源:《任正非在泰国与地区部负责人、在尼泊尔与员工座谈的讲话》，电邮讲话【2017】026 号，2017.02.24, http://xinsheng.huawei.com\cn\index.php?app=forum&mod=Detail&act=index&id=3384225&p=1.

47 来源:《道路与责任——讲述无线的老故事：华为 GSM 的诞生》，《华为人》报，第 188 期，2007.03.17, http://app.huawei.com/paper/newspaper/newsPaperPage.do?method=showSelNewsInfo&cateId=8445&pageId=9733&infoId=18654&sortId=1&commentLanguage=1&search_result=1.

48 无线领域的演进分为 1G、2G、3G、4G、5G……，1G 就是模拟通信，可语音通话，终端为“大哥大”；2G 是数字通信，可以发短信，终端为功能机；3G 可以上网，终端逐步转向智能机。

49 来源:《任总接受 BBC 故事工场纪录片采访纪要》，心声社区，2019.09.06, http://xinsheng.huawei.com/cn/index.php?app=forum&mod=Detail&act=index&id=4419413&search_result=2.

50 来源:《任总接受美联社采访纪要》，心声社区，2019.10.15, http://xinsheng.huawei.com/cn/index.php?app=forum&mod=Detail&act=index&id=4460763&search_result=1.

51 移动通信行业内有一牌、二牌、三牌、四牌运营商，第一个拿到移动牌照、有先发优势、一般运营得最好的叫一牌，第二个拿到牌照的是二牌，以此类推。

52 来源:《任总在个人绩效管理优化工作汇报会上的讲话》，电邮讲话【2019】006 号，2019.01.18, http://xinsheng.huawei.com/cn/index.php?app=forum&mod=Detail&act=index&id=4152781&search_result=1.

53 史耀宏，历任华为中东地区部总裁、电信软件产品线总裁。在他的任上，华为电信软件产品线被公司决策战略缩减，产品线上万人员转移到其他领域，其本人也转岗。任正非在电信软件改革表彰大会上的讲话称赞他们“寂寞英雄是伟大的英雄”。

54 来源:《任总在干部管理工作汇报会议上的讲话》，电邮讲话【2019】088 号，2019.08.30, http://xinsheng.huawei.com/cn/index.php?app=forum&mod=

Detail&act=index&id=4412095&search_result=1.

55 来源：转载《美军还能打仗吗?》，金一南，电邮其他【2015】035 号，2015.06.10, http://xinsheng.huawei.com/cn/index.php?app=forum&mod=Detail&act=index&id=2470341&search_result=1.

56 来源:《华为 2000 名研发将士出征一线》,《华为人》报，第 327 期，2016.11.11, http://app.huawei.com/paper/newspaper/newsPaperPage.do?method=showSelNewsInfo&cateId=10988&pageId=14202&infoId=33857&sortId=1&commentLanguage=1&commentId=262659&search_result=1.

57 来源:《人力资源政策要朝着熵减的方向发展——战略预备队指导委员会在听取汇报时的讲话》，电邮讲话【2016】098 号，2016.12.26, http://xinsheng.huawei.com/cn/index.php?app=forum&mod=Detail&act=index&id=3308031.

## Ⅱ 华为团队激活篇

58 来源:《余承东致员工 2020 新年信：坚定打造 HMS 生态，领先智慧全场景，实现战略转折性胜利》，心声社区，2020.01.01, https://mp.weixin.qq.com/s/2gP9Xi6-M2VBWPmVybwYPg.

59 来源:《研发要做智能世界的“发动机”——任总在产品与解决方案、2012 实验室管理团队座谈会上的讲话》，电邮讲话【2018】046 号，2018.04.25, http://xinsheng.huawei.com/cn/index.php?app=forum&mod=Detail&act=index&id=3857945&search_result=1.

60 来源:《决胜取决于坚如磐石的信念，信念来自专注——任总在 2016 年 1 月 13 日市场工作大会上的讲话》，电邮讲话【2016】007 号，2016.01.20, http://xinsheng.huawei.com/cn/index.php?app=forum&mod=Detail&act=index&id=2765295&search_result=2.

## 第7章

61 来源:《任总与韩国办事处交流纪要》，电邮讲话【2017】073号，2017.08.07, http://xinsheng.huawei.com/cn/index.php?app=forum&mod=Detail&act=index&id=3592815&search_result=1.

62 来源:《任总在2016年1月25日EMT办公会议上的讲话》，电邮讲话【2016】54号，2016.05.27, http://xinsheng.huawei.com/cn/index.php?app=forum&mod=Detail&act=index&id=2940011&search_result=1.

63 来源:《构建先进装备，沉淀核心能力，在更高维度打赢下一场战争——任总在运营商BG“三朵云”业务体验和阶段验收汇报会上的讲话》，电邮讲话【2015】099号，2015.10.14, http://xinsheng.huawei.com/cn/index.php?app=forum&mod=Detail&act=index&id=2634663&search_result=2.

64 来源:《任总在拉美北地区部、哥伦比亚代表处工作汇报会上的讲话》，电邮讲话【2014】051号，2014.07.15, http://xinsheng.huawei.com/cn/index.php?app=forum&mod=Detail&act=index&id=2010937&search_result=1.

65 来源:《任总在企业业务座谈会上的讲话》，电邮讲话【2014】006号，2014.02.07, http://xinsheng.huawei.com/cn/index.php?app=forum&mod=Detail&act=index&id=1766993&search_result=1.

66 来源:《任总与2012实验室座谈会纪要》，电邮讲话【2012】035号，2012.08.31, http://xinsheng.huawei.com/cn/index.php?app=forum&mod=Detail&act=index&id=4507637&search_result=2.

67 为了一线业务的顺利完成，除了一线本身拥有的人、财、物，可能还需要其他部门支持。简单地说，提供必要的人、财、物等资源的部门叫资源中心，提供流程、方法、经验和教训等知识和能力的部门叫能力中心。

68 来源:《任总与巴西代表处及巴供中心座谈纪要》，电邮讲话【2014】050号，2014.07.11, http://xinsheng.huawei.com/cn/index.php?app=forum&mod=Detail&act=index&id=2007465&search_result=1.

69 来源:《“脚踏实地，做挑战自我的长跑者”——任总在消费者BG 2015年中沟通大会上的讲话》，电邮讲话【2015】107号，2014.12.02. https://

xinsheng.huawei.com/cn/index.php?app=forum&mod=Detail&act=index&id=2702885&search_result=1.

70 来源:《任总在战略预备队誓师典礼暨优秀队员表彰大会上的讲话》，电邮讲话【2015】083 号，2015.10.13, http://xinsheng.huawei.com/cn/index.php?app=forum&mod=Detail&act=index&id=2633155&search_result=1.

71 来源:《任总在干部管理研讨会上的讲话》，电邮讲话【2019】007 号，2019.01.19, http://xinsheng.huawei.com/cn/index.php?app=forum&mod=Detail&act=index&id=4153137&search_result=2.

72 来源:《战场是最好的阅兵场——任总在消费者 BG“军团作战”誓师大会上的讲话》，电邮讲话【2019】038 号，2019.04.03, http://xinsheng.huawei.com/cn/index.php?app=forum&mod=Detail&act=index&id=4243611&search_result=2.

## 第 8 章

73 来源:《研发要做智能世界的“发动机”——任总在产品与解决方案、2012 实验室管理团队座谈会上的讲话》，电邮讲话【2018】046 号，2018.04.25, http://xinsheng.huawei.com/cn/index.php?app=forum&mod=Detail&act=index&id=3857945&search_result=1.

74 来源:《任总在〈人力资源管理纲要 2.0〉沟通会上的讲话》，电邮讲话【2017】126号，2017.11.27, http://xinsheng.huawei.com/cn/index.php?app=forum&mod=Detail&act=index&id=3701069&search_result=1.

75 来源:《任总在个人绩效管理优化工作汇报会上的讲话》，电邮讲话【2019】006 号，2019.01.18, http://xinsheng.huawei.com/cn/index.php?app=forum&mod=Detail&act=index&id=4152781&search_result=1.

76 来源:《关于优化个人绩效导向的决议》，华为董事常委会决议【2018】114 号，2018.11.09.

77 来源:《打开天窗说亮话——OPENDAY 方法》，《华为人》报，第 147 期，2003.11.28, http://app.huawei.com/paper/newspaper/newsPaperPage.do?

method=showSelNewsInfo&cateId=8518&pageId=9934&infoId=19605&sortId=1&commentLanguage=1&search_result=2.

78 本书由中信出版社 2017 年出版。

79 来源:《离工作最近的人最了解工作——研发某部的“工作外露”方法》,《华为人》报,第 146 期,2003.10.30, http://app.huawei.com/paper/newspaper/newsPaperPage.do?method=showSelNewsInfo&cateId=8517&pageId=9930&infoId=19643&sortId=1&commentLanguage=1&search_result=1.

80 来源:《以 MFP 为镜知真实自我——销服总裁胡厚崑首次 MFP 反馈会》,管理优化报,第 324 期,2009.01.16.

## 第 9 章

81 来源:《一个惊天地、泣鬼神的壮举——市场部结束整训并举行集体辞职仪式》,《华为人》报,第 025 期,1996.02.08, http://app.huawei.com/paper/newspaper/newsPaperPage.do?method=showSelNewsInfo&cateId=8378&pageId=9607&infoId=18399&sortId=1&commentLanguage=1&search_result=3.

82 来源:《再论反骄破满,在思想上艰苦奋斗——在市场庆功及科研成果表彰大会上的讲话》,任正非,《华为人》报,第 031 期,1996.07.18, http://app.huawei.com/paper/newspaper/newsPaperPage.do?method=showSelNewsInfo&cateId=9430&pageId=12215&infoId=27309&sortId=1&commentLanguage=1&search_result=1.

83 来源:《不要忘记英雄——在来自市场前线汇报会上的讲话》,任正非,《华为人》报,第 042 期,1997.01.30, http://app.huawei.com/paper/newspaper/newsPaperPage.do?method=showSelNewsInfo&cateId=9399&pageId=12148&infoId=27086&sortId=1&commentLanguage=1&search_result=1.

84 来源:《“铁三角”是如何炼成的》,《华为人》报,第 211 期,2009.04.30, http://app.huawei.com/paper/newspaper/newsPaperPage.do?method=

showSelNewsInfo&cateId=168&pageId=141&infoId=39468&sortId=1&commentLanguage=1&search_result=1.

85 来源:《坚持顾客导向 同步世界潮流》，任正非，《华为人》报，第 038 期，1996.12.13, http://app.huawei.com/paper/newspaper/newsPaperPage.do?method=showSelNewsInfo&cateId=9403&pageId=12184&infoId=27148&sortId=1&commentLanguage=1&search_result=1.

86 来源:《凤凰展翅 再创辉煌——任总在“市场部集体大辞职四周年颁奖典礼”上的讲话》,《华为人》报，第 099 期，2000.01.28, http://app.huawei.com/paper/newspaper/newsPaperPage.do?method=showSelNewsInfo&infoId=7293&commentLanguage=1&isCopy=0&isDownload=1&sortId=1&cateId=3582.

87 来源:《为什么要自我批判——在中研部将呆死料作为奖金、奖品发给研发骨干大会上的讲话》，任正非，《华为人》报，第 109 期，2000.09.22, http://app.huawei.com/paper/newspaper/newsPaperPage.do?method=showSelNewsInfo&cateId=3562&pageId=4105&infoId=7236&sortId=1.

88 来源:《抓住机遇，调整机制，迎接挑战——上海邮电—深圳华为管理研讨会上的汇报》，管理优化报，第 3 期，1997.06.14.

89 来源:《以客户为中心，以奋斗者为本，长期坚持艰苦奋斗是我们的胜利之本——任总在 2010 年年度市场工作会议上的讲话》，管理优化报，第 350 期，2010.02.10.

90 来源:《任总在 2015 年 8 月 28 日 EMT 办公会议上的讲话》，电邮讲话【2015】132 号，2015.08.28. https://xinsheng.huawei.com/cn/index.php?app=forum&mod=Detail&act=index&id=2733693&search_result=1.

91 来源:《人力资源政策要朝着熵减的方向发展——战略预备队指导委员会在听取汇报时的讲话》，电邮讲话【2016】098 号，2016.12.26, http://xinsheng.huawei.com/cn/index.php?app=forum&mod=Detail&act=index&id=3308031.

92 来源:《新大陆，新征程——巴西终端战时故事》，木易更生，《华为人》报，2019.08.01, http://app.huawei.com/paper/newspaper/newsPaperPage.do?method=showNewHwrPaperInfo&sortId=1&newsInfo=39530&search_result=16.

## 第 10 章

93 来源:《永远的管理优化》,《华为人》报,第 105 期,2000.06.12, http://app.huawei.com/paper/newspaper/newsPaperPage.do?method=showSelNewsInfo&cateId=9294&pageId=11800&infoId=26109&sortId=1&commentLanguage=1&search_result=5.

94 来源:《一人一厨一狗》,叶辉辉,《华为人》报,第 344 期,2019.09.03, http://app.huawei.com/paper/newspaper/newsPaperPage.do?method=showSelNewsInfo&cateId=12608&pageId=15882&infoId=39698&sortId=1&commentLanguage=1&search_result=2.

95 来源:《三分钟告诉你什么是华为精神》,华为心声社区,2019.10.14, https://mp.weixin.qq.com/s/jLRb94ZFecrNE_Ku8sqI_g.

96 来源:《任总接受美联社采访纪要》,华为心声社区,2019.10.15, http://xinsheng.huawei.com/cn/index.php?app=forum&mod=Detail&act=index&id=4460763&search_result=1.

97 MTN 集团(MTN Group)是南非最大的电信运营商,该公司成立于 1994 年,目前在非洲及中东地区 21 个国家开展业务。turnkey 项目,意为“交钥匙工程”,指卖方除了产品,还要包括端到端的安装服务、融资、站点获取、土建工程、管理当地技术人员及合作方资源、培训和维保等,直到向买方交钥匙直接使用。

98 来源:《蚊子龙卷风》,徐海明,《华为人》报,第 317 期,2016.02.02, http://app.huawei.com/paper/newspaper/newsPaperPage.do?method=showSelNewsInfo&cateId=10068&pageId=13182&infoId=31359&sortId=1&commentLanguage=1&search_result=1.

## Ⅲ 华为组织激活篇

99 来源:《任正非关于〈人力资源管理纲要 2.0〉修订与研讨的讲话纪要》,电邮讲话【2018】022 号，2018.03.12, http://xinsheng.huawei.com/cn/index.php?app=forum&mod=Detail&act=index&id=3802593&search_result=3.

100 “账实相符”即“存货账实相符”，指 ERP 存货明细账与实物数量一致。

101 “五个一”是为提高公司运营效率，促进各功能领域实现流程集成和协同而设定的直观挑战目标，即：合同 /PO 的前处理周期 1 天；从订单到发货准备成品的周期 1 天 / 站点设备的周期 1 周；从订单到客户指定站点的周期 1 个月；软件从订单到下载准备的周期 1 分钟；站点交付验收的周期 1 个月。

102 来源：《变革的目的就是要多产粮食和增加土地肥力——任正非在 2015 年市场工作会议上的讲话》，电邮讲话【2015】016 号，2015.03.25, http://xinsheng.huawei.com/cn/index.php?app=forum&mod=Detail&act=index&id=2366975&search_result=6.

## 第 11 章

103 来源：《任总在运营商 BG 组织变革研讨会上的讲话》，电邮讲话【2018】017 号，2018.02.28. https://xinsheng.huawei.com/cn/index.php?app=forum&mod=Detail&act=index&id=4399923&search_result=1.

104 来源：《华为 EMBA 毕业了，今天是我的 Last working day》，华为心声社区，2018.05.25, http://xinsheng.huawei.com/cn/index.php?app=forum&mod=Detail&act=index&id=3886921&search_result=2.

105 来源：《我们眼中的管理问题——心声网友对公司管理有益的观点摘录（2012 年 1-9 月）》，《华为人》报，第 254 期，2012.11.30, http://app.huawei.com/paper/newspaper/newsPaperPage.do?method=showSelNewsInfo&cateId=4983&pageId=5781&infoId=10205&sortId=1&commentLanguage=1&commentId=90389&search_result=1.

106 来源：《任正非在〈人力资源管理纲要 2.0〉沟通会上的讲话》，电邮讲话【2017】126 号，2017.11.27, http://xinsheng.huawei.com/cn/index.php?app=forum&mod=Detail&act=index&id=3701069&search_result=1.

107 来源：《BG 机关要缩短经线，畅通纬线，强化作战组织的能力考核与选拔，精减非作战组织的规模及运作方式——任正非在“从定位和职责出发，持续优化运营商 BG 机关组织和规模”汇报会上的讲话》，电邮讲话【2018】074 号，2018.08.14, http://xinsheng.huawei.com/cn/index.php?app=forum&mod=Detail&act=index&id=3975613&search_result=2.

108 来源:《变革的目的就是更简单、更及时、更准确——任正非在 ISC+ 变革项目汇报会上的讲话》，电邮讲话【2016】016 号，2016.02.18, http://xinsheng.huawei.com/cn/index.php?app=forum&mod=Detail&act=index&id=2802149&search_result=1.

# 第 12 章

109 来源:《华为之熵 光明之矢》，电邮其他【2017】003 号，2017.01.06, http://xinsheng.huawei.com/cn/index.php?app=forum&mod=Detail&act=index&id=3321867&search_result=6.

110 来源:《遍地英雄下夕烟，六亿神州尽舜尧——任总在四季度区域总裁会议上的讲话》，电邮讲话【2014】086 号，2014.12.22, http://xinsheng.huawei.com/cn/index.php?app=forum&mod=Detail&act=index&id=2225371&search_result=4.

111 来源:《十六条军规》，电邮【2017】012 号，2017.01.23, http://xinsheng.huawei.com/cn/index.php?app=forum&mod=Detail&act=index&id=3346057&search_result=2.

112 来源:《我们还是以客户为中心吗? ！——马电 CEO 投诉始末》，《华为人》报，第 232 期，2011.01.28, http://app.huawei.com/paper/newspaper/newsPaperPage.do?method=showSelNewsInfo&infoId=5121&commentLanguage=1&isCopy=0&isDownload=0&sortId=1&cateId=2421.

113 来源:《前进的路上不会铺满了鲜花——任正非在 2016 年市场年中会议上的讲话》，电邮讲话【2016】079 号，2016.08.30, http://xinsheng.huawei.com/cn/index.php?app=forum&mod=Detail&act=index&id=3148215&search_result=1.

114 来源:《任正非在全球合同场景师大会上的讲话》，电邮讲话【2019】035 号，2019.03.29. https://xinsheng.huawei.com/cn/index.php?app=forum&mod=Detail&act=index&id=4235611&search_result=1.

115 来源:《方向要大致正确，组织要充满活力——任总在公司战略务虚会上的讲话》，电邮讲话【2017】078 号，2017.08.09, http://xinsheng.huawei.com/cn/index.php?app=forum&mod=Detail&act=index&id=3597037&search_result=2.

116 来源:《关于合同在代表处审结变革试点配套文件发布的通知》，华为司发通知【2018】461号，2018.12.17, http://xinsheng.huawei.com/cn/index.php?app=forum&mod=Detail&act=index&id=4120447&search_result=2.

117 来源:《合同在代表处审结的试点方向与改革要点（试行）》，电邮通知【2018】130 号，2018.12.17, http://xinsheng.huawei.com/cn/index.php?app=forum&mod=Detail&act=index&id=4120445&search_result=3.

118 来源:《依托欧美先进软件包构建高质量的 IT 系统——任正非在质量与流程 IT 管理部工作汇报会上的讲话》，电邮讲话【2015】010 号，2015.02.02, http://xinsheng.huawei.com/cn/index.php?app=forum&mod=Detail&act=index&id=2291997&search_result=2.

119 来源:《用乌龟精神，追上龙飞船——任正非在公司 2013 年度干部工作会议上的讲话》，电邮文号【2013】255 号，2013.12.30, http://xinsheng.huawei.com/cn/index.php?app=forum&mod=Detail&act=index&id=1716735&search_result=1.

120 来源:《任总在巴拉圭与郑良材等的谈话内容》，电邮讲话【2017】025 号，2017.02.23, http://xinsheng.huawei.com/cn/index.php?app=forum&mod=Detail&act=index&id=3383739&p=1&pid=27432905#p27432905.

121 来源:《任正非在人力资源工作汇报会上的讲话》，电邮讲话【2014】057 号，2014.08.19, http://xinsheng.huawei.com/cn/index.php?app=forum&mod=Detail&act=index&id=4216603&search_result=1.

122 来源:《任正非在“合同在代表处审结”研讨会上的讲话》，电邮讲话【2019】111 号，2019.11.21, http://xinsheng.huawei.com/cn/index.php?app=forum&mod=Detail&act=index&id=4503893&search_result=1.

123 来源:《任正非在“班长的战争”对华为的启示和挑战汇报会上的讲话》，电邮讲话【2014】078 号，2014.11.06, http://xinsheng.huawei.com/cn/index.php?app=forum&mod=Detail&act=index&id=2166449&search_result=1.

124 来源:《关于“严格、有序、简化的认真管理是实现超越的关键”的座谈纪要》，电邮讲话【2014】028 号，2014.04.17, http://xinsheng.huawei.com/cn/index.php?app=forum&mod=Detail&act=index&id=1889931&search_result=3.

## 第 13 章

125 来源:《拧麻花》,《华为人》报，第 142 期，2003.06.28, http://app.huawei.com/paper/newspaper/newsPaperPage.do?method=showSelNewsInfo&infoId=19762&commentLanguage=1&isCopy=0&isDownload=0&sortId=1&cateId=8515.

126 来源:《非主航道组织要率先实现流程责任制，通过流程责任来选拔管理者，淘汰不作为员工，为公司管理进步摸索经验——任正非与吕克、任树录、骆文成谈话纪要》，电邮讲话【2015】053 号，2015.07.07, http://xinsheng.huawei.com/cn/index.php?app=forum&mod=Detail&act=index&id=2503141&search_result=1.

127 来源:《任正非在 2015 年全球行政工作年会上的讲话》，电邮讲话【2015】028 号，2015.05.06, http://xinsheng.huawei.com/cn/index.php?app=forum&mod=Detail&act=index&id=2429251&search_result=1.

128 来源:《抓住机遇，调整机制，迎接挑战——上海邮电—深圳华为管理研讨会上的汇报》,《管理优化》报，第 3 期，1997.06.14.

129 来源:《再论反骄破满，在思想上艰苦奋斗——在市场庆功及科研成果表彰大会上的讲话》，任正非，《华为人》报，第 031 期，1996.07.18, http://app.huawei.com/paper/newspaper/newsPaperPage.do?method=showSelNewsInfo&cateId=9430&pageId=12215&infoId=27309&sortId=1&commentLanguage=1&search_result=1.

130 来源:《任正非接受美联社采访纪要》，华为心声社区，2019.10.15, http://xinsheng.huawei.com/cn/index.php?app=forum&mod=Detail&act=index&id=4460763&search_result=1.

131 来源:《任正非接受 BBC“故事工场”纪录片采访纪要》，华为心声社区，2019.09.06, http://xinsheng.huawei.com/cn/index.php?app=forum&mod=Detail&act=index&id=4419413&search_result=2.

132 来源:《多路径　多梯次　跨越“上甘岭”　攻进无人区——任正非在巴展和乌克兰谈话要点》，电邮讲话【2016】068 号，2016.05.17, http://xinsheng.huawei.com/cn/index.php?app=forum&mod=Detail&act=index&id=3003931&search_result=1.

133 来源:《任正非在固网产业趋势及进展汇报会上的讲话》，电邮讲话【2015】109 号，2015.12.04, http://xinsheng.huawei.com/cn/index.php?app=forum&mod=Detail&act=index&id=2705353&search_result=1.

134 来源:《任正非在白俄罗斯科学院会谈时的讲话纪要》，电邮讲话【2016】087 号，2016.10.26.

135 来源:《任正非在固网产业趋势及进展汇报会上的讲话》，电邮讲话【2015】109 号，2015.12.04, http://xinsheng.huawei.com/cn/index.php?app=forum&mod=Detail&act=index&id=2705353&search_result=1.

136 来源:《坚持多路径、多梯次、多场景化的研发路线，攻上“上甘岭”，实现 5G 战略领先——任正非在上研所 5G 业务汇报会上的讲话》，电邮讲话【2018】118 号，2018.11.05, http://xinsheng.huawei.com/cn/index.php?app=forum&mod=Detail&act=index&id=4077267&search_result=2.

137 来源:《任正非在日本研究所业务汇报会上的讲话》，电邮讲话【2018】129 号，2018.12.13, http://xinsheng.huawei.com/cn/index.php?app=forum&mod=Detail&act=index&id=4116625&pid=34984443&p=1.

## 第 14 章

138 来源:《做谦虚的领导者——任正非在 2014 年市场大会上的讲话》，电邮讲话【2014】014 号，2014.03.03, http://xinsheng.huawei.com/cn/index.php?app=

forum&mod=Detail&act=index&id=1829367&search_result=2.

139 来源:《任正非在道德遵从委员会第二次代表大会上的讲话》，电邮讲话【2017】047 号，2017.05.12. https://xinsheng.huawei.com/cn/index.php?app=forum&mod=Detail&act=index&id=4408025&search_result=1.

140 来源:《将军是打出来的——任正非在 2015 年项目管理论坛上的讲话》，电邮讲话【2015】118 号，2015.12.08, http://xinsheng.huawei.com/cn/index.php?app=forum&mod=Detail&act=index&id=2708841&search_result=2.

141 来源:《任正非与 CEC 就非物质激励工作优化的座谈纪要》，电邮讲话【2014】085 号，2014.12.19, http://xinsheng.huawei.com/cn/index.php?app=forum&mod=Detail&act=index&id=2223125&search_result=1.

142 来源:《决胜取决于坚如磐石的信念，信念来自专注——任正非在 2016 年 1 月 13 日市场工作大会上的讲话》，电邮讲话【2016】007 号，2016.01.20, http://xinsheng.huawei.com/cn/index.php?app=forum&mod=Detail&act=index&id=2765295&search_result=2.

143 来源:《任正非与巴西代表处及巴供中心座谈纪要》，电邮讲话【2014】050 号，2014.07.11, http://xinsheng.huawei.com/cn/index.php?app=forum&mod=Detail&act=index&id=2007465&search_result=1.

## 第 15 章

144 来源:《与任正非的一次花园谈话》，电邮讲话【2015】098 号，2015.10.13, http://xinsheng.huawei.com/cn/index.php?app=forum&mod=Detail&act=index&id=2631233&search_result=1.

145 来源:《任总在〈人力资源管理纲要 2.0〉沟通会上的讲话》，电邮讲话【2017】126 号，2017.11.27, http://xinsheng.huawei.com/cn/index.php?app=forum&mod=Detail&act=index&id=3701069&search_result=1.

146 来源:《任总与 Fellow 座谈会上的讲话》，电邮讲话【2016】069 号，2016.06.27, http://xinsheng.huawei.com/cn/index.php?app=forum&mod=Detail&act=index&id=3003931&search_result=1.

147 来源：《任正非接受英国天空新闻电视台采访纪要》，华为家事，2019.08.20, http://xinsheng.huawei.com/cn/index.php?app=forum&mod=Detail&act=index&id=4400805.

148 来源：《任正非接受中国媒体采访纪要》，华为心声社区，2019.05.22, http://xinsheng.huawei.com/cn/index.php?app=forum&mod=Detail&act=index&id=4303105.

149 来源：《转发心声社区发帖〈研发兄弟们对不起，我尽力了——实名来自2012人力资源部〉》，电邮其他【2019】104号，2019.11.05, http://xinsheng.huawei.com/cn/index.php?app=forum&mod=Detail&act=index&id=4487141&search_result=1.

150 来源：《任正非接受美国〈雅虎财经〉采访纪要》，华为心声社区，2019.07.29, http://xinsheng.huawei.com/cn/index.php?app=forum&mod=Detail&act=index&id=4377871.

151 来源：《什么是"一杯咖啡吸收宇宙能量"——任正非在喀麦隆代表处的讲话》，电邮讲话【2017】137号，2017.12.19, http://xinsheng.huawei.com/cn/index.php?app=forum&mod=Detail&act=index&id=3721737&search_result=1.

152 来源：《多路径 多梯次 跨越"上甘岭" 攻进无人区——任正非在巴展和乌克兰谈话要点》，电邮讲话【2016】068号，2016.05.17, http://xinsheng.huawei.com/cn/index.php?app=forum&mod=Detail&act=index&id=3003931&search_result=1.

153 来源：《任正非在后备干部项目管理与经营短训项目座谈会上的讲话》，电邮讲话【2014】054号，2014.07.28, http://xinsheng.huawei.com/cn/index.php?app=forum&mod=Detail&act=index&id=2026917&search_result=1.

154 来源：《任正非2014年5月27日在海外子公司董事会推行工作汇报会上的讲话》，电邮讲话【2014】048号，2014.07.10, http://xinsheng.huawei.com/cn/index.php?app=forum&mod=Detail&act=index&id=2004843&search_result=5.

155 来源：《洞庭湖装不下太平洋的水——任正非在IT存储产品线业务汇报会上的讲话》，电邮讲话【2014】045号，2014.07.08, http://xinsheng.huawei.com/cn/index.php?app=forum&mod=Detail&act=index&id=2002971&

search_result=2.

156 来源:《任总在 2013 运营商网络 BG 战略务虚会上的讲话及主要讨论发言》，电邮讲话【2014】016 号，2014.03.10, http://xinsheng.huawei.com/cn/index.php?app=forum&mod=Detail&act=index&id=1821557&search_result=1.

157 来源:《我们向美国人民学习什么》，任正非,《华为人》报，第 063 期，1998.02.20, http://app.huawei.com/paper/newspaper/newsPaperPage.do?method=showSelNewsInfo&cateId=9344&pageId=12039&infoId=26668&sortId=1&commentLanguage=1&search_result=1.

158 来源:《华为颁奖 Polar 码之父，致敬基础研究和探索精神》,《华为人》报，第 338 期，2018.09.04, http://app.huawei.com/paper/newspaper/newsPaperPage.do?method=showSelNewsInfo&infoId=38438&commentLanguage=1&isCopy=0&isDownload=0&sortId=1&cateId=12128. 颁奖视频链接：http://xinsheng.huawei.com/cn/index.php?app=forum&mod=Detail&act=index&id=3966651.

159 来源:《任总接受彭博电视采访纪要》，华为心声社区，2019.06.04, http://xinsheng.huawei.com/cn/index.php?app=forum&mod=Detail&act=index&id=4318579&search_result=1.

160 来源:《与任正非咖啡对话（第二期）：创新、规则、信任》，华为心声社区，2019.09.29, http://xinsheng.huawei.com/cn/index.php?app=forum&mod=Detail&act=index&id=4445165&search_result=1.

161 来源:《任正非接受北欧媒体采访纪要》，华为心声社区，2019.10.24, http://xinsheng.huawei.com/cn/index.php?app=forum&mod=Detail&act=index&id=4471315&search_result=2.

162 来源:《任总接受美国〈财富〉杂志采访纪要》，华为心声社区，2019.10.10, http://xinsheng.huawei.com/cn/index.php?app=forum&mod=Detail&act=index&id=4453621&search_result=1.

163 来源:《为祖国百年科技振兴而努力奋斗》，电邮讲话【2016】067 号，2016.06.07, http://xinsheng.huawei.com/cn/index.php?app=forum&mod=Detail&act=index&id=3000729&search_result=2.

164 来源:《任总在德国 LTC 教导队训战班座谈会上的讲话》，电邮讲话【2014】

061号，2014.08.28, http://xinsheng.huawei.com/cn/index.php?app=forum&mod=Detail&act=index&id=2073677&search_result=1.

165 来源:《华为创新研究计划：煮一杯吸收宇宙能量的咖啡》,《华为人》报，第291期，2014.12.27, http://app.huawei.com/paper/newspaper/newsPaperPage.do?method=showSelNewsInfo&infoId=16179&commentLanguage=1&isCopy=0&isDownload=0&sortId=1&cateId=7542.

166 来源:《开放创新，吸纳全球人才，构建“为我所知、为我所用、为我所有”的全球能力布局——任总在全球能力布局汇报会上的讲话》，电邮讲话【2017】105号，2017.10.16, http://xinsheng.huawei.com/cn/index.php?app=forum&mod=Detail&act=index&id=3659785&search_result=1.

167 来源:《加强与国内大学合作，吸纳全球优秀人才，共同推动中国基础研究——任正非与中国科学技术大学包信和校长座谈的讲话》，电邮讲话【2018】128号，2018.12.13, http://xinsheng.huawei.com/cn/index.php?app=forum&mod=Detail&act=index&id=4116619&search_result=1.

## Ⅳ 激活讨论篇

### 第16章

168 来源:《任总在IP交付保障团队座谈会上的讲话》，电邮讲话【2014】004号，2014.01.22 https://xinsheng.huawei.com/cn/index.php?app=forum&mod=Detail&act=index&id=1753935&search_result=1.

# 参考文献

## 第 1 章


1 百度百科 . 非线性系统 [EB/OL]. [2020-05-17]. https://baike.baidu.com/item/%E9%9D%9E%E7%BA%BF%E6%80%A7%E7%B3%BB%E7%BB%9F/354475?fr=aladdin.

2 互联网的那点事 . 互联网的本质就是抓住“非线性”革命 [EB/OL]. [2009-10-30]. http://www.alibuybuy.com/posts/11000.html.

3 海尔大学 . 自以为非，这也成就了海尔这个企业 [EB/OL]. [2018-09-29]. https://www.sohu.com/a/256862890_797446.

4 彭建良 . 企业管理中的非线性思维 [J]. 企业活力 , 2008(05): 80-81.

5 吴晓波 , 周伟华 , 陈学军 . 走向突变的非线性管理才是企业发展的永动机 [EB/OL]. [2019-03-20]. http://blog.ceconlinebbs.com/BLOG_ARTICLE_261562.HTM.

6 刘晋平 . 北电网络破产原因分析及对中国通信设备制造业发展的借鉴研究 [D]. 浙江工业大学 , 2015.

7 小兵 . 北电网络 10 年坎坷路 [J]. 互联网天地 , 2009(08): 56-57.

8 陈应凤 . 朗讯科技公司失误原因的分析 [D]. 对外经济贸易大学 , 2001.

9 康慧娟 . 朗讯科技公司产品导向型管理的失败案例分析 [D]. 兰州大学 , 2008.

10 张娅，冯禹丁 . UT 斯达康：一家好公司为何会失败 ?[J]. 商务周刊，2006(13): 22-26+6.

11 万蕊 . UT 斯达康 : 滑倒在转型的弯道下 [J]. 商学院，2010(04): 50-54.

12 杨栋 . 摩托罗拉：被市场“抛弃”的科技巨头 [J]. 金融博览 ( 财富 ), 2020(Z1): 96-99.

13 王维焕 . 巨星的陨落 [D]. 厦门大学，2013.

14 汪新波 . 诺基亚的教训“封闭产业链”的失败 [J]. 中国新时代，2012(07): 85-87.

15 吴晓波，刘雪锋，许冠南 . 技术范式转换期的企业动态能力匹配研究——以三星公司为例 [J]. 重庆大学学报 : 社会科学版，2006, 012(004):40-45.

16 吴晓波，华晔 .“非线性打击”下的企业财务诊断 [J]. 财经论丛，2018.

17 多西等 . 技术进步与经济理论 [M]. 北京 : 经济科学出版社，1992.

18 理查德 · 福斯特 . 创新：进攻者的优势 [M]. 北京 : 中信出版社，2008.

19 吴晓波，许庆瑞 . 二次创新竞争模型与后发优势分析 [J]. 管理工程学报，1995, 009(001):7-15.

20 Lu L Y Y, Yang C. The R&D and marketing cooperation across new product development stages: An empirical study of Taiwan's IT industry[J]. Industrial marketing management, 2004, 33(7): 593-605.

21 吴晓波，许宏啟，杜朕安，等 . 感知的环境不确定性对企业商业模式创新的影响研究 : 高管连带的调节作用 [J]. 管理工程学报，2019(04): 216-225.

22 吴晓波，付亚男，吴东，等 . 后发企业如何从追赶到超越 ?——基于机会窗口视角的双案例纵向对比分析 [J]. 管理世界，2019, 035(002): 151-167.

23 Grenier L. Evolution and revolution as organizations grow[J]. Harvard Business review, 1972, 50(4): 37-49.

24 Adizes I. Corporate life cycles: how and why corporation grow and die and what to di about it[J], Prentice Hall, 1989.

25 陈沉，李哲，王磊 . 管理层控制权、企业生命周期与真实盈余管理 [J]. 管理科学，2016, 29(04): 29-44.

26 喻凯 . 基于企业生命周期的盈余管理及其市场反应检验研究 [D]. 中南大学，2014.

27 许庆瑞，陈劲 . 企业经营管理基本规律与模式 [M]. 浙江杭州：浙江大学出版社，2001.

28 华为官网 . 华为是谁 [EB/OL]. [2020-08-22]. https://www.huawei.com/cn/about-huawei/corporate-information.

29 云头条 . 美国将限制华为使用美国技术设计和生产产品：切断其与全球芯片供应商联系！[EB/OL]. [2020-05-15]. https://mp.weixin.qq.com/s/Pw6CKM9j5xzgSzysiwiNhw.

30 北国网 . 深圳传世智慧科技有限公司合伙人兰涛讲述华为三次转型 [EB/OL]. [2019-05-14]. http://hn.cnr.cn/hngbit/20190514/t20190514_524611769.shtml.

31 天下网商 . 张勇：战略是打出来的，别人总结的跟你没关系 [EB/OL]. [2017-02-23]. https://www.sohu.com/a/127096817_114930.

32 Bishwas S K . Critical Processes for Organization Vitality: A Conceptual Study[M]// Systemic Flexibility and Business Agility. Springer India, 2015.

33 德鲁克基金会 . 未来的组织 [M]. 北京：中国人民大学出版社，2006.

34 迈克·罗伯逊 . 团队的变革：高效解决问题的途径 [M]. 北京：国际文化出版公司，2004.

35 尼基·海斯 . 成功的团队管理 [M]. 北京：清华大学出版社，2002.

36 宋传颖 . 活力：理论、测量及影响因素研究进展 [J]. 邵阳学院学报（自然科学版），2019, 16(01): 105-116.

37 Bishwas S K. Achieving Organization Vitality through Innovation and Flexibility: An Empirical Study[J]. Global Journal of Flexible Systems Management, 2015, 16(2): 145-156.

38 Vicenzi R, Adkins G. A Tool for Assessing Organizational Vitality in an Era of Complexity[J]. Technological Forecasting and Social Change, 2000, 64(1): 101-113.

## 第 2 章


1 凤凰文创 . Jeremy Rifkin：能量耗散是决定生产力的核心秘密 [EB/OL], [2017-01-21]. https://www.sohu.com/a/124886335_485585.

2 华为大学 . 熵减：华为活力之源 [M]. 北京 : 中信出版社 , 2019.

3 CNMO 手机中国 . 海思总裁致员工的一封信 [EB/OL], [2019-05-17]. https://baijiahao.baidu.com/s?id=1633742097705547712&wfr=spider&for=pc.


## 第 3 章


1 中国经济学人 . 哈佛教授谈美国人眼中的中国崛起 [EB/OL], [2019-05-22]. https://www.sohu.com/a/315803872_673573.

2 叶永烈 . 钱学森传 [M]. 北京 : 中国青年出版社 , 2014.

3 豆丁网 . 华为外派海外员工待遇 [EB/OL], [2018-08-14]. https://www.docin.com/p-2126814176.html.


## 第 4 章


1 丹尼尔 · 平克 . 驱动力 . 杭州 : 浙江人民出版社 , 2018.

2 王子阳 , 魏炜 , 朱武祥 . 组织激活与基于商业模式创新驱动的管理工具构建——海尔集团董事局主席张瑞敏的管理之道 [J]. 管理学报 , 2019, 16(12): 1739-1750.

3 王晓静 . 阿米巴经营管理激发组织新活力 [J]. 当代会计 , 2018(02): 16-17.

4 云报客户端 . 满广志是谁？为什么朱日和大阅兵后大家都要“活捉”他？ [EB/OL], [2017-07-31]. http://wxyd.yunnan.cn/html/2017/toutiao_0731/53120.html.

## 第 6 章

1 岭南天问阁 .“大历史观”看天下 1：李录：3.0 文明与对市场的争夺 [EB/OL], [2020-05-08]. https://mp.weixin.qq.com/s/MKvGsKXMLynfy-6ocZoQOg.

2 中国军网 . 今天 , 为什么考军长 ?[EB/OL], [2018-07-16]. http://www.81.cn/jfjbmap/content/2018-07/16/content_211032.htm.

3 新京报 . 首次！陆军 200 名将军“赶考”成绩与晋级考评挂钩 [EB/OL], [2019-03-24]. https://baijiahao.baidu.com/s?id=1628890889191558982&wfr=spider&for=pc.

4 央广军事网 . 林彪早年亲授 : 如何当个好师长 [EB/OL], [2016-04-18]. http://military.cnr.cn/jsls/jsjm/20160418/t20160418_521901716.html.

5 吴东峰 . 亲历东北战局大转折——开国将军宋维栻纪事 [J]. 同舟共进 , 2011(02): 45-47.

## 第 7 章

1 太平洋汽车网 . 汽车发动机工作原理是什么 [EB/OL], [2019-07-26]. https://www.pcauto.com.cn/jxwd/tag217809.html.

2 搜狐网 . 脚踏实地，做挑战极限的长跑者——消费者 BG 2015 年上半年总裁致辞 [EB/OL], [2015-07-20]. https://www.sohu.com/a/23499350_114885.

## 第 8 章

1 萨提亚 · 纳德拉 . 刷新：重新发现商业与未来 [M]. 北京 : 中信出版社 , 2018.

2 杰克·韦尔奇. 杰克·韦尔奇自传 [M]. 北京：中信出版社, 2001.

3 达夫·尤里奇. 通用电气“群策群力”[M]. 北京：中国财政经济出版社, 2003.

## 第 9 章

1 张啸. 四平攻坚战与东北我军城市攻坚能力的提高 [EB/OL], [2018-04-21]. http://www.doc88.com/p-0374872668983.html.

## 第 10 章

1 中国报告网. 2018 年商业火箭发射行业未来预测分析 [EB/OL], [2018-04-08]. http://tuozi.chinabaogao.com/jixie/04S2S492018.html.

## 第 11 章

1 彼得·德鲁克. 管理：任务、责任、实践 [M]. 北京：华夏出版社, 1974.

2 金一南. 心胜 III: 尊严与正义 关乎国运 [M]. 湖北武汉：长江文艺出版社, 2017.

## 第 12 章


1 中央政府门户网站 . 中央军委《关于深化国防和军队改革的意见》系统阐述为什么改、改什么、怎么改 [EB/OL], [2016-01-02]. http://www.gov.cn/zhengce/2016-01/02/content_5030168.htm.

2 红色文化网 . 罗援：军改在干什么——磨刀！ [EB/OL], [2018-02-17]. http://www.hswh.org.cn/wzzx/llyd/js/2018-02-16/48813.html.

3 达睿需求链研究院 . 让听得见炮火的人指挥炮火吗？ [EB/OL], [2018-11-05]. https://www.sohu.com/a/273478343_769186?sec=wd.


## 第 13 章


1 彼得 · 德鲁克 . 管理：任务、责任、实践 [M]. 北京 : 华夏出版社 , 1974.

2 36 氪 . iPhone 诞生秘史（下）：团队间的较量 [EB/OL], [2017-06-21]. https://36kr.com/p/1721640124417.


## 第 15 章


1 腾讯视频 . 台湾名嘴讲述华为崛起的秘诀，世界上最有魄力的公司 [EB/OL], [2020-01-19]. https://v.qq.com/x/page/z30544p8wfa.html.

2 华为 . 华为投资控股有限公司 2019 年年度报告 [EB/OL]. [2020-08-14]. http://www.capwhale.com/newsfile/details/20200814/3adf47583172456985a9473289e30773.shtml.

## 第 16 章

1 彼得 · 德鲁克 . 变动世界的经营者 [M]. 北京 : 东方出版社 , 2010.

2 聂珍钊 . 文学伦理学批评：人性概念的阐释与考辨 [J]. 外国文学研究 , 2015, 37(06): 10-19.

3 尼基 · 海斯 . 成功的团队管理 [M]. 北京 : 清华大学出版社 , 2002.

4 搜狐网 . 181 位美国顶级公司 CEO 联合发声：不再把“股东至上”奉为目标 [EB/OL], [2019-10-23]. https://www.sohu.com/a/335471601_370262.

5 德鲁克基金会 . 未来的组织 [M]. 北京 : 中国人民大学出版社 , 2006.

6 Moscovici, S. The phenomenon of social representations[M]. Cambridge: Cambridge University Press, 1984.

7 丹尼尔 · 平克 . 驱动力 . 杭州 : 浙江人民出版社 , 2018.

## 第 17 章

1 Vicenzi R, Adkins G. A Tool for Assessing Organizational Vitality in an Era of Complexity[J]. Technological Forecasting and Social Change, 2000, 64(1): 101-113.

2 Bishwas S K. Achieving Organization Vitality through Innovation and Flexibility: An Empirical Study[J]. Global Journal of Flexible Systems Management, 2015, 16(2): 145-156.

3 Bishwas S K . Critical Processes for Organization Vitality: A Conceptual Study[M]// Systemic Flexibility and Business Agility. Springer India, 2015.

4 吴晓波 , 许庆瑞 . 二次创新竞争模型与后发优势分析 [J]. 管理工程学报 , 1995, 009(001):7-15.

5 吴晓波，许庆瑞．二次创新竞争模型与企业竞争战略分析 [J]. 系统工程学报，1995(03): 37-47.

6 加雷思·摩根．组织 [M]. 北京：清华大学出版社，2005.

7 吴晓波，华晔．“非线性打击”下的企业财务诊断 [J]. 财经论丛，2018.

8 吴晓波，郭雯，苗文斌．技术系统演化中的忘却学习研究 [J]. 科学学研究，2004, 22(3): 307-311.

9 理查德·福斯特．创新：进攻者的优势 [M]. 北京：中信出版社，2008.

10 吴晓波，赵子溢，刘自升．二元学习与创新绩效的作用机制——组织内部协作网络的调节作用 [J]. 浙江大学学报（人文社会科学版）, 2018, 048(003):201-216.

11 吴晓波，郭雯，苗文斌．技术系统演化中的忘却学习研究 [J]. 科学学研究，2004(03): 307-311.

12 吴晓波．动态学习与企业的核心能力 [J]. 管理工程学报，2000(S1): 21-25+4-3.

13 阿尔文·托夫勒．未来的冲击 [M]. 北京：中信出版社，2018.

14 杨杜．应对不确定性的十大策略 [J]. 企业管理，2019(02).

15 程新生．公司治理、内部控制、组织结构互动关系研究 [J]. 会计研究，2004(04): 14-18+97.

16 吴晓波，刘雪锋，许冠南．技术范式转换期的企业动态能力匹配研究——以三星公司为例 [J]. 重庆大学学报：社会科学版，2006, 012(004):40-45.

17 范志刚，吴晓波．动态环境下企业战略柔性与创新绩效关系研究 [J]. 科研管理，2014, 35(01): 1-8.

18 尼基·海斯．成功的团队管理 [M]. 北京：清华大学出版社，2002.

19 陈茂先，林娟．一把手应找准激活组织活力的“金钥匙”[J]. 领导科学，2015(33): 24-25.

20 彼得·德鲁克．变动世界的经营者 [M]. 北京：东方出版社，2010.

21 迈克·罗伯逊. 团队的变革: 高效解决问题的途径 [M]. 北京: 国际文化出版公司, 2004.

22 章凯, 李朋波, 罗文豪, 张庆红, 曹仰锋. 组织—员工目标融合的策略——基于海尔自主经营体管理的案例研究 [J]. 管理世界, 2014(04): 124-145.

23 许庆瑞, 陈劲. 企业经营管理基本规律与模式 [M]. 浙江杭州: 浙江大学出版社, 2001.